说话办事的艺术

刘德胜　改编

航空工业出版社
北京

内 容 提 要

本书根据现实的需要，为您提供一种学习与训练口才的文本，这里有求职说话的方法和技巧，如何提高自我推销的能力，以及如何与老板、同事沟通。怎样说话办事的成功率和效率最高，怎样说话自己的意见才易于被采纳，自己的想法更易于被人接受等等。本书在介绍口才与人生的知识时做到通俗易懂，不仅在讲述道理方面比较透彻，而且善于用事实说话，举例比较贴切，这些例子涉及古今中外，比较全面，能够让实际例子来说明道理，更利于读者借鉴和学习。

图书在版编目（CIP）数据

说话办事的艺术 / 刘德胜改编 .-- 北京：航空工业出版社，2019.1

ISNB 978-7-5165-1785-7

Ⅰ. ①说… Ⅱ. ①刘… Ⅲ. ①心理交往—语言艺术—通俗读物 Ⅳ. ① C912. 1-49

中国版本图书馆 CIP 数据核字（2019）第 001192 号

说话办事的艺术
Shuohua Banshi de Yishu

航空工业出版社出版发行
（北京市朝阳区北苑 2 号院 100012）
发行部电话：010-84936597 010-84936574

北京博艺印刷包装有限公司印刷　　全国各地新华书店经售
2019 年 1 月第 1 版　　2019 年 1 月第 1 次印刷
开本：787 × 1092　1/16　　印张：15　字数：236 千字
印数：1—10000　　定价：35. 80 元

前言

纵观古今中外，口才一直为人们所重视。刘勰在《文心雕龙》一书中对口才的作用作了最经典的评价："一言之辩，重于九鼎之宝；三寸之舌，强于百万之师。"戴尔·卡耐基也说："一个人的成功，约有15%取决于知识和技术，85%取决于沟通、发表自己意见的能力和激发他人热忱的能力。"管理界戏称舌头、美元、电脑是现代管理者的"三大战略武器"，其中舌头，即口才，位居"三大战略武器"首位。这些足以说明口才的重要性。

口才是一个人思维品质的反映。一个人"只有想得清楚，才说得明白"；"只有才思敏捷，才能言辞利达"。古代圣人孔子早就说过："言之无文，行而不远"；"夫人不言，言必有中"。这两句古语说明了"口才"的含义和作用。前一句的意思是强调说话要讲艺术，后一句的意思是不说话则已，说话一开口就要击中要害。

面对人才济济的社会，你或许已经意识到了口才的重要性。口才的好坏虽然决定不了人的命运，但面对处处有竞争、时时有挑战的当今社会，它似乎在一定程度上影响着大部分人的成败。

世界上没有任何一个正常人不需要讲话、不需要交流，也没有任何一种工作不需要和别人打交道。而人与人之间交流思想、沟通感情，最直接、最方便的途径就是语言。通过出色的语言表达，可以使相互熟识的人情更浓、爱更深；可以使陌生的人产生好感、结成友谊；可以使相互有分歧的人互相理解，使矛盾化解；可以使互相仇恨的人化干戈为玉帛，友好相处。

在工作及事业上，敢于说话又善于说话的人，可以充分利用自己的语言交际能力来说服他人，使工作顺利进行、左右逢源。可以说，说话的自信心与说话的魅力是一个事业出色的成功人士的必备条件。在生活中，敢于说话又善于说话的人处处都受人喜爱和欢迎。他能使许多本不相识的陌路人走到一起，携手共进；能够排难解忧，消除人与人之间的误会与隔阂；能使苦闷、郁郁寡欢者得到安慰，使悲观厌世、不思进取者得到鼓励，能够使自己周围的人变得更快乐、更聪明、更美好、更有作为。

我们每天实践着的事可用一句话概括——用语言进行人际交往。一切成功与挫折，欢乐与烦恼，和谐与冲突，都与此息息相关。通过不了面试这一关，得不到需要的职位，怎么证明你的能力？不善于与领导沟通，不被信任，限制了发展空间，怎么证明你能干？利益的天平总是更多地向着会说话的人那一边倾斜。

一句话，语言能力是一个现代人才必备的素质之一。说话不仅仅是一门学问，还是你赢得事业成功的常变常新的资本。好口才会给你带来好的运气和财气，所以拥有好口才就等于拥有了辉煌的前程。一个人，不管你生来多么聪颖、接受过多么高深的教育、穿着多么漂亮的衣服、拥有多么雄厚的资产，如果你无法流畅、恰当地表达自己的思想，你仍将无法真正实现自己的价值。

因此可以说口才就是力量，口才就是金钱。口才是政治家的绿卡；口才是企业家的护照；口才是艺术家的魅力；口才是科学家的法宝。口才是达成目标的阶梯，实现成功的关键。最能打动人心灵的就是口才！

本书根据现实的需要，为您提供一种学习与训练口才的文本，这里有求职说话的方法和技巧，如何提高自我推销的能力，以及如何与老板、同事沟通。怎样说话办事的成功率和效率最高，怎样说话自己的意见才易于被采纳，自己的想法更易于被人接受，等等。本书在介绍口才与人生的知识时做到通俗易懂，不仅在讲述道理方面比较透彻，而且善于用事实说话，举例比较贴切，这些例子涉及古今中外，比较全面，能够让实际例子来说明道理，更利于读者借鉴和学习。

目 录

第二章 处世口才——说一口别人爱听的话 \ 23

“能人动动嘴，笨人跑断腿”。一副好口才，让说话的人只是张一下嘴，便取得成功，而口才不好的人，即使跑断腿，也不会有好收获。同样一番话，不同的口才就会有不同的说法。人际交往中的人们，不必做神采飞扬铿锵激昂的演说家，也无需巧舌如簧、唇枪舌战，我们要掌握的是协调人际关系的处世精妙口才术。

第三章 办事口才——伶牙俐齿，事半功倍 \ 43

高效办事是在现代社会中生存的基本需要。没有高效的办事效率，很难在这样一个竞争激烈的社会中立足。有了好的口才，不仅能够更好地表达自己，更好地与他人交流，加深彼此的了解和好感，而且能办事顺利，事半功倍。

第四章 领导口才——运筹帷幄的加速器 \ 69

作为一个企业单位或团体中的核心人物，领导者特殊的身份和职务决定了他必须要具备较高的综合素质，口才是衡量领导能力和素质的最重要指标之一。管理者口才的优劣，直接决定着管理工作的绩效。领导说话得体，言之有物，会使权威自立，上下一心。卓越的口才，是每一位领导者成功人生的催化剂和加速器。

第五章 职场口才——为梦想制造生产力 \ 95

口才是达成目标的阶梯，是实现成功的关键。求职，口才是敲门砖、引玉石。当今社会，能言善辩、口才卓越的人越来越显示出一种独特的优势。任何人都想拥有口吐莲花、滔滔不绝、妙语连珠、震撼心灵的卓越口才，都想借助口才来传播主张和彰显魅力，那么职场中人如何练就和拥有一副好口才呢？

第六章 商场口才——金玉良言产生经济效益 \ 123

商场如战场。投身商海的人，每天都要面对形形色色的顾客，应付各种各样的突发事件，缺乏良好的口才，便很难做好营销服务工作。商场口才是一门艺术，它要求说话者要看对象、看时机，并且要礼貌、规范、灵活。良好的商场口才是打开财富的金钥匙，可以让自己在商场搏击中畅通无阻。

第七章 婚恋口才——一言一语总关情 \ 149

爱情，只有通过言语作为媒介，才能迸射出耀眼的光彩。然而，言语要如春风，吹拂悸动的心灵，要如细雨，滋润干渴的心田，才能使爱情之花开得鲜艳夺目，芬芳四溢。为诚心、善意所支配的口才才能带来真善美的光彩，才能为婚姻和家庭带来幸福和力量。

演讲既是一门科学，又是一门艺术，在人与人的交往方面发挥着十分重要的作用。能够赢得鲜花和掌声的演讲是最有水平的。作为一种口语表达形式，它要求调动有声语言和态势语言的一切积极因素与手段.精彩的演讲和恰到好处的口才可以显示出广博的学识、优雅的举止、幽默的情趣。

第九章 辩论口才——唇枪舌战的精彩对垒 \ 201

辩论，也有人称论战。战，即充满刀光剑影，有胜有败。把辩论说成是两军对垒，说成是一场战斗，并不是夸大其词。辩论和寻常说话不同，它是带有“敌意”的语言行为，因而有所谓唇枪舌剑之说。所以，辩论便具有了比其他口语表达形式更精彩、更巨大、更突出的语言的魅力。

第一章 社交口才——为你的魅力加分

一个人口才卓绝，无论如何都叫人佩服。社交中受人欢迎、具有魅力的人，一定是掌握社交口才技巧的人。好的口才也是一种社交技巧，是成为社交高手的一个基本功。要提高这个基本功，就应寻找一定的方法加以练习。那么，哪些方法是最有效的呢？

① 让第一句话扣人心扉

一见如故，相见恨晚，自古以来都被视为人生一大快事。我们在社会生活中生存，往往需要同一些陌生人打交道。俗话说：酒逢知己千杯少，话不投机半句多。善于跟素昧平生者打交道，说好第一句话，不仅是一件快事，而且对于为人和处事都是最好的开端。

说好第一句话的关键是给人亲热、友善、贴心的感觉，消除彼此间的陌生感。这里为大家推荐三种方式：

首先是问候式。问候式谈话给人一种亲切、友善的感觉，比如日常生活中向对方问候致意的“您好”就是问候的常用语。如果能因对象、时间、场合的不同而使用不同的问候语，效果则会更好。

比如，节日期间说“节日好”“新年好”，给人以祝贺节日之感；对德高望重的长者宜说“您老人家好”，以表敬意。

其次是敬慕式，即对初次见面者应该表示出敬重、仰慕，这是热情有礼的一种体现。用这种方式时应掌握分寸，恰到好处，不能胡乱吹捧，说话的内容因时、因地而异。

比如，“桂林山水甲天下，我很高兴能在这里见到您——尊敬的山水画家。”“今天是八一建军节，在这光辉的节日里，我能见到您这位为中国革命九死一生的老战士，的确很荣幸。”

第三种方式为攀认式，这种初次见面互相攀认的谈话方式很容易让人在短时间内产生一见如故的印象。

比如，“您是体育界老前辈了，我爱人可是个体育谜；你我真是‘近亲’啊。”“你是北大学生，我曾在北大进修过四年。说起来，我们还是校友呢。”

下面是一则“扣人心扉的第一句话”的实例：

在推销时多数推销员都习惯这样说：“先生，你需要 XX 吗？”这是最常见的用于第一句话的句式，这句不明确的问话显得很唐突，很大程度上会遭到对方拒绝。而“空中汽车”飞机制造公司的贝尔那·拉弟埃却以别具特色的第一句话赢得了成功。

贝尔那·拉弟埃是一位著名的推销专家，当他被推荐到“空中汽车”公司时所面临的第一项挑战就是向印度推销飞机。这是一件棘手的事情，因为这笔交易已由印度政府初审，没有得到批准，能否重新寻找成功的机会，靠的便是特派员的谈判本领。拉弟埃作为特派员深知自己背负的重任，他稍做准备后就飞往了新德里。

接待他的是印航主席拉尔少将。拉弟埃到印度后，对他的谈判对手讲的第一句话是：“正因为你，使我有机会在我生日这一天又回到了我的出生地。”这是一句非常得体的开场白，它简明扼要，同时也有着极为丰富的内涵。

它表达了好几个方面的意思：感谢主人慷慨赐予的机会，让他在自己生日这个值得纪念的日子来到贵国，而且富有意义的是：贵国是他的出生地。

这个开场白使拉弟埃与拉尔少将之间的距离更近了一步。这就是智者的表现。结果可想而之，拉弟埃的印度之行取得了成功。

2 良好的说话方式受人欢迎

说话也是一门艺术，同样内容的话用不同的方式说出来，会收到不一样的效果。有很多人，说了很多话，立足点和出发点本来是不错的，但由于不注意说话方式，往往导致无谓的误解和争端。

好多场合因为换种方式说话，会收到意想不到的效果，不论是国与国之间的谈判，或是商业上的竞争，甚至小到日常生活的交流和沟通。我们在平时说话时一定要注意自己的说话方式：急事，慢慢地说；大事，清楚地说；小事，幽默地说；没有把握的事，谨慎地说；没发生的事，不要胡说；做不到的事，别乱说；伤害人的事，不能说；讨厌的事，对事不对人说；开心的事，看场合说；伤心的事，不要见人就说；别人的事，小心地说；自己的事，听听自己的心怎么说；现在的事，做了再说；未来的事，未来再说！

在与人说话时，我们应坦率诚恳、自信开朗，注意言语的适时、适当。诚恳的态度能在对方心中树立起很好的形象，对待地位低下的人不藐视、不冷落；对待有钱、有权、有势的人，不低三下四地降低自己的身份，对任何人都应该平等而热情，诚恳而坦率。自信开朗的人总是给对方以不卑不亢、落落大方、谈吐从容的感觉，让人对你也产生好感，便于人际交往。与人沟通时，还要注意语言表达要清楚、准确、简练、生动；要学会有效聆听，把握交谈的技巧，吸引和抓住对方。

另外，大家都有这样的体会，和幽默风趣的人相处会觉得非常轻松愉快，气氛融洽。枯燥的会议，因他而谈笑风生；朋友聚会，因他而红火热闹；面对严肃的上司，他出语诙谐，松驰其拉长的面孔；面对拘谨的下属，他妙语解颐，缓和其紧张的心情。假如是参与紧张的商业谈判，在激烈的讨价还价之余，来点儿幽默，将有助于顺利地达成协议。

反过来，一个不苟言笑，缺乏幽默感的人，其人际关系也会大打折扣，人们见了他往往会“敬而远之”。有这样一个生动的例子：一天，年迈的萧伯纳在街头被一个骑自行车的人撞倒，虽然没有发生事故，但这一惊吓也非同小可。那个人立即扶起戏剧家，并呐呐地向他道歉。然而，萧伯纳打断了他，对他说：“不，先生，您比我更不幸。要是您再加点劲儿，那就可以作为撞死萧伯纳的好汉而永远名垂史册啦！”幽默感给了萧伯纳以惊人的自制力，萧伯纳的这句幽默话使双方都摆脱了窘境。

所以，一个人懂得运用良好的说话方式时，他就会备受欢迎。这也是现代人必备的素质之一。

③ 如何增加你谈吐的魅力

魅力不只是来自于相貌，如果你谈吐不凡，一样可以吸引对方。谈吐可以直接反映出一个人是博学多识还是孤陋寡闻，是接受过良好的教育还是浅薄无知。一个不善言谈、沉默寡言的人很难引起他人的注意。

在社交中侃侃而谈，用词高雅恰当、言之有物，对问题见解剖析深刻，反应敏捷，应答自如，能够简洁、准确、鲜明、生动地表达自己的思想与情感，可以表现出其不同凡响的气质和风度。谈吐是无法伪装出来的，如果是卖弄华丽的词汇，只会显得浅薄浮夸；过于咬文嚼字会让人觉得酸味十足。

在与对方的交谈中，我们应该从以下几个方面来增加自己的谈吐魅力。

（1）措辞谦逊文雅。

措辞的谦逊文雅体现在两方面，即对他人应多用敬语、敬辞，对自己则应多用谦语、谦辞。

（2）语音、语调平稳柔和。

一般而言，语音语调以平稳柔和为宜。我们知道语言美是心灵美的语言表现，有善心才有善言。因此要掌握柔言谈吐，首先应加强个人的思想修养和性格锻炼，同时还要注意在遣词用句、语气语调上的一些特殊要求。

比如应注意使用谦辞和敬语，忌用粗鲁污秽的词语；在句式上，应少用“否定句”，多用“肯定句”；在用词上，要注意感情色彩，多用褒义词、中性词，少用贬义词；在语气语调上，要亲切柔和，诚恳友善，不要以教训人的口吻谈话或摆出盛气凌人的架势。在交谈中，要眼神交汇，带着真诚的微笑，微笑将增加感染力。

（3）谈话要掌握分寸。

在人际交往中，哪些话该说，哪些话不该说，哪些话应怎样去说才更符合人际交往的目的，这是交谈礼仪应注意的问题。一般说，善意的、诚恳的、赞许的、礼貌的、谦让的话应该说，且应该多说。

恶意的、虚伪的、贬斥的、无礼的、强迫的话语不应该说，因为这样的话语只会造成冲突，破坏关系，伤及感情。有些话虽然出自好意，但措辞用语不当，方式方法不妥，好话也可能引出坏的效果。所以语言交际时我们必须对说的话进行有效的控制，掌握说话的分寸，才能获得好的效果。

（4）交谈注意忌讳。

在一般交谈时要坚持“六不问”原则。年龄、婚姻、住址、收入、经历、信仰属于个人隐私的问题，在与人交谈中不要好奇询问，也不要问及对方的残疾和需要保密的问题。在谈话内容上，一般不要涉及疾病、死亡、灾祸等不愉快的事情；不谈论荒诞离奇、耸人听闻、黄色淫秽的事情。

（5）注意亲疏有度

“交浅”不可“言深”，这也是一种交际艺术。

（6）交谈要注意姿态。

交谈时除注意语言美、声音美之外，姿态美也很重要。首先要做到的是双方应互相正视、互相倾听，不要东张西望，左顾右盼。交谈过程中眼睛不应长时间地盯住对方的某一位置，让人感到不自在。交谈姿态不要懒散或面带倦容，哈欠连天，也不要做一些不必要的小动作，如玩指甲，弄衣角，搔脑勺、抠鼻孔，等等。这些小动作显得猥琐，不礼貌，也会使人感到你心不在焉，傲慢无礼。

当你的谈吐富有魅力时，你就会成为人们乐于结识、乐于交往的朋友。此外，交谈不仅需要融洽的气氛，更需要充实的内容。这里有一实例。

1923 年王若飞同志被国民党关押在绥远监狱。鉴于和王若飞同囚一室的两个犯人均被赤化，监狱当局便给王若飞换了一个新囚犯为伴。此人在旧军队中当过排长，姓张，所以大家喊他张排长，是个抢劫犯。平时这个人粗鲁蛮横，三句话就会亮拳头，那些看守都有几分怕他。监狱当局认为，就算你黄敬斋（王若飞同志当时的化名）是个化铁炉，你也熔化不了这块顽石。

当这位排长弯腰跨进牢门时，他打量了一下王若飞同志后就拱起双手说：“黄先生，他们要兄弟给你来做伴了。一只铁笼里关两只虎，该不会嫌弃吧。”

王若飞微笑着说：“我哪里是什么虎，要比嘛，顶多只能算头牛也就不错了。”

张排长一愣，呵呵笑起来，说：“过谦了，过谦了。你不但是只虎，而且是只猛虎！”又说：“兄弟听好些朋友说，红军里的小伙子打仗冲锋个个都像小老虎。你怎么这么谦虚，把自己比作牛？”

王若飞说：“对敌人，我们的确是猛虎。可我们共产党人的目的是为人民服务，狠狠打击敌人，也是为了拯救人民。对人民来说，我们就是一头牛。像牛那样驯服地为人民工作，勤勤恳恳，老老实实；不讲价钱，不使脾气。这样，你说当牛有什么不好呢？”

张排长若有所思地说：“黄先生，你的道理能服人。兄弟不才，也是照你们的道理办事的。他们说我是打家劫舍，其实我是杀富济贫。这和你们的打土豪、分田地不也是一个理吗？”

“不，不一样。”

王若飞摇摇头说：“我们共产党人不是为了几户、几十户穷人，而是要把整个旧社会连根拔掉，要解放全世界的穷苦人！不是为眼前一两顿饭着想，而是为子孙万代的幸福着想！这就是我们共产党人要做的事情。”

张排长出神地听着，感慨道：“黄先生，闻名不如见面，我算真心服你了。我一定要拜你为师，给穷人做点好事。”从此，张排长尊王若飞为师，大小事情都要王若飞出主意，为人也变得谦虚和气了。敌人看见张排长的变化，都惊呼道：“怎么连顽石也熔化了。过去多凶的人，一到他那里马上变得像只绵羊，真可怕！真可怕！”

王若飞为什么能熔化顽石呢？就是因为他站得高、看得远，分析得头头是道、句句占理，才使张排长产生了由衷的敬佩之感。可见要使谈话奏效，必须有成竹在胸。

灵活掌握了社交场合的交谈艺术，就会为你的谈吐增加无穷的魅力，为你广泛结交良朋挚友铺平道路。

4 用形象生动的语言说服人

形象的故事总是比抽象的道理吸引人，它更能引人入胜。一个善于说服人的人，不仅要有雄辩的逻辑思维，还应有完善的形象思维，把两者结合到一起，就会像车之两轮，鸟之双翼，才能行使和飞腾。所以，要寓理于形，寓情于形。通过人物形象说理，运用形象的语言抒怀。

我们常常听到一些人说话，感到说得也有道理，也听得明白，就是听起来没有吸引力，让人没有兴趣听。这是什么原因呢？原因就在于话说得没有文采。他的话不生动、不形象、不能吸引人。所以，我们说话除了有内容、有道理、有顺序之外，还要对文字进行必要的润饰、加工，使话生动、活泼，富有艺术魅力。这样的话，听众既爱听，又容易接受。

有这样一则小故事。一天，有位年轻人来找苏格拉底，说是要向他请教演讲术。他为了表现自己，滔滔不绝地讲了许多话。待他讲完，苏格拉底说："可以考虑收你为学生，但要缴纳双倍的学费。"

年轻人很惊讶，问苏格拉底："为什么要加倍呢？"苏格拉底说："我除了要教你怎样演讲外，还要再给你上一门课，就是怎样闭嘴。"看来，苏格拉底不喜欢在跟人谈话时只管自己滔滔不绝、容不得他人插嘴的人。难怪他对人说，"上帝给了我们两只耳朵，而只有一张嘴，显然是希望我们多听少说"。苏格拉底用生动风趣又耐人寻味的语言让对方知道倾听也是十分重要的。

说服人的语言艺术常常是风趣幽默而富有哲理，生动形象而寓意深长，能够在轻松的谈话中解开对方的思想疙瘩和解决问题。

毛泽东作为一位具有恒久魅力的历史巨人，最善于运用形象生动的语言来消除伟人与平民、上级与下级间的疏离感，与不同派别不同观点的人建立正常的关系。一次，李银桥指挥着几个卫士把一张大沙发从书房搬到另一间房子。沙发很大，但房子的门小，试过几次都没有搬出去，只好又放到原来的地方。

毛泽东进书房一看，便问："怎么没有搬出去？"一名卫士回答说："门太小，搬不出去，主席，干脆就留在屋里吧！"毛泽东看了看李银桥和几个卫士，在沙发左右来回踱了几步，时而望望沙发，时而看一眼门，最后他停住脚步，慢条斯理地问："银桥，有件事我想不通，你们说说，是先盖起这房子后搬来沙发呢？还是先摆好沙发再盖起房子呢？"

说完，毛泽东便微微一笑，走出书房继续散他的步。"还愣什么？搬吧。"李银桥一声招呼，大家便又干起来。这次他们听懂了毛泽东的那句话，动起了脑筋，不时地变换方式，最后他们通过先把沙发立起来，先出沙发靠背，在某一角度及时转弯，把沙发搬出了书房。毛泽东一边在院子里散步，一边望着李银桥他们。

沙发一出书房，他就走了过去，并问："怎么样啊，有什么感想？"一名卫士说："没错，是先盖房子后搬沙发的。"毛泽东笑着说："我也从这件事中受到一点启发，有一点感想，那就是世界上干什么事都怕认真两个字，共产党就最讲认真。"

在言谈中以高超的语言说服艺术与对方融洽地沟通，真诚地交流，常常能使对方不自觉地放弃固有的观点而接受新的思想和观念。

5 激起对方的谈话欲望

朋友相交，重在交流，由陌生人到朋友需要通过交流才会相互了解，要在掌握交谈艺术的同时激发对方的谈话欲望，只有这样才能彼此加深了解，从陌生走向熟悉，进而成为朋友。同陌生人说话，由于双方素不相识、互不了解，如果不注意讲话方式，交谈起来就会很困难。因此，找对合适的话题，激起对方的谈话欲望，就能使双方融洽自如。

对于那些腼腆的人，交谈者应主动寻找话题，消除对方的紧张感。一个大学毕业生被分配到一家报社工作，报到时单位老同志主动询问："你是什么学校毕业的呀？"每逢这个时候，新职员不得不张口说话："我毕业于××学校……"

这样一来，如果学校不是名校则可说："没关系，许多成功者都不是什么名牌学校毕业，可以在工作中继续学习，工作实践很重要。"毕业生听了很高兴且受到了很大鼓舞。假如是著名的学府呢？则可以说："你真了不起，毕业于那样一所名牌大学！""你在学校是学什么专业的？……你们学校的管理怎么样？……"，对于刚刚毕业的学生来说，无论是著名的学府还是名不见经传的学校，毕业生总是喜欢谈及自己的母校的。由于提起了学校，使刚刚报到的大学生消除了紧张腼腆的心理，对母校的感情使他一下子健谈了起来。

渴望友谊，希望拥有更多的朋友是我们每个人的愿望。但朋友都是由陌生人发展而来，有相当一部分朋友是萍水相逢时认识的。在风光绮丽的景区、在熙攘喧闹的汽车上或者别人开的派对中，凭一个会心的微笑、几句得体的幽默话、一个礼貌的动作等，都可以与他人相识。主动关心他人，善于倾听也可激发对方的谈话欲望。

刚刚大学毕业走上社会的小林在一家咖啡馆里喝咖啡，见旁边一中年人独自深思，这激起了他的好奇心，便找话与他搭讪："大哥，你怎么了？看你好像是热得不舒服，来杯咖啡吧。""谢谢，我这儿有。"

那人笑着答道，并说，"你是不是觉得我有些无聊？说句话不怕你笑话，有时我可真想重新开始自己的人生，那样我肯定会以另一种不同的方式来生活的。"小林诧异道："你这指的是什么呢？能同我谈谈吗？"

中年人缓缓地说："过去，我不肯相信任何人，包括老婆、亲戚、朋友，到头来得到的，瞧——独身一人。你知道，我有二十多年没见过任何一个家人了……"那人把小林当成了一个可以倾诉的对象，慢慢地诉说着自己的过去，小林则把他的过去当成一堂教育课耐心地听着。尽管两人素昧平生，但却成为了好朋友。

不是所有的人都是善谈的，有的人比较沉默寡言，虽然有交谈的欲望，却不知从何谈起。这时关键是得找出交往的契机，主动伸出友谊之手，打开对陌生人关闭着的心灵之门。这就需要一方改变态度，率先向对方发出友好信号，激起对方的谈话欲望，从而达到交流的目的。

6 对陌生人要不吝惜赞美

在日常交往中，人人需要赞美，人人也喜欢被赞美。如果一个人经常听到真诚的赞美，就会明白自身的价值，有助于增强其自尊心和自信心。特别是当交际双方在认识上、立场上有分歧时，适当的赞美会产生神奇的力量。不仅能化解矛盾，克服差异，更能促进理解，加速沟通。所以，善交际者也大多善于赞美。

在逐渐扩大的交际圈中，人们会接触到愈来愈多的陌生人，如何在与陌生人的交往中缩短双方的距离，达到预期目的，这就需要掌握怎样赞美陌生人的技巧。

李亮是明友油漆股份有限公司的推销员，这个公司刚刚开发出一种新型油漆，虽然广告费用了不少，但收效甚微。这种新油漆色泽柔和，不易剥落，防水性能好，不褪色，等等，具有很多优点。李亮决定以市内最大的家具公司为突破口来打开销路。

这天，他直接来到大华家具公司，找到他们的总经理说："我听说贵公司的家具质量相当好，特地来拜访一下。久仰您的大名，您又是本市十大杰出企业家之一，您经过这么短的时间就取得了这么辉煌的成就，你的才干肯定了不起。"

总经理就向他介绍本公司的产品特点，并在交谈中谈到他从一个贩卖家具的小贩走向生产家具的大公司的历程，还领李亮参观了他的工厂，在上漆车间里，总经理拉出几件家具，向李亮炫耀那是他亲自上的漆，李亮顺手将喝的饮料倒了一点在家具上，又用一把螺丝刀轻轻敲打，总经理很快制止了他的行为。

没等总经理开口，李亮发话了："这些家具造型、款式是一流的，但这漆的防水性不好，色泽不柔和，并且易剥落，影响了家具的质量，不知对不对？"总经理连连点头称是，并提出听说明友公司推出新型油漆，但并不了解，没有订购。

李亮从包里掏出了一块六面都刷了漆的木板，只见它泡在一个方形的水瓶子里，还有另外几块上着各种颜色的漆的木板。李亮解释说泡在水中的木板已浸了一个小时，木板没有膨胀，说明漆的防水性好，用工具敲打，漆不脱落，放到火上烤，漆不褪色。于是这家公司很快就成了明友公司的大客户，双方都从中受益。

在这则事例中，李亮一开始并没有直接称赞自己的油漆多好，而是从赞美这家公司的产品入手，又赞美了总经理的奋斗历程。受到赞美的总经理非常高兴，带领客人去参观其产品，李亮在其心情愉快之后，在车间内点出了大华家具公司的产品的油漆性能差，直接影响到了家具的质量，并在此刻展示了本公司最上乘的产品。相比之下，凸显了本公司的新型油漆。于是，总经理很自然地接受了其建议，李亮争取了这家客户，达到了推销产品的目的。

不过，赞美也要讲究原则。一是赞美要有根据，即赞美并非无中生有的东西，它需要有根有据，有板有眼，否则就成了阿谀奉承。二是赞美要有度，要真诚自然。卡耐基说："如果我们只图从别人那里获得什么，那我们就无法给人一些真诚的赞美，那也就无法真诚地给别人一些快乐。”三是赞美应尽可能有新意。陈词滥调的赞美，会让人索然无味；而新颖独特的赞美，则会令人回味无穷。

对陌生人给予真诚的欣赏与赞扬会使你的人际关系更加和谐，每个人都会有他的亮点，生活中不缺少美，缺少的仅仅是发现美的眼睛。只要你的赞美出于真诚，没有一个人会抗拒你的善意。

7 制造余韵无穷的谈话

初次的会面如果让对方回味无穷，自然就盼望有第二次的见面，这就是人际交往的最高境界。然而怎样才能做到这一点呢？最重要的就是善于制造余韵无穷的谈话，让对方在离去后仍旧不断咀嚼这次谈话。

不过，要让谈话留有余韵，必须使用优美的言辞，假如为了加强印象，故意讲些粗鲁的话，则反而会增加对方的不愉快，弄巧成拙。所以为了使对方对你产生好感，必须言语和善，讲话前先斟酌思量，不要脱口说出伤人的话，破坏周围的人际关系。擅长谈话技巧的人，能够利用言语使对方产生好感。要想做到这一点，就必须避免只说些芝麻绿豆之类的琐事。眼界要放得远些，谈话内容不妨从大事着手，注意速度的平顺流畅，使对方不由自主地受到吸引。

1986年10月15日，《北京日报》报道了中共中央顾问委员会主任邓小平会见英国女王伊丽莎白二世和她丈夫爱丁堡公爵菲利普亲王的消息。在亲切友好的会见中，邓小平谈笑风生。他说：“这几天北京的天气很好，这也是对贵宾的欢迎。当然，北京的天气比较干燥，要是能‘借’一点儿伦敦的雾就更好了。我小时候就听说伦敦有雾，在巴黎时，听说登上巴黎铁塔，就可以望见伦敦的雾。我曾登上过两次，可是很不巧，天气都不好，没有看到伦敦的雾。”

爱丁堡公爵说：“伦敦的雾是工业革命时的产物，现在没有了。”

邓小平风趣地说：“那么，‘借’你们的雾就更困难了。”

公爵说：“可以‘借’点儿雨给你们，雨比雾好。你们可以‘借’点儿阳光给我们。”

在这段对话中，双方都在谈“天气”，谈“雾”，谈“雨”，谈“阳光”，这是极标准的“寒暄”了吧？但是从这寒暄之中，双方已开始联络感情，为进一步会谈打下良好基础。

爱丁堡公爵说“伦敦的雾是工业革命时的产物，现在没有了”，言语间流露出英国工业历史悠久而环境治理成效显著的自豪感，而“借”雾、“借”雨、“借”阳光之类的言辞，也委婉而巧妙地传达着双方有着互助互利、友好合作的诚意。这样的聊天，谁能说不值得回味呢？

8 怎样跟外向型的人说话

人大致可以分为两种，一种人内向，一种人外向。两种人倾向不同，因而做事的风格也不同。

外向型的人言语流畅，声音的顿挫富于变化，且能说善道，只要一想到什么事情就会不假思索地说出来，有时又会把自己的身体挪近对方，说到眉飞色舞时口沫横飞，有时甚至会把对方的话拦腰一斩，以便贯彻自己的主张。

跟外向型的人说话要学会倾听。犹太人有句格言，要学会认真倾听，用两倍于自己说话的时间倾听对方讲话。善于倾听是与外向型的人谈话成功的一个要诀。你在倾听对方谈话时，应注意以下几点：

一是与说话人交流目光，适当地点头或做一些手势动作，表示自己在注意倾听。

二是听者应轻松自如，除非对方在讲一件骇人听闻的消息，你应不时表示“哦”“嗯”等，以引起对方继续谈话的兴趣。

三是通过一些简短的插语和提问，暗示对方你确实对他的话感兴趣。或启发对方，以引出你感兴趣的话题。

四是善于从对方的话里找出他没有能明白表达出来的意思，避免产生误解。也可用一两个字暗示对方；你不但完全理解他的话，甚至和他趣味相投。

五是不要急于下结论，过早表态会使谈话夭折。当然，如果你对对方的话不感兴趣，而且十分厌烦时，那你就应设法转变话题，但不要粗鲁地说：“哎，这太没意思了，换个题目吧。”

外向型的人往往心直口快，性格鲜明、情绪波动大，容易交友，也容易在无意之中说错话、办错事而失去朋友。所以在与外向型的人说话时，无须计较一些细枝末节，应本着真诚、信任、尊重和宽容的态度与之交往。

如果我们所面对的是个心情开朗、个性外向的人，经常与他相处、交流之后会使我们同样“开放”起来，从而增加获得他人好感的机会。

9 怎样跟内向型的人说话

在与人打交道时，了解对方的个性也是必不可少的。不管对方如何伪装，真实的性格总会不经意地暴露出来。内向型的人说话较慢，即使受到语言刺激，反应也不激烈；外向型的人则声高语速快，表情与说话内容同步，一旦听到具有攻击性的言语，马上做出反应。

在与内向型的人谈话时，态度要亲切，但不要过于依赖或有压力的亲密。当他们在人群表达自己时不要给他们太大的压力，要表现出亲切的善意。当你请求他们做某事时，你的表达态度应该是一种请求而非要求。要求他们做决定时，尽量给他们独处的时间和空间。聊他们擅长的领域，然后夸赞他们，要增加他们的信任感。

跟内向型的人说话要善于引导。在与内向型的人谈话时，他很可能成了一个倾听者。如果此时你不考虑进行一下角色转换，让他继续担任主角，那你们的交流肯定是沉闷的。面对这种人，你就应该担当起主角的重任，用他感兴趣的事激起他的热情。当他把你当作知心人的时候，就会表现出他狂热的一面。

提问是引导话题、展开谈话或话题的一个好方法。提问有三种功能：一是通过发问来了解自己不熟悉的情况；二是将对方的思路引导到某个要点上；

三是打破冷场，避免僵局。

发问首先应注意内容，不要问对方难于应对的问题。如超乎对方知识水平的学问、技术问题等；也不应询问人们难于启齿的隐私，以及大家都忌讳的问题，等等。其次是注意发问的方式。查户口式的一问一答只能窒息友善的空气。

提问的人应对发问进行方式设计，比如来了一位东北客人，你若这样问："你是东北人吧？""你刚到北京吧？""东北比北京冷吧"等，对方恐怕只好一次又一次地重复"是"。这不能怪客人不健谈，而是这种笨拙的发问至多也就能回答到这个程度。

如果你换一个问法："这次到北京有什么新的感触？""东北现在建设得怎么样？有什么新闻？"等，这样的话，对方不但可以介绍一些你所不了解的新鲜事，还能使客人更充分叙述自己的感受而使空气自然融洽。如果你提的问题对方一时回答不上来，或不愿回答，不宜生硬地追问或跳跃式地乱问，要善于调换话题。如果对方仅仅是因为羞怯而不爱谈话，你就应先问点无关的事，比如问问他工作的情况或学习的情况，等紧张的空气缓和了，再把话题纳入正轨。

亚洲首富李嘉诚就是一位生性腼腆、内向而不喜主动交谈的人，即便在已步入事业巅峰的今天，在出席高贵场合时他仍不是个滔滔不绝、谈锋犀利的人。可他腼腆的另一面，勤勉、好学成为他致胜的关键性因素。他谦虚沉稳的外表下面蕴涵着勃勃雄心，做什么都想做到最好，知道自己要做什么并努力去做。

所以，上天造物总是有他的初衷的，草木各有各的特点才称得上姹紫嫣红，各样人行为的各不相同才使得这个世界绚丽多彩，如果大家都一种个性，就像满世界只开一种颜色的花朵，那么还有什么美丽可言？互补促和谐，没有千人一面，也没有千篇一律，这是大自然的和谐之道。

10 诚恳倾听别人的诉说

有些人在与陌生人初次见面谈话时，总是喜欢自卖自夸，喋喋不休，让对方在大多数时间内听自己说，其实这是错误的。要让对方尽情地说话！他对自己的问题了解得比你多，所以向他提出问题吧，让他把一切都告诉你。

如果你没在意他说的话，你也许很想打断他。不要那样做，那样做很危险。当他有许多话急着要说的时候，他不会理你的。因此，你要耐心地听着，抱着一种开阔的心胸，诚恳地鼓励他充分地说出自己的看法。

在人际交往中，多听少说，善于倾听别人讲话是一种高雅的素养。因为认真倾听别人讲话，表现了对说话者的尊重，人们也往往会把忠实的听众视作可以信赖的知己。

聆听别人讲话，必须做到耳到、眼到、心到，同时还要辅以其他的行为和态度，以下是几点聆听技巧：

一是注视说话者，保持目光接触，不要东张西望。

二是单独听对方讲话，身子稍稍前倾。

三是面部保持自然的微笑，表情随对方谈话内容有相应的变化，恰如其分地频频点头。

四是不要中途打断对方，让他把话说完。

五是适时而恰当地提出问题，配合对方的语气表述自己的意见。

六是不离开对方所讲的话题，但可通过巧妙的应答，把对方讲话的内容引向所需的方向和层次。

另外，听话不要听一半。当你倾听别人说话时，你真的听懂了他说的意思吗？如果不懂，就请听别人说完吧！美国知名主持人林克莱特一天访问一名小朋友，问他说："你长大后想要当什么呀？"小朋友天真地回答："嗯……我要当飞机的驾驶员！"

林克莱特接着问："如果有一天，你的飞机飞到太平洋上空所有引擎都熄火了，你会怎么办？”小朋友想了想：“我会先告诉坐在飞机上的人绑好安全带，然后我挂上我的降落伞跳出去。”

当在现场的观众笑得东倒西歪时，林克莱特继续着注视这孩子，想看他是不是自作聪明的家伙。没想到，接着孩子的两行热泪夺眶而出，这才使得林克莱特发觉这孩子的悲悯之情远非笔墨所能形容。于是林克莱特问他说：“为什么要这么做？”小孩的答案透露出一个孩子真挚的想法：“我要去拿燃料，我还要回来！”

我们在人际交往当中，在与他人沟通的时候一定要认真倾听，这是对他人的尊重。尊重是相互的，你尊重了对方，对方也会尊重你，他才会继续与你交往，你就会有可能在与他今后的交往当中有所收益。

11 巧用幽默的效用

幽默是人类语言中最美丽的一朵奇葩。它犹如一股清凉的风，让每一个被它吹拂的人神清气爽；它犹如一杯浓郁甘洌的泉水，让所有品尝过它的人心醉神迷；它是人类智慧的灵光闪现，是语言艺术的精华所在。

当会议陷入沉闷时，一句幽默的话能迅速打开僵局，使与会者的紧张感消除，畅所欲言；当听众疲劳时，来点幽默，能给大家提提精神；当出现尴尬局面时，来点幽默，可以很快扭转局面，转被动为主动。

在运用幽默时，应注意以下几方面问题：

一是看场合。

大部分场合幽默都是可以用的，但有些场合下，比如有重大灾难时，出现严重问题时，讨论严肃问题时，幽默还是少用为好，免得让人觉得轻浮。不同的听众所能接受的幽默方式与内容也是不同的，幽默要有针对性。

二是别牵强。

幽默要真正实现效果，最好是自然而然地流露，而不能勉为其难地去逗人笑。

三是无恶意。

幽默是为了增强亲切、热烈的交谈气氛的，是为了让他人高兴的，如果用歧视性语言来达到幽默效果，反而会让人感觉受到了伤害。

四是讲文明。

幽默是高雅的，忌用粗俗语言。幽默是体现风度与修养的，是高雅的语言艺术。如果用一些粗鄙流俗的语言来作为幽默材料，不但不能取得幽默诙谐的效果，反而会让人觉得庸俗不堪。

幽默在生活中无所不在，幽默的素材在生活中也无处不有。幽默诙谐的语言，将是生动形象的语言，是让听众饶有兴致地听下去的语言。幽默的技巧并不限于上面几种，只要善于发现，巧加运用，多积累知识，多掌握技巧，您也会成为一个幽默风趣的人。

12 自嘲调侃避免尴尬

“自嘲”顾名思义就是自己嘲讽自己。谁都喜欢被人赞美，不喜欢被人嘲讽。但有时候自嘲也能体现出一种潇洒情态和人生的智慧。它能制造出宽松和谐的交谈气氛，使人感受到你的可爱和人情味。

在现实生活中，适时适度地“自嘲”往往会收到妙趣横生、意味深长的效果。

美国一位肥胖的女政治家在竞选演讲中自我解嘲：“有一次我穿上白色的泳装在大海里游泳，结果引来了苏联的轰炸机，以为发现了美国的军舰。”结果在笑声中，选民反不以其肥胖为意，使她在竞选中处于优势。

自嘲是缺乏自信者不敢使用的技术，因为它要你自己骂自己，也就是要拿自身的失误、不足甚至生理缺陷来“开涮”。对丑处、羞处不予遮掩、躲避，反而把它放大、夸张、剖析，然后巧妙地引申发挥，自圆其说，博得一笑。没有豁达、乐观、超脱、调侃的心态和胸怀是无法做到的。

面对善于自嘲者，自以为是、斤斤计较、尖酸刻薄的人是难以望其项背的。尴尬场合，运用自嘲可以平添许多风采。当然，自嘲要避免采取玩世不恭的态度。具有积极因素的自嘲包含着自嘲者强烈的自尊、自爱。自嘲实质上是当事人采取的一种貌似消极、实为积极的促使交谈向好方向转化的手段而已。

亚伯拉罕·林肯是美国第 16 任总统，他最擅长用自嘲来升华自我的不良情绪。例如，对于自己的丑陋相貌，林肯经常巧做文章。有一次，林肯与道格拉斯进行辩论，道格拉斯指控林肯说一套做一套，完全是个有两张脸的人。林肯回应说："道格拉斯指控我有两张脸，大家说说看，如果我有另一张脸的话，我会带这张丑脸来见大家吗？"林肯的话逗得大家哄堂大笑，道格拉斯自己也跟着笑了。

嘲笑自己的缺点是一个人人生态度的最高境界，是一种良好修养，是一充满魅力的交际技巧，使自己活得轻松洒脱，使别人感到你的可爱和人情味，还能更有效地维护面子，建立起新的心理平衡。

13 化解别人的责难

面对责难这种似乎始终让人无法接受的指责，人们可能会觉得懊恼，羞愧，郁闷，或许有点恼羞成怒。

此时，如果大发雷霆就会相互冲突、不欢而散，因此要学会用宽大的心去细听对方的诉说，以换位的立场去同情对方的抱怨，这样才能引起共鸣，也是解决事情的根本。当违背自己的原则立场时，你应等对方讲完后再以严肃的口气来分析，让对方知道你的立场是不能让步的。

此外，沟通是非常有必要的，但是要注意沟通的方式方法，时间、地点和场合。在对方生气的时候，肯定不是沟通的最好时间，换个时间、换个地点和换个环境再做适当的沟通和解释甚至是请教，这样的效果会比较好。在适当的时候用笑声来缓解双方紧张的气氛，这样会达到事半功倍的目的！

责难还大致包含两种情况：一种是对所谈及的问题有疑问或不同意见，这时提出的问题和反对的意见多为善意的；另一种则是故意刁难，搞恶作剧，以达到让人难堪、出丑的目的，这多为恶意。

如果面对的是善意的责难，就应尽己所知，认真、负责地阐述自己的观点或解答对方的问题。有一位宣传部长在宣讲时事政策时，一位工人站起来问道："你老讲形势好，为什么全国到处都在下岗？"这位部长就说："下岗是社会发展的正常现象，是社会进步的表现，恰恰说明形势好。现在一些地方、部门人浮于事，没事做；而一些地方、部门又事多等人做，这正常吗？一个工厂技术落后、设备陈旧，产品没市场，大家都发不出工资，还不如让一些人下岗转行，去干社会需要的事。这样既满足了社会的需求，大家又都有钱可挣，不比要死不活地吊着好吗？"

面对恶意的责难时，就需要大胆一些，应针锋相对，坚决、果断地当众揭露制服。手法上可以多样化，或反唇相讥，或以牙还牙，或幽默风趣。总之，不能让对方的企图得逞。如果不予理睬、拒绝回答，或者发火、生气，或者令其离开或自己离开，都是不恰当的。因为这不仅会助长其气焰，混淆他人的视听，更会有损自己的形象。

人一生要不断重复许多事情，也在不断地遇到新的问题。一辈子的经验是由错误总结而成，这些错误要经过许多人的责难。如何面对责难，总结经验是人生取得成就的基础。

14 碰到尴尬场面要灵活应对

在人际交往过程中，经常会遇到一些尴尬场面，有时尴尬的是自己，有时尴尬的可能是别人，也有时双方都感到尴尬。交往中的尴尬场面，有些是事先可以避免的。但生活中的一些叫人尴尬的事发生得很突然并且出乎意料，由于思想上没有足够的准备，因而显得有些手足无措。其实，面对尴尬并不难找到应对的办法。

首先要保持镇静，不动声色。在交往过程中，如果一方表现出尴尬，那么另一方也会受到感染，相应地呈现出不自然的神态，而这会进一步加深双方的尴尬。所以，应付这一情境的最好办法是保持镇静，泰然处之。如在公开场合讲话时出现结巴，不妨佯装不觉。你的表现自然，别人也就不好意思吹毛求疵，讽刺揶揄你了。

其次要真诚道歉，如实说明。通常情况下，由误解引发的尴尬可以通过如实说明的方法来消除。如果是因为自己的失误、行为的缺陷而造成的尴尬局面，可以通过及时、诚挚的道歉予以弥补。

如讲话把唾沫溅到别人身上，说声抱歉，别人大多也不会在意。有时为了保全“面子”，也可以把直接道歉转化为间接道歉，给对方予以精神补偿，如通过电话表达，或以物传情，送给对方一束花，这都是道歉的艺术，可达到此地无声胜有声的效果。

第三是善于谅解，宽容处之。法国的布鲁依尔曾经说过：“两个都不原谅对方细节过错的人不可能成为老朋友。”金无足赤，人无完人。当别人话中带刺、讥讽嘲笑时，不妨装作反应迟钝，不去在意，而对对方无意造成的过错更应充分谅解和宽容。如果逞一时口舌之快，只会越闹越僵，使尴尬演化成冲突，气氛更为紧张。

第四是借助幽默，转移注意。有的时候适当的自嘲与调侃自己，不仅诙谐有趣，能消除尴尬的气氛，而且体现了个体的胸怀宽广，富有修养。有时当别人向你提出你不愿回答的问题时，也可以通过幽默来转移注意，把话题叉开，别人一般会知趣的。

这里有一个应对尴尬场面的事例：

小王搬家时，通知了几位最要好的朋友，因为他们早已知道了他要搬家的消息，想瞒也是瞒不住的。除此之外，小王不想再惊动其他的人。然而，就在庆祝乔迁之喜的酬客宴会进行之际，和小王同在一个办公室的老陈敲门进来了。一时间，小王显得颇为尴尬，因为昨天老陈问他的时候，他还说搬家为时尚早呢。

老陈看出了小王的尴尬，便装作一副很轻松的样子，对众人说了一句很幽默的话：“小王邀请我来的时候，告诉我说：你只消用手肘按门铃就得了。我问他：为什么非用手肘去按不行？他说：你总不至于空手来吧？”老陈的话将一屋子的人说得笑了起来，大家连忙给他让座，小王也一个劲儿地说：“请，请！”幽默能够将尴尬和沉闷的气氛一扫而光，在颇富人情味的轻松调侃中迅速达成彼此的沟通，比坦然应变更显得技高一筹。

尴尬是一种情绪反应，只要想办法使自己的心理保持稳定，交往中的尴尬场面应付起来就会轻松自如，游刃有余。

第二章

处世口才——说一口别人爱听的话

“能人动动嘴，笨人跑断腿”。一副好口才，让说话的人只是张一下嘴，便取得成功，而口才不好的人，即使跑断腿，也不会有好收获。同样一番话，不同的口才就会有不同的说法。人际交往中的人们，不必做神采飞扬铿锵激昂的演说家，也无需巧舌如簧、唇枪舌战，我们要掌握的是协调人际关系的处世精妙口才术。

1 用恭维话博人欢心

爱听恭维话是人的天性。当你听到对方的吹捧时，心中就会产生一种莫大的优越感和满足感。世人之情，皆爱恭维，只要你的恭维话说得有相当的分寸，不流于谄媚，不但无伤人格，反而是博人欢心的一个好方法。

某天早上有人说你“衣着得体，非常漂亮有精神”，那么你一天的学习、工作状态一定会不错吧！小小的一句恭维话就可以迅速拉近与人之间的距离，得到别人的好感，也可以给他人以信心、勇气和快乐。

一个人嘴巴要甜一点，才能受欢迎。心坏没有人知道，嘴巴坏的话，所有人都讨厌你。同样一句话，有正反两种说法，就看你自己如何选择了。很多人吃亏，就在于说话不好听。下面这个小故事就说明了这一点：

从前有一个国王，他晚上做了一个梦。第二天上朝，他对大臣们说：“我昨天晚上做了一个梦，你们找一个人来圆一圆，这个梦是什么意思？”大臣们很快就找到一个人来圆梦，那个人说：“启禀国王，您这个梦是说，您的朋友一个一个都死掉了，最后只剩下您一个人。”这个国王越听越伤心，就把这个圆梦的人推出去杀掉了。

不久，大臣们又找了一个人来圆梦，那个人心里想，国王的梦预示的内容和第一个人讲的差不多，但是如果实话实说，就会落得像第一个人那样的下场，所以他说：“恭喜国王，贺喜国王，因为您是您所有朋友里面最长寿的。”国王听了非常高兴，赏赐给他大量的财物。

两个人说的意思其实是一样的：国王的朋友一个个都死掉了，那他就是最长寿的。但结果是第一个人被砍头了，第二个人获得了丰厚的赏赐。那我们为什么不学学第二个人，把话说得好听一点呢？

要恰如其分地恭维别人是件很不容易的事。如果恭维得不得法，反而会遭到排斥。在尚未确定对方最引以为豪之处前，最好不要胡乱恭维，以免自讨没趣。试想，一位原本已经为自己身材消瘦而苦恼的女性，听到别人“恭维”

她苗条、纤细，又怎么会感到由衷的高兴呢？

虽然大多数时候恭维是礼仪性质的，但是不妨碍它是由衷的。当我们真心赞赏别人的时候，我们其实有一种学习的倾向，也就有了进步的可能。嫉妒是很容易产生的情绪，当我们看到别人的成功首先想到恭维而不是挑剌的时候，嫉妒情绪会被很好地抑制，而不转变为从中作梗的破坏性行动。恭维总是激励跟你交往的人们，一个成功的人给一个后来者的恭维甚至可以影响他的一生。

所以，学会恭维，提醒自己给你的交往对象尽可能多的恭维。恭维会为你带来快乐和机会，也为别人带来快乐和机会。

2 成全别人的好胜心

人际交往中，一个有涵养的人在生活中往往会以低调而深沉的姿态去为人处事，做人做事都不与人计较，从而赢得很多人的尊重。在他们的性格中，最出色的一点就是：会成全别人的好胜心。

生活中常常有些人，无理争三分，得理不让人，小肚鸡肠。相反，有些人真理在握，不吭不响，得理也让人三分，显出君子风度。前者，往往是生活中的不安定因素，后者则具有一种天然的向心力；一个活得叽叽喳喳，一个活得自然潇洒。有理，没理，饶人不饶人，一般都是在是非场上、论辩之中。

假如是重大的或重要的是非问题，自然应当不失掉原则地论个青红皂白甚至为追求真理而献身。但日常生活、工作中往往为一些非原则问题、鸡毛蒜皮的问题争得不亦乐乎，争强好胜者未必掌握真理；而谦虚的人，原本就把出人头地看得很淡，更不消说一点小是小非的争论，根本不值得争执。你若是有理，却表现得谦逊，往往能显示出一个人的胸襟之坦荡、修养之深厚。

例如，在与有自卑心理和戒备心的人初次见面时的会谈是很困难的，尤其在社会地位有差距时，对方在居下的位置上心中会有胆怯感，会在心理上筑起一堵防御墙。所以，首先让对方树立“自己不比别人差”的观念。因此，成全别人的好胜心会让别人更加喜欢你，会使你获得良好的人际关系。

人人都有自尊心，人人都有好胜心，若要联络感情，就应处处重视对方的自尊心。因为重视对方的自尊心，成全对方的好胜心，这样表面上对方胜利了，实际上却是你胜了。

战国时，梁国与楚国相邻，两国在边境上各设界亭，亭卒们也都在各自的地界里种了西瓜。梁亭的亭卒勤劳，瓜秧长势极好；而楚亭的亭卒懒惰，瓜秧又瘦又弱，与对面瓜田的长势简直不能相比。楚亭的人觉得失了面子，有一天夜里偷跑过去把梁亭的瓜秧全给扯断了。梁亭的人第二天发现后气愤难平，报告给这个县的县令说："我们也过去把他们的瓜秧扯断好了！"

县令就说："他们这样做当然是很卑鄙的。可是，我们明明不愿他们扯断我们的瓜秧，那么为什么再反过去扯断人家的瓜秧？别人不对，我们再跟着学，那就太狭隘了。你们听我的话，从今天起每天晚上去给他们的瓜秧浇水。让他们的瓜秧长得好，而且你们这样做，一定不可以让他们知道。"

梁亭的人听了县令的话后觉得有道理，于是就照办了。楚亭的人发现自己的瓜秧长势一天好似一天，而且是梁亭的人在黑夜里悄悄为他们浇的，便将此事报告楚国边县的县令。县令听后感到十分惭愧又十分敬佩，于是把这件事报告了楚王。楚王听说后也感到梁国人修睦边邻的诚心，特备重礼送梁王，既以示自责，亦以示酬谢，结果这一对敌国成了友好的邻邦。

让我们成为一个有涵养的人，以低调深沉处事，不与人计较，从而赢得更多人的尊重。成全别人的好胜心，会让别人更加喜欢自己，获得良好的人际关系。

3 投其所好找话题

与人交谈、求人办事的唯一捷径，就是要投其所好。如果你能投其所好，说的话就能深人人心；如果反其所好，只会招来对方的厌恶，给自己带来麻烦。

例如在推销行业中，可能是因为怀有一颗“被人求”而高高在上的心态，也可能是因为对那些每日数量众多进出频繁的销售员们司空见惯，所以就有很多被拜访者对那些来访的销售员们爱理不理。遭白眼、受冷遇、吃闭门羹的故事也举不胜举。很多销售员也因此而觉得客户拜访工作无从下手。

但是只要找准切入点，其实很简单：有位汽车推销员为了手上的进口高级车专程拜访一位企业家。可是见面的开始他并不谈买车的事，反而先拿出儿子的集邮册，原来他儿子与企业家的儿子是同班同学，他知道企业家为了替儿子搜集邮票总是不辞辛劳，乐此不疲。他用这件事当话题，两人很快就有了共同语言，并且谈得很投机，最后在快要告辞时稍微提一下车子的事，当然就顺利卖出了。

在与人相处的时候，要想投其所好需要注意两个方面：

第一是要找到对方独特的心理特征。世界上的每个人在不同的年龄有不同的个性，因此要想投其所好，就必须迎合他们深层次的心理需求。

第二是要从小处着手。

在与人相处的时候，需要投其所好，但这并不是说要放弃原则，而是要从小事做起。在不丧失原则、坚持立场的情况下，你可以尽可能说一些对方喜欢听的话。比如说，上班的时候如果你发现你的同事穿了一件新衣服，你就可以赞美他一下：“你的这件衣服真漂亮，和你的人非常相配。”但是投其所好并不等于谄媚，并不等于讨好，因此你的赞美一定要恰到好处，不能太露骨。

“投其所好”还是一种劝说艺术，此法运用得好，往往能产生十分好的劝说效果。有一则外国的故事很能说明问题。19 世纪，在维也纳上层社会的妇女中，时兴一种高筒、宽檐的帽子，帽檐上装饰着五颜六色的羽翎，十分华美。当这些女士进入剧场看戏剧时，坐在她们后面的观众就只能看到她们的帽子而看不到舞台，于是就向剧场经理提出抗议。

剧场经理起初只是一味请求女士脱帽，但女士们谁也不予理睬。后来经理眉头一皱，计上心来，只听他对女士们说：“本剧场照顾年老的女士，只有她们可以不必脱帽。”此言一出，剧场的女士们纷纷摘下了帽子。

维也纳上层妇女都喜欢被人看作是年轻美丽的女士，因而极讨厌别人把她们看作老妇。“只有年老的妇女可以不脱帽”言外之意就是“脱帽的都是年轻妇女”，这就投合了妇女们的爱美心理，因此她们纷纷脱帽。

在日常生活中，我们必须在待人处事时做到知己知彼，针对不同的人采用不同的方法，投其所好，这样才能使自己立于不败之地。

4 说些鼓舞人心的话

说些鼓舞人心的话，不仅指我们对别人说或别人对我们说，像教练鼓舞球队精神的讲话，或是业务经理鼓励推销人员的话，或是其他人员鼓励一个团体的讲话，都可以对人产生巨大的激励作用。

另外还有一种鼓舞的方式，那就是自己对自己说一些鼓励的话，自己对自己来一段富有鼓舞精神的演讲这并不是太难的事情，但是效果却是非常大的。拿破仑·希尔也曾说过，可以经常给自己一些精神鼓励，将这些用于自己的事业中将是非常奏效的。

有这样一则故事：

某王爷手下有个著名的厨师，他的拿手好菜是烤鸭，深受王府里的人喜爱，尤其是王爷，更是倍加赏识。不过这个王爷从来没有给予过厨师任何鼓励，使得厨师整天闷闷不乐。

有一天，王爷有客从远方来，在家设宴招待贵宾，点了数道菜，其中一道是王爷最喜爱吃的烤鸭。厨师奉命行事，然而当王爷夹了一鸭腿给客人时，却找不到另一条鸭腿，他便问身后的厨师说：“另一条腿到哪里去了？”

厨师说：“禀王爷，我们府里养的鸭子都只有一条腿！”王爷感到诧异，但碍于客人在场，不便问个究竟。

饭后，王爷便跟着厨师到鸭笼去查个究竟。时值夜晚，鸭子正在睡觉。每只鸭子都只露出一条腿。

厨师指着鸭子说：“王爷你看，我们府里的鸭子不全都是只有一条腿吗？”

王爷听后，便大声拍掌，吵醒鸭子，鸭子当场被惊醒，都站了起来。

王爷说：“鸭子不全是两条腿吗？”

厨师说："对！对！不过，只有鼓掌拍手，才会有两条腿呀！"

要使人们始终处于施展才干的最佳状态，唯一有效的方法就是表扬和奖励，没有比受到上司批评更能扼杀人们积极性的了。

鼓舞人心会给人以尊严感，不管有没有天赋，被鼓舞者都会大胆地发表意见，显得自信。例如，有一个推销员在去见一个人之前，给自己说了一些鼓舞精神的话。在他推销的时候，他感觉到自己的思维很流畅，因为他对自己充满信心，在讲话的时候，讲得非常好，也因此而获得了成功。

我们的生活需要鼓舞人心的话，因为鼓励对一个人起着重要的作用，也许可以改变一个人的一生。

5 打动人心的话语

与人交谈，贵在真诚。有诗云："功成理定何神速，速在推心置人腹。"只要你与人交流时能捧出一颗恳切至诚的心，一颗火热滚烫的心，怎能不让人感动？怎能不动人心弦？

说话不是敲击锣鼓，而是敲击人们的"心铃"。"心铃"是最精密的乐器。因此，成功的人总是能用真挚的情感、竭诚的态度击响人们的"心铃"，刺激之、感化之、振奋之、激励之、慰藉之。从前有一个脾气很坏的男孩，他的爸爸给了他一袋钉子并告诉他，每次发脾气或者跟人吵架的时候，就在院子的篱笆上钉一根。

第一天，男孩钉了 37 根钉子。后面的几天他学会了控制自己的脾气，每天钉的钉子也逐渐减少了。他发现，控制自己的脾气，实际上比钉钉子要容易得多。终于有一天，他一根钉子都没有钉，他高兴地把这件事告诉了爸爸。爸爸说："从今以后，如果你一天都没有发脾气，就可以在这天拔掉一根钉子。"

日子一天一天过去，最后钉子全被拔光了。爸爸带他来到篱笆边上，对他说："儿子，你做得很好，可是看看篱笆上的钉子洞，这些洞永远也不可能恢复了。就像你和一个人吵架，说了些难听的话，你就在他心里留下了一个伤口，像这个钉子洞一样。插一把刀子在一个人的身体里再拔出来，伤口就难以愈合了。无论你怎么道歉，伤口总是在那儿。要知道，身体上的伤口和心灵上的伤口一样都难以恢复。”

讲话如果只追求外表漂亮，缺乏真挚的感情，开出的也只能是无果之花，虽然能欺骗别人的耳朵，却永远不能欺骗别人的心。第二次世界大战期间，英国首相丘吉尔对秘书口授反击法西斯战争动员的讲演稿时“哭得涕泪横流”。正因为如此，他后来的发言才更加动人心魄，极大地鼓舞了英国人民的斗志。

真实、真情和真诚的态度，是用语言打动人心的最佳诀窍。让我们成为善于用语言打动人心，使对方感到震撼、信服或感激的人。

6 要坚持在背后说别人的好话

喜欢听好话似乎是人的一种天性。当来自社会、他人的赞美使其自尊心、荣誉感得到满足时，人们便会情不自禁地感到愉悦和鼓舞，并对说话者产生亲切感，这时彼此之间的心理距离就会因赞美而缩短、靠近，自然就为交际的成功创造了必要的条件。

下属工作出色，你对他的表现很满意，真想好好地表扬他一番。可是，你怕他听了“翘尾巴”，怕从此失去应有的威严，于是你克制住自己，只是按部就班地向他布置下一个任务。

上司确实有魄力，处理问题正确果断，而且作风正派，身先士卒，你很想在共同享用工作餐时把大家对他的好评，包括你的肯定直接告诉他。但是，你怕这会被他视为别有用心，怕别的同事视你在“拍马屁”，更怕会丧失自我的尊严，于是你将话咽了回去……人际之间需要好话。非自我功利目的的好话，在这个世界上不是多了而是还很缺乏。因此，你一定不要吝啬自己的赞美之词，应该将你的感激表达出来。

这时你可采用背后说好话的方式。一个人说别人的好话时，当面说和背后说是不同的，效果也不会一样。你当面说，对方会以为你不过是奉承他、讨好他。当你的好话在背后说时，对方认为你是出于真诚的，是真心说他的好话，他才会领你的情，并感激你。

如《红楼梦》中有这么一段：

史湘云、薛宝钗劝贾宝玉做官为宦，贾宝玉大为反感，对着史湘云和袭人赞美林黛玉说："林姑娘从来没有说过这些混帐话！要是她说这些混帐话，我早和她生分了。"

凑巧这时黛玉正来到窗外，无意中听见贾宝玉说自己的好话，不觉又惊又喜，又悲又叹。结果宝黛两人互诉肺腑之言，感情大增。

因为在林黛玉看来，宝玉在湘云、宝钗、自己三人中只赞美自己，而且不知道自己会听到，这种好话就不但是难得的，还是无意的。倘若宝玉当着黛玉的面说这番话，好猜疑、小性子的林黛玉怕还会说宝玉打趣她或想讨好她呢。

在背后说别人的好话，能极大地表现你的"胸怀"和"诚实"，有事半功倍的效果。多在第三人面前赞美他人，被赞美的人必然认为那是认真的赞美，毫不虚伪，于是真诚地接受，对你感激不尽。

请消除心头的疑虑。当你心头涌现了并非出自功利目的、自然亲切、朴素真诚的好话时，不要犹豫，不要迟疑，不要退却，不要扭曲，要很快地把好话说出口！只要你确实由衷而发，确实不求回报，确实充满善意，确实问心无愧，你就大大方方、清清楚楚地把你那些好话说出来吧！

7 别人说坏话你不要插嘴

我们可以在茶馆、公交车等场合中经常会看到三三两两的几个人，把头凑得很近议论他人，声音不大，但表情各异。特别是在办公室这种场合，几个人在一起就闲聊起来。有时说到某个人时，还会说出一大串的坏话。

在这种时候，很多把持不住的人也会跟着说起某人的坏话来。其结果可想而知，这种坏话不久便添油加醋地传到他的耳朵里，别人不仅对你有了看法，还有可能以其人之道还治其人之身，说你的坏话或打击报复你。

某公司销售科张某升为科长，同一间办公室坐了几年的同事忽然升了高位，对每个人来说都是一个刺激与震动。平日不分高下，暗中竞争的同事成了自己的上司，总让人有那么一点酸酸的感觉。

销售科张某的几个同事背后嘀咕开了：“哼！他有什么本事，凭什么升他的官？”一百个不服气与嫉妒就都脱口而出了。于是你一句我一句，把张某数落得一无是处。小赵是分配到销售科不久的大学生，见大家说得激动，也毫无顾忌地说了些张某的坏话，如办事拖拉，疑心太重等。

可偏有一个阳奉阴违的同事，背后说张某的坏话说得比谁都厉害，可一转身就把大家说张某坏话的事告诉了张某。张某想：别人对我不满说我的坏话我可以理解，你小赵乳臭未干有什么资格说我，从此对小赵很冷淡。小赵大学毕业，一身本事得不到重用，还经常受到张某的指责和刁难，成了背后说别人坏话的牺牲品。

从某方面讲，背后说人坏话是种变相的嫉妒。那些背后说别人坏话的人一但见到当事人，马上又会与之亲近起来继续跟他说着别人的坏话，自以为通过这样的方式可以融洽他与周围群众的关系。

事实上正好相反，这些始作俑者迟早都会浮出水面。这类人最大的特点就是死不认账，对于自己说过的话矢口否认，这类人属于真正的小人。如果你听到有人在你身边讲某人的坏话，不要认为他对你忠心耿耿，他可能在别人的面前也在讲你的坏话，不要将这类人作为深交的朋友。所谓“远小人，近君子”此一法也。

在日常生活中，我们不可能避免会遇到别人在你面前说某个人的坏话。此时，你千万要端正自己的态度，不要被他人的话左右你的思想，更不要跟着别人去说坏话。最好的办法是，别人在你面前说某个人的坏话时你不要去插嘴，只是微笑示之。你如果能笑着将话题岔开当然是最好不过了。如果岔不开，你又不加理睬，这显然会得罪人。这时，你可以挑起新的话题来达到目的。

因为人与人之间的关系是很复杂、很敏感的，所以不跟着别人去说坏话可以让自己远离事非，赢得和谐的人际关系，使自己的事业一帆风顺。

8 巧用语言化敌为友

语言是一门艺术，语言的运用好坏往往决定成败。人类的智慧大都是用语言表示出来的，而语言的“巧”首先在于用得“恰到好处”。也就是说一定要摸准对方的心理，一言击准对方神经线最敏感的地方，使对方迅速做出有利于你自己的反应。

在生活中，有时你会遇到一些这样的情况，你所面临的是一些不容讲理，不能讲理或根本讲不得理的人或事。这时，简短的、机智的巧言就显得更为有效。

一天夜里，一个小偷钻进巴尔扎克的房间，在他的桌子里乱摸。巴尔扎克被惊醒了，他悄悄地坐起来，点亮了灯，然后微笑着说：“亲爱的，别找了，我白天都不能从那里找到钱，现在天黑了，你就更别想找到啦。”小偷看着平静的巴尔扎克，乖乖退了出来。

巴尔扎克也是摸准了小偷的心理，所以能冷静处理这一意外的情况。首先他明白小偷是来偷钱的，不是来害自己生命的，所以他不慌；同时他了解小偷在偷东西时神经特别紧张，稍一受惊就会惊惶失措，做出一些不理智的事情来，反而会危及自己的生命，所以他不喊。他称小偷为“亲爱的”，使小偷不至于因被发现而与他为敌。其次，他明白小偷的目的主要是钱，所以他明确告诉小偷，自己没有钱。这时的小偷，既拿不到钱，又不会被抓，不走又待着干什么呢？只能是乖乖退出。

在我们的人际交往中，如何化敌为友，使其成为自己的朋友呢？首先是勇于承认自己的不对之处。不要总害怕承认自己的不对，以为这样别人就会看不起自己。其实，真正有能力的人是勇于承认自己的不对之处的。其次是对别人的兴趣加以注意。要想让对方对你有好感，并愿意成为你的朋友，最好的办法就是对他的兴趣加以注意。第三是对威胁性的问题不要理会。第四是让对方知道你非常需要他。这一点是很重要的，它能在很大程度上调动对方的积极性。

有句犹太格言道："谁是最强大的人？化敌为友的人。"

谅解和接受曾经伤害过你的人才是最好的待人之道，这样就能得到希望中的回报。这种宽以待人、化敌为友的处世行为是千百年来杰出的生存智慧，对整个人类充满爱心而去真诚爱护每一个人。对待敌人能用爱心去宽恕，对待朋友能用真诚去回报，这是人类的伟大和高尚之处。

9 否定别人的话不中听

在与别人交谈的过程中，有些人会不自觉地伤害到对方。从表面上看起来，他们也没有做出什么无礼的举动，也没有谈论到不愉快的事情，但只要交谈的时间一长，就会让人感到疲惫，只想快点结束谈话。原来，这种人与交谈者的方式存在着很大的问题。让人愉快、影响对方情绪的交谈方式并不单纯是指口才水平。

有时，口才好的人反而更让人厌恶，因为在交谈中，他们喜欢否定对方的观点。对方不但不接受自己的观点，而且不停地反驳，说出的话都一一反弹回来，因此会在不知不觉中感到压抑，甚至会产生对方不尊重自己的想法。

孔子说三人行必有我师。但现实生活中我们通常会见到一些人专爱挑别人的毛病，提起谁都能说出一大堆的缺点。比较极端的甚至把一些很优秀的人全盘否定或说得一无是处。从人性的角度看，这是劣根性。可是这样对自身并不好。

三国的时候袁绍的军力和手下的人才比曹操的多，可他失败了，因为他只看到他的部下的缺点。有的人善于判断，他却看到了他不善变通，从而不加重用；有的人善于变通，他却看到了他不够忠诚。他的谋臣沮授善于分析并直言上谏，反遭杀头。就在于他不善于看到别人的长处，从而妄自尊大，不去认可他们的优点。曹操就是充分了解他部下的优点，防御其缺点，所以他胜利了。

喜欢否定别人的人通常是以自我为中心，对别人缺乏耐心。不懂得听取别人的意见，个人主义严重。那种专门否定别人的人，在人际关系方面也不会很融洽，因为他们不会在乎朋友的喜怒哀乐，而仅仅是为了“维持人际关系”而已。

我们要善于发现别人的优点，并加以学习和肯定。把别人的缺点作为镜子，增强自己的防御性。这样对我们自身的修养是极好的。当然谁都有缺点，否定别人要加在肯定的基础上才比较让人接受。考虑到人性对否定意见的逆反心理，最好是委婉或是旁敲侧击效果会更好。通常人类交往中，肯定别人会比否定别人更能给自己加分。

10 委婉暗示出奇效

生活中有大量的话不用直接说出来，话里带出来就行了，更有不能直言的意思，得靠暗示来表达。于是便有一语双关、含沙射影、指桑骂槐等旁敲侧击的艺术性语言。

语言暗示是暗示中最常用的方式。用好语言暗示应做到两点：一是要对对方有深入的了解，否则暗示失去针对性；二是要掌握语言暗示的技巧，否则暗示适得其反。用于暗示的语言应是一种言简意赅、具有特定含义、高度艺术化的语言，或含蓄委婉，或幽默风趣，或一语双关，或“顾左右而言他”。

有些求人的人，由于种种原因不好意思直接开口，喜欢用暗示来投石问路。这时你最好用暗示来拒绝。两个打工的老乡找到城里工作的李某，诉说打工之艰难，一再说住店住不起，租房又没有合适的。言外之意是要借宿。

李某听后马上暗示说：“是啊，城里比不了咱们乡下，住房可紧了。就拿我来说吧，这么两间耳朵眼大的房子里住着三代人。我那上高中的儿子，没办法晚上只得睡沙发。你们大老远地来看我，不该留你们在我家好好地住上几天吗？可是做不到啊！”两位老乡听后，就非常知趣地走开了。

运用委婉暗示的拒绝方法可以助你达成以下目的：

其一，它能支持你拒绝你不愿意办的某种事情。使用这种方法，可以扛得住任何软磨硬泡。这样，能避免你因做了你不愿意做的事而感到懊恼。

其二，这种拒绝是一种委婉的拒绝。在处理人际关系方面，委婉是必要的。因为找你办事的熟人，或是你的同学同事，或是你的好朋友，处于某种“角色”，你都不便拉开“架式”对他们发泄你的不满。

其三，在某种条件下，它可以增进人们的相互了解。“路遥知马力，日久见人心”，倘若有双方互相尊重的前提，委婉的拒绝能促进思想的沟通和理解的加深。

除运用语言暗示外，还可运用神态、体态等行为暗示。行为暗示是特殊的信息传递方式，从某种意义上来说，它更能体现暗示的委婉特点。例如，学生上课开小差，教师可走到他身边，向他投去关切的目光，示意他：“在想什么呢？下课能告诉我吗？老师会帮你解决的，现在先听讲吧！”

委婉语是人类交际过程中运用较为广泛的一种表达手法。运用委婉暗示的方法可以帮助我们消除误解与摩擦，协调社会人际关系。

11 幽默蕴涵着智慧

幽默大师查理·卓别林说过，幽默是智慧的最高体现，具有幽默感的人最富有个人魅力，他不仅能与别人愉快相处，更重要的是拥有一个快乐的人生。幽默，对现代社会有一定文化修养的人们来说，已经不是一种可有可无的性格特色，而是成为了一种共同追求的风度与素养。

在现代人的社交圈子内，幽默已被公认为是一种潇洒、一种优雅、一种高深。幽默是智慧的迸发，是善良的表达，是交往的润滑油，是我们人生的松弛剂，它更是一种胸怀，是一种境界。幽默不是老老实实的文字，它是运用智慧、聪明与种种搞笑的技巧，使人发笑、惊异或啼笑皆非，并从中受到教育。

幽默的价值在于使人怡然自得，从而博得人们的好感。据说，爱迪生致力于白炽灯泡的时候，有一位缺乏想象又毫无幽默感的人取笑他说：“先生，你已经失败了 1200 次了。”爱迪生回驳道：“我的成就是发现了 1200 种材料不适合做灯丝！”说完，他自己先纵声大笑起来。这句妙答后来为世人熟知。

一个具有这种幽默感的人，都有一种超然的人格，能自在地感受到自己的力量，独自应付任何困苦的窘境。我们或许不能像爱迪生那样超凡脱俗，但我们确实可以时时去转动一把钥匙——幽默。用幽默来开放自己，使生活多一点情趣；用幽默来使自己令人难忘，同时给人以友爱与宽容；用幽默来使自己乐观、豁达……不仅仅如此，幽默还可以润滑严酷的现实，超越用其他方法无法超越的限制。

生活中懂得幽默的人，通常也是有智慧的，他不拘泥于生活中的种种常规，能以别样的眼光看待人事，从新的角度来发现事理，待人处世，能于恰当的情境下，根据需要脑子一转，运用幽默，收到意想不到的结果。

比如，母亲在亲戚面前数落上高中的女儿把房间弄得肮脏不成样子，女儿却对亲戚说道：“莲出于污泥而不染哩！”女儿这一说，引得亲戚们一阵大笑，解了窘境，挽回自尊。事物具有多面性，同一件事情从不同的角度去看待，用不同的方式去处理，结果迥然不同，在看似“山穷水尽疑无路”之时，幽他一默，往往会“柳暗花明又一村”。

幽默是一个人品质、能力、智慧的象征，它是一种修养；幽默是用来治愈人的，而不是用来伤害人的。幽默是爱！总之，幽默是一种积极的人生态度，它使生活总是充满快乐、温暖、爱心和希望。在人际交往中，要做到玩笑中有认真，幽默中有智慧，举止中有涵养，心胸中有大度。如此这般，我们的生活会因此而更快乐。

12 在批评中加点糖

人常说批评是“忠言逆耳”却是“利与行”的。其实批评你的人一般都是真心对待你，希望你能改正缺点，朝着更好的方面发展的，对你可谓是一片坦诚。如果不想伤害对方的面子，一定要提出批评，那么就请你给他一剂加糖的药。在与人交流沟通之中，通常情况下应用好言相劝，对于这种“忠言”也应裹上“糖衣”，让对方听着悦耳，在没有防范的情况下就范，从而使效果更好。

三国时期，曹操准备镇抚关中后即回师洛阳，可是关中其地豪强许攸拒绝率部归顺曹操，还说了许多谩骂曹操的话，曹操大怒，准备下令讨伐许攸。群臣因此纷纷劝曹操宜用招抚的办法使许攸归服，以便集中力量对付蜀、吴军队的侵扰。曹操丝毫听不进去，横刀膝上，群臣们吓得不敢做声了。

留府长史杜袭却仍上前劝谏，曹操劈头喝道：“我的主意已定，你不要说了。”杜袭问：“殿下看许攸是个什么样的人呢？”“不过是凡人罢了。”杜袭说：“对呀，只有贤人才了解贤人，圣人才了解圣人，像许攸这样的凡人，怎么能了解殿下非凡的为人呢？所以，你犯不着跟他生气。现在大敌当前，豺狼当道，你却要先打狐狸，人们会议论你避强攻弱的。这样的进军算不上勇敢，收兵也算不上仁义。我听说千钧力的弓弩，不会对小老鼠扳动扳机；重量万石的大钟，不会因为小草棍的敲打而发出声音。现在小小的许攸，哪里值得烦劳殿下的圣明威严呢？”

曹操听了这番话觉得很顺耳，已经伤害的自尊心得到补偿，面子上也能下得来台，就很爽快地接受了杜袭的劝告，以优厚的条件招抚许攸，许攸果然归服了。

一句古老真实的格言说：“一滴蜂蜜比一大桶胆汁更能捉住苍蝇。”与人交流沟通或作劝导时首先须好言相劝，来几句甜言蜜语，让他在心情舒畅又无防备时接受你的建议。良苦的用心还要有良苦用心的表现，批评者要让对方知道，自己实际是打心底里欣赏被批评者，这才能让对方心悦诚服地接受批评。所以批评者首先考虑该批评是否于对方有益，能否诱之以“利益”，才能使被批评的人觉得自己改正行为是为了自己的利益。

一番措词激烈和直白的批评会搞得受训者心情不畅，郁闷至极。虽然也清楚无恶意，出于真心关心，却让人无地自容，起不到效果。换一种方式，批评中掺杂柔和的褒扬言词。赞美有助于对方敞开心门，并在不知不觉中欣然接受对己的批评。

无论什么人，受激励而改过是很容易的，受责罚而改过是比较难的。因此让我们把握住批评的分寸，给自己一份认知，给别人一份关怀。让我们在批评别人中反省自己，为自己人生的方向挂一盏天灯，成功就会被我们握在手中，在七彩的人生中成就完美的自我。

13 拒绝的艺术

拒绝是一种艺术，当别人对你有所希求而你办不到时，你不得不拒绝他。拒绝是很难堪的，不得已要拒绝的时候，我们应掌握一些拒绝的艺术。

有时开口拒绝对方不是件容易的事，往往在心中演练多次该怎么说，一旦面对对方又下不了决心，总是无法启齿。这个时候，肢体语言就派上用场了。一般而言，摇头代表否定，别人一看你摇头，就会明白你的意思，之后你就不用再多说了。面对推销员时，这是最好的方法。

另外，微笑中断也是一种掩饰的暗示，当面带笑容谈话时突然中断笑容，便暗示着无法认同和拒绝。类似的肢体语言包括，采取身体倾斜的姿势，目光游移不定、频频看表，心不在焉……但切忌伤了对方的自尊心。

在拒绝他人时还应注意几个方面。一是不要轻易地拒绝。有时候轻易地拒绝别人会失去许多帮助别人和获得友谊的机会。二是不要立刻就拒绝。立刻拒绝，会让人觉得你是一个冷漠无情的人，甚至觉得你对他有成见。三是要能婉转地拒绝。真正有不得已的苦衷时，如能委婉地说明，以婉转的态度拒绝，别人还是会感动于你的诚恳。四是要有帮助地拒绝。也就是说你虽然拒绝了，但却在其他方面给他一些帮助，这是一种慈悲而有智慧的拒绝。五是不要无情地拒绝。无情地拒绝就是表情冷漠，语气严峻，毫无通融的余地，会令人很难堪，甚至反目成仇。

拒绝时除了可以提出替代建议，隔一段时间还要主动关心对方情况。有时候拒绝是一个漫长的过程，对方会不定时提出同样的要求。若能化被动为主动来关怀对方，并让对方了解自己的苦衷与立场，可以减少拒绝的尴尬与影响。当双方的情况都改善了，就有可能满足对方的要求。对于业务人员，例如保险业者面对顾客要求而自己无法配合时，这种主动的技巧更是重要。

拒绝的态度虽应温和，但是明显不能办到的事应明确地说出“不”字。模棱两可的态度会使对方怀有希望，引发误解，当最终无法实现时就会使对方觉得被欺骗，由此引起的不满和对立情绪往往更加强烈。不要只用一个“不”字就想使对方“打道回府”，而应给“不”加上合情合理的注解，以使对方明白自己的拒绝并非是毫无理由，也不只是出于借口，而是确有一些无可奈何的原因，确有某种难以说出的苦衷。最好具体地说出理由及原委，以请求对方的谅解。

如果你实在不愿亲口说出拒绝的话，那么也可一再表示要研究研究或考虑考虑，那么聪明的对方马上就能了解你是不太愿意答应的。其实，有能力帮助他人不是一件坏事，当别人拜托你为他分担事情的时候，表示他对你的信任，只是自己由于某些理由无法相助罢了。但无论如何，仍要以谦虚的态度，别急着拒绝对方，仔细听完对方的要求后，如果真的没法帮忙，也别忘了说声“非常抱歉”。

总之，成功地拒绝他人的不情之请可以节省自己的时间和精力，还可以免除由不情愿行为所带来的心理压力。

14 运用“模糊语言”把问题挡回去

社会交往中，人们为准确传递信息、交流感情、增进友谊、处理问题、解决矛盾，一般多选择精确词语。但在不同时间、不同场合及不同层次里，适当地使用模糊词语却能达到更大程度的准确，收到较好的表达效果，促进交往的融洽。

在生活中我们有时会遇到一些问题，无法说是或不是的时候，我们就可以用模糊语言来搪塞过去。例如，有人贸然问你“你的工资是多少？”，这是个讨嫌的发问，但也不好不理睬，可以答：“比上不足，比下有余吧。”或者说：“能够维持日常生活，略有节余吧。”反正不能说出底数。再如，旁人问你："这件事是我不对，还是他不对？"出语咄咄逼人，可是你确实不能赞成他，但又不能得罪他，可以这样答："有些事不是谁对谁错的问题，也有误解的时候，只要把情况搞清楚，就会找到合适的解决方法。"反正不能直言谁对谁错。

恰当地使用模糊语言，能使自己避免尴尬的场面，力避被动，争取主动。《阿凡提的故事》中有一个著名的故事。有一大阿訇理发总不给钱。一次，阿凡提给他刮脸时问："你要眉毛吗？""要，当然要！这还用问！"飕飕几刀，阿凡提把眉毛刮下来递到大阿訇手中，阿訇哭笑不得——谁叫他说"要"呢。"你要胡子吗？"

阿凡提又发问了。有了上一次的教训，阿訇赶紧说："不要，不要！"又是飕飕几刀，阿凡提将胡子刮下来扔到地上。阿訇火了，阿凡提却说："我不都是照您的吩咐做的吗？"故事中的几个"要"和"不要"，可以作不同的解释。"你要眉毛吗？"这里的"要"，阿訇理解为"要保留"。而阿凡提却执意"要剃掉"。胡子呢？阿訇说的"不要"，指的是"不要刮掉"，而阿凡提却依"不要保留"的语义来处置。聪明的阿凡提正是利用语言的模糊性达到了捉弄阿訇的目的。

"模糊语言"是一种说话方式，常用到像"也许""好多""不久""大量""很少"这类词汇，它是一种趋利避害的选择，是为人处事的智慧。当然运用"模糊语言"是在特殊的情况下不得已而为之。对于可以信赖的朋友，倾心交谈，披肝沥胆，那是最愉快的。社交中巧妙运用模糊语言可收到婉转含蓄、简约有力、幽默风趣乃至以模糊求精确的效果。

15 逢人只说三分话

逢人只说三分话是成熟的表现。你所做的事并不需要尽情向别人宣布，老于世故的人的只说三分话，是不必说、不该说的关系，绝不是不诚实，绝不是狡猾。如果什么话都说死，那就等于把自己逼上了绝路。

尽量少说一点绝对之类的字眼，比如“明天我一定来”“绝对没问题”。话如果说到这份上，那万一到时候出点什么状况就失信于人了，这是很不好的。不是说为人就要多么圆滑，而是要学会怎样说话。

《三国演义》上记载，故交至友许攸弃袁绍而投曹。曹操听说后来不及穿鞋子跣足出迎，一派惊喜欢迎之状。可当许攸问及：“公今军粮尚有几何？”时，操先是说可支一年，攸笑曰：“恐未必！”操曰：“有半年耳”。攸拂袖而起，趋步出帐曰：“吾以诚相报，而公见欺如是，岂吾所望哉！”操挽留曰：“子远勿嗔，尚容实诉，军中粮可支三月耳。”攸笑曰：“世人皆言孟德奸雄，今果然也”。操一面言：“岂不闻‘兵不厌诈’！”遂附耳低言：“军中止有此月之粮。”直气得许攸大叫：“休瞒我，粮已尽矣！”

这段描写非常精彩，它把一个“逢人只说三分话”的曹孟德形象刻画得惟妙惟肖。这曹操在官渡大战面对实力十倍于自己的袁绍时一筹莫展，军粮又尽，此时的许攸投奔他，自然高兴得来不及穿鞋子出迎。然而许攸毕竟是袁绍的谋士，曹操说话哪有实话，从“可支一年”“半年”“三个月”，直到许攸识破他的假话，还要装作对心腹说实话的神态“附耳低言”。

孔子曰：“不得其人而言，谓之失言。”对方倘不是深相的人你也畅所欲言，以快一时，对方的反应会如何呢？你说的话是属于自己的事，对方愿意听你的么？彼此关系浅薄，你与之深谈，显出你没有修养；你说的话是属于对方的，你不是他的诤友，不配与他深谈，忠言逆耳，显出你的冒昧！

在待人处世中，千万不要动不动就把自己的老底交给对方。不论在任何情况下都要留下七分话不必对人说出，之所以不把真话都说出来，最根本的原因就是为了安全。

俗语说：“祸从口出”，是是非非的一些人情世故都是从嘴里演绎出来的。这个世界上每个人都有弱点和缺点，但是这些弱点和缺点一旦从别人的嘴里说出来就成了短处和隐私。这是人际交往中的一个大忌。所以一方面我们不应散布别人的是非，另一方面对自己的短处和隐私也应该少开口为妙。俗话说：“逢人只说三分话，不可全抛一片心。”这不算心机，仅仅是保护自己的一种方法而已。

第三章

办事口才——伶牙俐齿，事半功倍

高效办事是在现代社会中生存的基本需要。没有高效的办事效率，很难在这样一个竞争激烈的社会中立足。有了好的口才，不仅能够更好地表达自己，更好地与他人交流，加深彼此的了解和好感，而且能办事顺利，事半功倍。

1 求人办事时先赞美对方

人类用来沟通的工具或媒介包括语言、文字、态度、表情和姿态。其中最普遍、最有效的工具为语言，它所占的沟通量达90%以上。良好的谈吐可以增进人与人之间相互了解，可以把彼此间的歧见逐渐凝聚成为共同的意见。它代表一个人的精神、睿智和学识修养。更重要的是它能增长智慧，使你办起事来更容易。

在每个人成长发展的历史过程中又满载着历史记录，其中不乏自己引为以荣的事情。对这些引以为荣的事情，每个人都渴望得到别人较高的评价，如果能够得到衷心的肯定和赞美，更是让人高兴和自豪。

有位生性高傲的主任，一般陌生人都很难接近他，他的生硬冷漠面孔常使人望而却步。有位外地来的办事员了解了他的脾气，当他们一见面时办事员就微笑着递了一支烟说："主任，我一进门就有人告诉我，主任是个爽快人，办事认真，富有同情心，尤其是对外地人格外关照。我一听，高兴极了。我就爱和这样的领导共事！"主任听后，脸上马上露出笑容，接着谈了正事。赞美的话果然达到了非常好的成效。

这位办事员之所以能够把事办成功，就是因为他刚开始那几句赞美对方的话。给对方一些赞美的话后，对方便不会给一个尊敬自己的人以冷遇，自然会在维护自我形象的心理支配下变得平易近人，和蔼可亲。

使用赞美方式时需注意两点：一是要实事求是。当你对别人说赞美话的时候不能无中生有，要说一些真实的事，对方才会感到高兴。倘若进行肉麻的吹捧，拍马屁，清醒的高傲者会把他当成小人而更加小视。二是说赞美话时应适可而止。赞美在这里不过是使高傲者改变态度的手段，是交际的铺垫。倘若一味地赞美而不及时转入正题，便会失去意义。

一个人的心情在其交往过程中影响巨大，好的心情会使一些本来难以处理的事情变得顺利。那么，在有求于别人时，就要运用赞美，使他或她的心情好起来，并对你谈的问题感兴趣。一个有良好谈吐习惯的人不仅受人欢迎，而且做事更易成功。

反之一个人如果谈吐有障碍或者表达能力不足，则会被人低估他的能力，会被人散播残酷无情的谎言，还会被人扭曲形象。一个人即使思想如星星熠熠生辉，即使勤奋得如一头老黄牛，即使知识渊博得像一本百科全书，但若缺乏良好的谈吐能力，成功的机遇往往比会说话办事的人要少得多，也往往难以达到自己的理想目标。

不花钱照样办事的人往往善于说话，善于说话的人往往容易办成事。适当地运用赞美，既可满足对方心理的需要，亦可达到自己的目的。何乐而不为?

2 蒋如镜智捧蒋介石

“捧”的名声似乎不太好，大凡捧人者总会被视为阿谀奉承，一副谄媚相。尤其是心高气傲的年轻人，对“捧”心存看法：一是认为有损人格，二是自视甚高，不屑于捧人；三是怕别人胜过自己，弄得相形见绌。不过，正常交际中的“捧”并不是胡乱的吹捧，而是根据对方实际，把对方的长处展现出来。

“捧”别人并不是工作的全部，只是建立良好的人际关系，使自己的工作得以顺利完成、目的得以顺利实现的一种方法。让周围的人讨嫌、厌烦，对自己有什么益处呢？而光埋头干活一声不吭，成绩就会给那些整天吱吱喳喳的“马屁精”占为己有去邀功了。因此，奉承并不是要让你不分场合地乱拍一气，成功的奉承是一种为人处世的技巧。

蒋介石当上国民党总裁、国民革命军总司令后，一下子显贵起来。但他不知道自己的祖先是谁，自己的老家在哪里，还不时有人攻击他，说他本不姓蒋，是她母亲带他到蒋家的，来历不明。蒋介石急于弄清自己祖先是谁，一时间他手下的文人忙了起来，但他们搞出的东西令蒋介石不太满意。

宜兴县的县长蒋如镜是个有心人，他翻阅古籍，走访民间，决心给蒋介石找出祖先来。功夫不负有心人，他终于考证到一条线索。宜兴有一蒋姓大族，始祖函亭乡侯蒋澄是东汉光武时的婺州刺史，而蒋澄的父亲蒋横在光武时拜为将军，后被诬害而死，他的儿子降徙到阳羡。后蒋横冤案得到昭雪，各子都受封，显赫一时。蒋澄死后，在宜兴城内的东庙巷及官林镇附近的都山各有函亭侯祠一所。

蒋如镜考证出奉化蒋氏与宜兴蒋氏是一脉相传，同从根出。于是上书蒋介石并呈上家谱。蒋介石一看，高兴万分。祖上有一个蒋将军，还被封侯，有这样显赫的祖宗蒋介石就成了将门之后，正符合自己总司令的身份，而且不仅有文字记载，还有两所函亭侯祠作证，比空口说话好得多。

蒋介石马上认了祖宗。1948 年 5 月 17 日，蒋介石偕宋美龄亲自到宜兴去“寻根”了。蒋介石在宜兴“认根”扫墓之后，即拨款修葺位于宜兴城内的函亭侯祠。竣工后，蒋介石还亲题一匾，曰：“世德清芬”，并镌刻“中华民国总统印”以示夸耀这位蒋氏后人的“不凡”。这位蒋横将军若在九泉之下知道有这么一位后人，可也真感荣耀。

蒋如镜真是登龙有术。不知他怎么想到这一点的，他这一考证比送给蒋介石万两黄金还要受宠。试想，一个小小县长见蒋介石一面都不可能，现在却成了总统府上的座上宾，真是一步登天。自此以后，仕途平坦，步步高升，全靠的是这一“捧”之功。

捧人的话语一定要坦诚而得体，必须说中对方的长处。不管何时，人都是喜欢听别人奉承的话语。有的时候，尽管是明明知道对方讲的全是一些奉承话，但心中还是免不了沾沾自喜，这是人性的一个弱点。换言之，一个人受到别人夸赞，也绝对不会觉得厌恶，除非对方说得太离谱了。

无论是在什么时候，奉承永远都不会落后，它是被人们广泛应用的，人们凭借它去实现自己的梦想，也凭借他去成功的把握自己的人际关系。每个人说的话都是不一样的，这也就是为什么有些人可以成功，而有些人在成功的门外徘徊，那是因为他们还没有学会说一些奉承别人的话，学会奉承别人不是什么错事，只要有利于自己，多说几句奉承他人的话也不为过。

3 成功地让别人接受你

有些人不愿表现得与众不同，不愿太惹人注目。总想着树大招风，枪打出头鸟，与众不同就会遭人排挤攻击，还是随大流安全。

如果你此时还有这种想法，请赶快与它们彻底决裂。也许你会暂时遭到冷落，但最终赢得的是更多的人包括曾经冷落你的人的友谊和尊重。有些个性内向的人很难突破自我限定的障碍，总是不敢面对现实而显现消极懦弱的态度。自我设限是你成功的绊脚石，一定要彻底地根除。一定要抱有这样的信念：我要让每个人都接受我。

在某些情况下，我们要向对方介绍自己，对方不一定会接受你；而要做一些事来让对方欣赏，却又苦于找不到适当的机会。这时就需要我们采取迂回的技巧，让对方在不知不觉中认识你，接纳你。

英国著名作家毛姆在年轻时默默无闻，苦于自己的书无人问津。要知道，一位作者要让读者接受自己，必须通过他的著作。如果他向人介绍他的作品是如何之好，我想是没有几个人会信服他而购买他的书的。

于是毛姆别出心裁地在报纸上登了这样一则广告：“某年轻百万富翁，性情温和，爱好体育、音乐，希望能与毛姆最新作品中女主角性格相同之女士为友，而后论婚嫁……”几天以后，毛姆的著作大为畅销，竟使毛姆跻身于著名作家之列。

一则小小的广告能带来如此神奇的效果，这不能不说毛姆自我推销技巧的高明。他巧妙地利用人们的好奇心理，让人们对他的作品发生兴趣，从而也将自己“推销”给了读者。

外表的美丽往往容易留下美好的第一印象。另外，一个人的气质、性格、能力、才智以及家庭背景、个人修养都会产生晕轮效应。但是，无论您是什么样的人，一个粗俗的举止就会破坏您的全部好印象，而一个美好的举动则可使您倍增光辉。

如果你的专长可以应付所面对的各种困难，自然会在外表上充满了自信的神采。这些自信是让你展示自己、表现自己的基础。有了信心，会帮助你散发魅力，勇敢地说出自己的想法。善于表现自己能力的人，一定先要肯定自我并由肯定的过程中诱发自信心的能量，使自己不会担心害怕别人的眼光，一心一意只为了说服他人而展现自己的才能，以此作为与别人沟通的最佳途径。

然而需要注意的是，在表现你自己的同时，注意不要太夸张。有时表现过度，会引起别人的反感甚至是厌恶。因此在表现你自己时不要忘了修炼你的自我控制能力。这样可以避免在别人过度的渲染下，或是自己莫名的膨胀心态中呈现出不可一世的傲人气息。

要想成功，就不能坐等别人来了解你的长处，抓住机会，勇敢地向别人推销自己，才不会有“怀才不遇”的叹息。

4 借他人之力来成功

在生活中，每个人都想成就自己的事业，可是有的人能顺利实现自己的目标，而有的人在经历过很多挫折之后仍是一无所获。这是因为他们的智力不一样吗？并不是，每个人都是一样的，不一样的就是他们做事的方法。我们不难发现，那些没有资本可以成功的人并不是因为他们够坚强，而是因为他们往往都善于“借”。

借用技术、借用人才、借用土地、借用市场，甚至借用公司招牌，名牌产品的品牌，等等，或者合作开发，或者充当销售组织，采取利益均沾、风险共担形式，完全可以弥补自身技术条件不足，能源和原材料、劳动力和资本短缺等的不利因素，化被动为主动，在竞争中立于不败之地。

美国亿万富翁丹尼尔·洛维洛近 40 岁时还很穷，不成气候。无所事事地“混”了几十年后，洛维洛突然大彻大悟，发现了一个借钱发财的办法。他先说服银行给他一笔贷款，买了一条货船，将之改为油轮包租了出去。而后又以这条船做抵押，到银行借到另一笔贷款，买了第二条货船，也改成油轮出租。

随后的几年中，洛维洛不断地贷款买船、出租，生意越来越大。

后来，洛维洛借钱赚钱的方法又上了一个新台阶：他组织人设计了一条船，在安装龙骨之前他便找到一家运输公司，说服该公司预定包租这条八字还没有一撇的船。洛维洛拿着该公司与他签定的合同，并以未来的租金为抵押到银行里贷来款子建造这艘船。若干年之后，洛维洛连本带息还清了这笔贷款，拥有了这艘船。但从严格的意义上说，他却始终没有花过一分钱。

在这个事例中，洛维洛巧妙地借他人的财力和物力为自己创造成功。

金无足赤，人无完人。谁能保证自己有足够的能力做好每一件事？谁敢说仅凭一己之力便能走向成功？没有人敢下这样的保证，因为人生中难免会遇上我们个人无法解决的问题，这个时候我们就应想想他物，以他物来补己之短。

如果失去了“他人”的帮助，不能借他人之力，任何事业都无从谈起。借他人之力，是让自己能够高居人上的好方式。借人之力，成己之事。这样的事不是没有，而是非常多的。借别人的力量，朋友的，亲戚的，同学的，等等，只要对自己的事业有帮助，我们便可以大胆地去“借”。

出身贫寒、运气不佳、资源短缺……这都不是问题。只要你会“借力”，你就能成功。可以说，“借力而行”是取得成功的有效捷径。

5 把自己要说的话让别人说出来

语言是人们交流思想、感情的主要手段。说话的方法可以决定人们彼此间的评价以及洽谈事情的成功与否。因此我们可以说，不论你所从事的工作是何种性质，与人说话的方法都是促成事业成功的重要关键之一。

说服他人，尤其是高高在上的领导者、有权势者，必须因势利导、循循善诱，因为他们一般有心理优势，不会轻易采纳他人的建议。如果讲究说话策略，通过诱导，最后事情就可得以解决，那么这就是向他人建议的较高境界。

有这样一则事例：

魏王问张旄说："我想联合秦国攻打韩国，如何？"张旄回答说："韩国是准备坐等亡国呢，还是割让土地、联合天下诸侯反攻呢？"魏王说："韩国一定会割让土地，联合诸侯反攻。"张旄说："韩国恨魏国，还是恨秦国？"魏王说："怨恨魏国。"张旄说："韩国是认为秦国强大呢，还是认为魏国强大呢？"魏王说："认为秦国强大。"张旄说："韩国是准备割地依顺它认为强大的和无怨恨的国家呢，还是割地依顺它认为不强大并且心有怨恨的国家呢？"魏王说："韩国会将土地割让给它认为强大并且无怨恨的国家。"张旄说："攻打韩国的事，大王您应该明白了吧！"

在这里张旄没有直截了当向魏王指出不应该联合秦国攻打韩国，没有像一般游说那样先亮出自己观点，然后论证自己的观点。他把观点隐藏在最后，甚至到最后也没有直接说出来，但魏王已经心领神会。采取这种设问的游说方法，可以强化论点，使对方心服口服。设问实际上是将一般游说方法倒置的一种方法。先通过互相问答一步步论证、一步步接近论点，最后自然而然地亮出自己的观点。

我们也可以采用迂回沟通，就是透过第三方把你想说的话转告对方。比如，秘书因误会而遭到总经理的批评，如果不及时说明情况，自己背黑锅在其次，最后还会影响工作。怎么办？如果直接找总经理说明真相，总经理怒气未消，现在去找他只能再挨批评。于是秘书向自己的顶头上司办公室主任说明情况，请主任代自己向总经理说明自己的苦衷。主任了解了事情的经过之后，可能会马上找个机会向总经理说明情况。这样，笼罩在秘书头上的乌云马上散开了。这就是迂回沟通的效果。

我们应善加运用这种富有谋略特色的说话方式。懂得说话的方法，我们不仅能判断自己的想法是否合情合理，同时也能让别人对我们有一个深刻的印象。如此日积月累，自然能在人群中树立起自己良好的声誉，当然，这和我们事业的成败有着密不可分的关系。

6 能说会道好办事

卡耐基说："口才不是低水平的人考虑的问题，而是高水平的人试图办成大事的杀手锏。"有些人在办事的过程中，既没有门路也没有关系，其实这也没什么，因为大多数人都是这样。关键在于有些人天生不善言谈，把本来可以抓到的机会和有用的人都轻易地放掉了。

生活中，人们需要求人，需要说服人，需要维系人与人之间融洽的关系。有些人不会说话，结果总让自己活在进退不能自如的紧张和压迫之中，每天气喘吁吁，惊惧不安。有些人懂得说话的艺术，有一张好嘴巴，他们办起事来游刃有余。要知道"能说会道"不是天生的，这是在平时有意识地说话，有头绪地与人交往中慢慢练就的。

你要去求人，首先要想到你要求的是什么人。因为每个人的脾气禀性不同，所以他所能接受的说话方式就可能不一样。要想达到求人成功的目的就要收集信息，因人而异，运用恰当的技巧对症下药。千万不可意气用事，一言不和，怒发冲冠，引起被求对象的反感，这绝不是解决问题的正确方法，所以要求人必须先控制自己的情绪。除了控制情绪之外，交涉时还要消除"自我限制"的心理，因为自我限制往往使人作茧自缚，无法放开手脚，说话也不会有创造性的成果。

比如，有些人自视清高、目中无人，时常表现出一副"唯我独尊"的样子。像这种举止无礼、态度傲慢的人实在叫人看了生气，是最不受欢迎的典型。

但是，当你不得不求他的时候，你应该如何对付他呢？某企业的一位副科长说话虽然客气，眼神里却有些许傲慢，并且不带一丝笑意。这种人实在是非常不好对付的，让人一见到他就感觉有一种"威胁"存在。

对付这种类型的人说话应该简洁有力才行，最好少跟他啰嗦，所谓"多说无益"正是如此。因此，你要尽量小心，以免掉进他的圈套里。不要认为对方“客气”，你也礼尚往来地待他。其实，他多半是缺乏真心诚意的。你最好在不得罪对方的情况下，言词尽可能“简省”。

除了有话题以外还有就是会察言观色。在与对方聊天的时候观察对方面部的表情，判断对方对什么方面的话题感兴趣，这样你就知道该从哪方面入手，然后接下来的谈话就很容易了。还有很重要的一方面，即你的态度，与人谈话的时候要让对方觉得你很真诚。还有要做一个好的倾听者，这也是很重要的。

善于说话办事的人在这个世界上必然能够御风而行，如鱼得水、万事如意；反之，便如船搁浅滩举步维艰。为什么有的人资质平庸，却能干出一番惊天动地的事业？这在很大程度上取决于你说话办事的本领有多高。

说话办事是一门艺术，更是一门技巧。能说会道者办起事来得心应手，拙于口舌者行走于世举步维艰，胡言乱语者人际交往处处受阻。

7 善提问者易成事

对于那些想获得成功的人来说，用一种积极有效的方式提出问题是他们必备的一项本领。“善问者能过高山，不善问者迷于平原”，交谈中不善提问，常使交谈失败。

下面一个小故事可以说明善问的重要性。一名教士问他的上司：“我在祈祷的时候可以抽烟吗？”这个请求遭到上司的断然拒绝。另一名教士也去问这个上司：“我在抽烟的时候可以祈祷吗？”抽烟的请求得到了允许。

又如在推销实践中，一个保险推销员向一名女士提出这样一个问题：“您是哪一年生的？”结果这位女士恼怒不已。于是，这名推销员吸取教训，改用另一种方式问：“在这份登记表中，要填写您的年龄，有人愿意填写大于21岁，您愿意怎么填呢？”结果就好多了。

我们怎样才能做到“善问”呢？

第一是彬彬有礼地问。要恰当地使用表示尊重的敬语：“请教”“请问”“请指点”等。要恰当地使用表示谦恭的谦语：“多谢你提醒”“您的话使我顿开茅塞”“给您添麻烦了”等。在对方答话离题太远时，还要用委婉语控制话题:“请允许我打断一下……”“这些事你说得很有意思，今后我还想请教，不过我仍希望再谈谈开头提的问题……”自然地把话题引过来。问话时不要板起面孔。

“笑容是你的财产”，微笑着问话会使人乐于回答。

第二是胸有成竹地问。较重要的交谈要想好顺序，先问什么，后问什么，最后问什么。总体上要问清哪些事，心中要有谱，有个通盘考虑，力求发问的最佳效果。

第三是由此及彼地问。先避开中心问题，从对方熟悉而愿意回答的问题入手，边问边分析对方反应，再巧妙地引出正题。

第四是因人而异地问。对性格直爽者，不妨开门见山；对脾气倔强者，要迂回曲折；对平辈或晚辈，要真诚坦率；对文化较低者，要问得通俗；对心有烦恼者，要体贴谅解，问得亲切。

第五是适可而止地问。问答是双边活动，必须使对方乐于回答。问话后要察颜观色，从对方表情中获得信息反馈。对方低头不语或答非所问，可能是表示他不感兴趣或不能回答，这时就要换个提法再问；对方面露难色或有疲劳厌倦感，就不能穷追不舍，应适时停止。一般不要冒昧地问对方的工资收入、家庭财产、个人履历等问题。

爱因斯坦说，提出一个问题往往比解决一个问题更重要。提出新的问题，新的可能性，从新的角度去看旧的问题，这一切需要有创造性的想象力，这往往是获得认识突破的契机。积极有效地提出问题会帮助你提高办事效率，从而获得成功。

8 一言可激起千层浪

在求人办事的过程中，有时别人并不应允，如果采用直截了当的请人办法他们也会一再拒绝。在这种情况下，巧用激将法则会起到意想不到的作用。

激将法主要是通过隐藏的各种手段让对方进入激动状态（愤怒、羞耻、不服、高兴）导致情绪失控，然后无意识中受到操纵，去干你想让他干的事。说到底，人是感情的动物。所以在人际交往中必须想方设法调动感情的力量，来激发人的积极性，调动其热情和干劲儿。“激将”就是一种很好的策略。激将法一般有下列几种：①冷冷冰冰，或佯装不信，使人吐露真言；②用高帽赶鸭子上架；故意贬低，挑起好胜之心；③吹胡子瞪眼睛，敲桌子点鼻子，惹人发怒。对垒之中，一是看忍功耐心，谁更冷静；二是看谁扮演得更天衣无缝，使对方察觉不到自己的真实意图。

近几个月来，某市个体服装店老板伍某生意越做越大，营业额大幅度上升。税务部门要其补交税款，但其拒不承认营业额增大。一稽征员多次上门，均被其搪塞过去。

这天，另一稽征员老谭找到他。稍事交锋后，老谭便以关心的口吻问道：

“有笔大生意，做不做？”

“生意人，哪有不做的！啥款式？多少？”

“上次那种西装，两百套。”

“我正想吃进一批西装来换季。开价呢？”

“每套 180 元。如果全要，可打九折。唉，可惜你没有这个肚量！”

“笑话？我就要全吃！”

“你全吃？我提醒你：老规矩，货款必须在两个月内全付清啊！”

“小看人！两个月，我还卖不出来吗？”

“这可是 3 万多元哪！”

“算个屁！今年以来，我哪个月不卖两万？”

“那好。你先把这几个月漏的税补交了再说吧！”

“你？……天哪！”

“激将法”只能用在你最了解的人身上，而且还要反复推敲方法，千万不可鲁莽行事。因为对于“激将法”来说，成则是“运筹帷幄”的谋士，败则是“搬弄是非”的坏蛋。所以，在运用的时候要注意以下几个方面：

（1）要讲究分寸。

激将法是要讲究分寸的，如果只是激发起对方的情感，并不能达到目的，使对方的反应掌握在我们手中，这样才更容易控制。锋芒太露和过于刻薄的语言容易使对方形成对抗心理；而语言无力，不痛不痒，则又难能让对方的情感产生震撼。因此在使用激将法时，一定要注意自己的语言，不要过度，以免造成不可想象的后果。

（2）要看对象。

激将法并不是所有的人都适合。一般说来，它多适用于那些谈判经验不太丰富，且容易感情用事的人身上。至于那些办事稳重、富于理智的经验老成者，激将法在他们身上不会起太大的作用。而对于那些做事谨小慎微、自卑感强、性格内向的人，更不适合用激将法。因为富有刺激性的语言会被他们误认为是对他们的挖苦、嘲笑，会使他们产生埋怨的心理。所以，运用“激将法”一定要谨慎!

（3）要保持风度。

必须指出的是，“激将法”中一般用的是言辞，而不是“态度”，切不可为了激将而甩脸面、拍桌子，这不仅有损自己的风度，还可能使能对方产生厌恶的心理。

（4）利用对方自尊作激将的话头。

“激将法”是一种有意识地运用刺激性语言，激发对方自尊以使之振奋的技巧；就是在紧急关头通过夸耀他人来刺激对方，使其自尊心受到伤害。为恢复失去的心理平衡，被刺激者必然奋起直上，压倒自己的对立面，这样就使说者的目的得以圆满实现。

在求人办事的过程中，如果只是一味地苦苦哀求让别人同情，其实并不一定会达到目的。有时我们需要刺激对方，以言相激达到我们求人办事的效果。求人成事者为了让对方动摇或改变原来的立场和态度，利用一些略带贬损意义的、不太公正的话给对方罩上一顶“帽子”，而对方一旦被罩上这顶帽子，就会激起一种极力维护自我良好形象的欲望，从而用语言或行动表示自己不是这样，自动地去改变原来的立场和态度。

在现实生活中我们应想方设法利用感情的力量来激发人的积极性，调动其热情和干劲儿，让“激将”之术为自己的成功铺路。

9 正话反说办事一帆风顺

在日常交谈中，总会有一些让我们不便、不忍或语境不允许直说的话题，需要把“词锋”隐遁，或把“棱角”磨圆一些，或从相反的角度深入，使语意软化，便于听者接受。即说话人故意说些与本意相关或相似的事物，来烘托本来要直说的意思。正话反说是交谈中的技巧之一，其特点就是字面意思与本意完全相反，让听者自觉去领悟，从而接受你。

智者都懂得，正话反说是以彻底的委婉欲擒敌纵，取得合适的发话角度，从而达到比直言陈说更为有效的求人效果。

有这样一则小故事：

丈夫出差回来，妻子一边告状一边气愤地说：“这自来水公司真不像话，我们的水表坏了，多次打电话他们都不来看一看。”

丈夫问：“怎么坏了？”

妻子说：“不放水都会转。”

丈夫看了看表，点着一支烟后，又拨通了自来水公司的电话。

想不到，大约过了十分钟自来水公司派的人就气喘吁吁地来了，并且很快就把水表换了。

妻子感到非常惊奇，忙问丈夫是怎么回事。

丈夫笑了笑，狡黠地说：“没什么，我只不过是正话反说而已。”

正话反说也是产生幽默感的有效方法之一。有一则宣传戒烟的公益广告，上面完全没提到吸烟害处，相反地却列举了吸烟的四大好处：一省布料：因为吸烟易患肺痨，导致驼背，身体萎缩，所以做衣服就不用那么多布料；二可防贼：抽烟的人常患气管炎，通宵咳嗽不止，贼以为主人未睡便不敢行窃；三可防蚊：浓烈的烟雾熏得蚊子受不了，只得远远地避开；四永葆青春：不等年老便可去世。这里说的吸烟的四大好处，实际上是吸烟的害处，却显得很幽默，让人们从笑声中悟出其真正要说明的道理，即吸烟危害健康。

正话反说中反说出来的话能使本来也许是困难的交往变得顺利起来，让听者在比较舒坦的氛围中接受信息。例如巧用语气助词，把“你这样做不好！”改成“你这样可能会产生某种后果，这种后果……”然后让听者自己理解这种后果的严重性，自然也就接受了你的建议或意见。

真理再向前迈进一步就成为谬误。正话反说，本末倒置也是一种高明的办事方法。在求人办事时运用正话反说可以收到迅速而又圆满的效果。

10 在良好的氛围中办成事

俗话说：“良好的开端是成功的一半”。我们把握好良好的谈话气氛，求人办事的过程就会进行得比较顺利。在求人办事过程中我们常常发现，谈话时易出现沉默、冷场、尴尬的局面，这就是谈话的氛围不好。

谈话的氛围作为谈话的环境条件，直接影响着谈话人的情绪和兴趣，因而也就影响谈话的效果。求人办事谈话时，要想让对方乐意谈，谈得有兴趣，谈得有情绪，谈得投入，就要用心创造友好的气氛、营造良好的谈话环境。

不善于与人交谈的人，大多是不知道怎么把握谈话的技巧。在开口求人办事时只顾着说明自己的难处，说话过于直接，还有些人尤其是不懂得如何打开谈话的口子。他们即便有丰富的话题，可往往觉得没有合适的谈话氛围，而不得不放弃。

其实，谈话的气氛不是等来的，而是要靠自己创造的。问题并不在于你的话题是否深奥、是否老套，而在于你怎么来谈，怎么开始谈。如果能做到思想放松、随便自然、没有顾虑，话语和思维同步，那么不但自己不会紧张，对方也会感到放松，交谈的气氛自然融洽，谈话就能顺利地进行。

即使同很难找到共同话题的人交谈，只要你经常注意下面这些细节，就会很容易得找到可以交谈的共同话题。比如健康，有关健康的话题，从相互问候开始到最近关于健康的新闻或食物，这是很多人都感兴趣的话题。再如爱好，关于爱好或娱乐的话题，如钓鱼或高尔夫。即使你是个外行，一旦知道了对方的爱好，仍可以用提问的方式展开交谈。还有新闻，可以谈谈最近发生的事件或事故。

在求人办事时也可以采用迂回的方法。比如进入一个家庭后见到老人、小孩，要想一见面便产生“一见如故”的融洽气氛，登门人应该主动引出话题打开话匣，而不应该等待家庭一方搜寻话题勉强问答。因为双方刚刚接触的短时间内，登门人有心理准备更容易找到合适的话题。

况且对于老人，你主动开口也表示了尊敬；对于小孩，你主动开口，能表示亲近，消除陌生感。但应把握分寸，要用诚挚去换取欢悦，千万不能居高临下、装腔作势、虚情假意。在求人办事时，只有做到真诚双方才能推心置腹，情感交融。交谈者应特别注意要真诚，不能油腔滑调，不能恶语伤人，也不能胡乱地恭维人，那会给人一种虚假之感。

同时，要避免傲慢、冷淡和随便的态度。因为傲慢会伤害对方的自尊，冷淡让人无法接近，随便会给人一种消极感。同时，不要向其他人夸耀自己的成功，转弯抹角地为自己吹嘘。这种态度也容易使当事者反感，这样一来，求助者的办事目的就会很难达到。

为了营造良好的谈话氛围，为了使对方对你产生好感，讲话前先斟酌思量，考虑该场合之下应使用的语言，营造出一个轻松愉快的氛围从而达到共同认知的目的，这是求人办事时说话的最高境界。

11 会说话就成功了一半

良好的谈吐，可以增进人与人之间相互了解，可以把彼此间的分歧，逐渐凝聚成为共同的意见。它代表一个人的精神、睿智和学识修养。

有位名叫亚诺·本奈的小说家曾说：“日常生活中大部分的摩擦冲突都起因于恼人的声音、语调以及不良的谈吐习惯。”此话说得颇有道理。何故？只要我们细察生活于自己身边的人就会发现，谈吐的缺陷往往可能导致个人事业的不幸，或损及所服务机构的荣誉与利益，并可能导致父子不和、夫妻离异乃至人际关系的紧张恶化。一个人的谈吐如何，往往决定企业是否愿意聘请他工作、与之交往，或是否愿意投他信任一票与之发生商业关系。

在人与人交往的过程中，该怎样说话，该如何说话非常关键，假如处理得不好，就会让对方产生反感而不喜欢与你交往，不愿意和你聊天，这时你或许就会有被人冷落的感觉。因此在人们交往的过程中，应当学会多说别人的长处，少说别人的不足。

当一个人很有兴致地谈到他的专长，或他所取得的成绩，或他所开展的某项业务的辉煌时，你适时地提出与之相关的需求，在这样的时刻他拒绝你的可能性最小，你的要求得到满足的成功率最大，这是经过心理学家及社会学家的实验所证明的。那么，当你有求于人时，就需要运用赞美，营造一个合适的氛围，使你的需求最大可能和最大程度地得到满足。

朋友小李认识许多学术界的泰斗，并常常得到他们的指点，他们之间的相识便是缘于赞美运用得得法。以前有很多人也曾拜访过这些大师，但往往谈不成，很快被“赶”了出来，而他竟成为大师们的座上客，他有什么奥秘呢？

小李自然也很仰慕这些大师，他得知拜访这些人不易，在每次拜访一位第一次见面的专家时，他先将这个人的专著或特长仔细研究一番，并写下自己的心得。见面之后，先赞扬其专著和其学术成果，并提出自己的想法。由于他谈的正是大师毕生致力于其中的领域，自然也就激起大师的兴趣，并有共同话题。在谈话中他又提出自己不理解的地方请求大师指点，在兴奋之际大师自然不吝赐教，于是小李既达到了结交的目的，又增长了许多见识，并解决了心中存在的疑惑，可谓一举多得。

此例中小李就在有求于人时巧妙地运用了赞语。自己所称赞的正是对方引以为自豪并最感兴趣的，自然使对方高兴，使其心理得到满足，此时小李的问题也就不成为问题。当然，这个例子只是生活中的一个方面，如果运用恰当，在生活的方方面面都能行得通。

在纷繁复杂的当今社会，分工越来越细，求人办事在所难免，再强大的人也未能免俗。虽然有人说：求人难，难于上青天。但是，良言一句三冬暖，只要掌握一定的语言技巧，一切困难都将迎刃而解。

12 告诉别人你拥有什么

要想成功，就不能坐等别人来了解你的长处，抓住机会勇敢地向别人推销自己，用良好的态度去做每一件事。一个良好的态度是要成功的一个先决条件，一个人只有心态正确了才能把事做正确，谁可以指望每天怨天尤人的人做出大的成绩来？很多人都想找到一条成功的的捷径，都想做展翅的雄鹰而不想做在地上爬行的蜗牛，最终蜗牛已经到达成功的顶端时而我们还没长出翅膀来。用最大的激情做好眼前的每一件小事，不断重复小的成功，到最后你就会收获大成就。

有统计资料表明，现在日本有 1.35 万间麦当劳店，一年的营业总额突破 40 亿美元大关。拥有这两个数据的主人是一个叫藤田田的日本老人，日本麦当劳社名誉社长。藤田田 1965 年毕业于日本早稻田大学经济学系，毕业之后随即在一家大电器公司打工。

1971 年，他开始创立自己的事业，经营麦当劳生意。麦当劳是闻名全球的连锁速食公司，采用的是特许连锁经营机制，而要取得特许经营资格是需要具备相当财力和特殊资格的。而藤田田当时只是一个才出校门几年、毫无家族资本支持的打工一族，根本就无法具备麦当劳总部所要求的 75 万美元现款和一家中等规模以上银行信用支持的苛刻条件。

只有不到 5 万美元存款的藤田田看准了美国连锁速食文化在日本的巨大发展潜力，决意要不惜一切代价在日本创立麦当劳事业，于是绞尽脑汁东挪西借起来。事与愿违，5 个月下来只借到 4 万美元。面对巨大的资金落差，要是一般人也许早就心灰意懒，尽弃前功了。然而，藤田田却偏有对困难说不的勇气和锐气，偏要迎难而上，遂其所愿。

于是，在一个风和日丽的春天的早晨他西装革履满怀信心地跨进住友银行总裁办公室的大门，藤田田以极其诚恳的态度向对方表明了他的创业计划和求助心愿。在耐心细致地听完他的表述之后，银行总裁作出了“你先回去吧，让我再考虑考虑”的决定。

藤田田听后心里即刻掠过一丝失望，但马上镇定下来，恳切地对总裁说了一句：“先生可否让我告诉你我那 5 万美元存款的来历呢？”回答是“可以”。“那是我 6 年来按月存款的收获，”藤田田说道，“6 年里，我每月坚持存下 1/3 的工资奖金，雷打不动，从未间断。6 年里，无数次面对过度紧张或手痒难耐的尴尬局面时我都咬紧牙关，克制欲望，硬挺了过来。有时候，碰到意外事故需要额外用钱时我也照存不误，甚至不惜厚着脸皮四处告贷以增加存款。这是没有办法的事，我必须这样做，因为在跨出大学门槛的那一天我就立下宏愿，要以 10 年为期存够 10 万美元，然后自创事业，出人头地。现在机会来了，我一定要提早开创事业。”

藤田田一气儿讲了 10 分钟，总裁越听神情越严肃，并向藤田田问明了他存钱的那家银行的地址，然后对藤田田说：“好吧，年轻人，我下午会给你答复。”送走藤田田后，总裁立即驱车前往那家银行，亲自了解藤田田存钱的情况。

柜台小姐了解总裁来意后说了这样几句话：“哦，是问藤田田先生哪。他可是我接触过的最有毅力、最有礼貌的一个年轻人。6 年来，他真正做到了风雨无阻地准时来我这里存钱。老实说，这么严谨的人，我真是要佩服得五体投地了！”听完小姐介绍后总裁大为动容，立即打通了藤田田家里的电话，告诉他住友银行可以毫无条件地支持他创建麦当劳事业。

藤田田追问了一句：“请问，您为什么要决定支持我呢？”总裁在电话那头感慨万端地说道：“我今年已经 58 岁了，再有两年就要退休，论年龄，我是你的 2 倍，论收入，我是你的 30 倍，可是直到今天，我的存款却还没有你多。我可是大手大脚惯了，光说这一句，我就自愧不如，敬佩有加了。我敢保证，你会很有出息的。年轻人，好好干吧！”如果藤田田第一次被拒绝就失望离去，没有鼓起勇气再试一次，那他后来怎么可能成功呢！

成功需要坚持不懈的努力和坚强的意志力。只要在走向成功的道路上不畏缩、不懈怠，就一定能尝到成功的甘甜。所谓失败是成功之母，真正有成就的人，都是在经历了失败和挫折后才取得伟大的成绩。要想办事成功，第一步就是先学会不放弃，因为只要你不放弃就是一种成功！

13 不卑不亢，挥洒自如

一般人求人时态度一定会低三下四，让对方可怜，这种人对方可能见得比较多。但是，如果你一反常规，态度不卑不亢，从气势上并不输给对手，对方很自然地会想到“这人可能有些来路”。

20 世纪 80 年代初，国际市场需要润滑油基础油，大连石油化工公司看准这一行情后不惜工本，按照国际标准生产出 8 种牌号的润滑油基础油，打入国际市场后名声大震。可是好景不长，由于国际石油市场竞争激烈，油价下跌，继续坚持出口公司将要亏损 1100 万元。

面对危机，公司经理黄春警认为，参与国际交易我们是后起者，在强手如林的情况下要挤进去不容易，我们应想办法站住脚。如果一遇风浪就退出来，那么占领市场就会更困难。他决心带领同仁从夹缝中冲出去。为此，他亲自到欧美一些国家做市场调查，搜集信息，寻找合伙人，开辟新市场。

在美国北部，黄春警找到美国著名的鲁布左尔石油公司国际销售部。黄经理开门见山地说，希望你们能买我们的产品。“洋”经理说，你凭什么让我们把别的公司的产品退掉而买你们中国的产品？

黄春警就不卑不亢地列举了大连石化公司的三大优势：一、我们公司的产品质量保证，有很高的信誉；二、我们可以长期合作，保证长期供货；三、我们公司有自备码头，保证交货及时，并有良好的服务，产品资料齐备，保证信守合同。

黄春警在大谈了自己公司的三大优势后，他不紧不慢地告诉这位总经理，贵国莫比尔已经购买了我们的产品。最后的不经意正是点睛之笔，莫比尔石油公司在美国享有盛名，是世界第六大工业公司。这位经理听说莫比尔公司已购买了大连石化公司的产品，立即放下架子，同意洽谈生意，并对大连石化公司的产品作了质量评定。经检验，大连产润滑油基础油全部指标达规定要求。他们很快向世界各地分公司发放了准予购买大连产中性油的许可证。就这样，大连石油化工公司开辟了新的市场，中国石油产品终于在国际石油市场上占有了一席之地。

我们都知道“狐假虎威”的故事，狐狸是很聪明的动物，由于他没有力气，个子矮小，因此处境不利。在森林中，狐狸得不到尊敬，没人真正把他放在眼里。为了克服这一点，对于狐狸来说，其中的一个办法就是说服老虎与他做朋友。通过与力大无比、令人畏敬的老虎密切交往，狐狸可以伴随老虎左右在丛林中四处行走，而且还可以享受与老虎同样的尊敬。即使老虎不在狐狸身边，得知狐狸与老虎交往甚密，也足以保证狐狸在旷野中得以生存。

在国人眼中，狐假虎威一直都是贬义的。这个中国古代智谋原指狐狸仗着老虎的威风来假充自己的威力以吓唬别的野兽，一般指仗着别人的威力欺压人。从谋略学的角度看，指阴谋家借助外力增长自己的势力威风，达到欺压战胜对手的目的。

谁都不愿意被别人说成是狐假虎威的人，可是众多成功的人却都在自觉与不自觉当中利用着“狐假虎威”的计谋和策略。

在人际交往当中，我们都想要用很多的心思来结交那些成功人士，究其原因，无非就是想“沾光”！“沾光”之后就可以借势发力为自己的某些目的创造有力条件。当你弱小时，一定要利用好“狐假虎威”借势发力壮大自己，这会对你的人生和事业起到事半功倍的作用。

14 巧借乡情益处多

人们将久旱逢甘霖、洞房花烛夜、金榜题名时、他乡逢故知称为人生的四大喜事。生活在现代社会中的人也不可忽视老乡的作用。那些“反认他乡为故乡”的游子们在外地碰到几个老乡，思乡之情便会油然而生。你只有与老乡处好关系，结成一个互动的交际网络，求人办事才会得心应手。

一个人无论是出于什么原因，离开家乡，离开生他的土地，也许开头并不感到有什么难过，但时间一久，或在他乡碰到不习惯的生活习俗，或遇到挫折，他就更会感到家乡人的亲切。所以你办事找找老乡是一种可行的办法。“送千送万，不如老乡”，去找老乡的时候多谈家乡的话题，以此来触动对方的思乡情绪，达到共鸣。

李先生原本是河南人，解放战争时由于兵荒马乱，他跟随父母逃到广东，后来就在广东定居下来，全家人的生活非常贫苦。后来新中国成立了，李先生一家人为了当地的建设就再没有回过河南。

改革开放以后李先生以敏捷的思维和大胆的投资创办了一个工厂，经过几年的奋斗与拼搏，现已成为全国同行业的佼佼者，个人资产总额已名列全国前五名。李先生虽然已经拥有成功的事业，但时时刻刻都在想着家乡，想着家乡的人民。后来他年纪也大了，便产生了一种叶落归根的想法，但苦于太忙，无法回去。

这时，李先生的家乡为了创办当地特有的产品加工厂，需要一笔数目不小的资金。当地政府千筹万措，才筹到了总数的三分之一，于是就派出赵某去找李先生，希望李先生能够援助一些。赵某是政府对外联络办的，为人聪明，善于交际，且很有办法。他看了李先生的详细资料后，就判断李先生这时也很有回家乡投资的意向。因此，没有让任何人员陪着他，在没准备任何礼品的情况下，他一个人前去广东，并保证一定会筹到款项。

当李先生听到家乡来人时既欣喜又惊讶，因为很久没有听过家乡的消息了，突然有人来了，他疑惑该不会是招摇撞骗之人吧！李先生忧心忡忡，但出于礼节还是与赵某见了面。赵某一见李先生的神情就知道他对自己有些不放心，于是他挑起了家乡的话题，只讲家乡解放前及三十几年来的面貌变化。

他那生动的语言，特别是那浓浓的爱乡之情溢于言表，令李先生深受感动，也将他带回了童年及少年时期：那时的家乡、那里的爷爷奶奶，还有邻里亲戚……很显然，李先生记忆深处中的那块思乡领地已被赵某揭开了盖头，蕴藏在李先生心中的那份几十年的感情全部流露了出来，欲罢不能。因此，经过三个小时的“聊天”，赵某对借钱一事只字未提，只是与李先生回忆了家乡的变迁，犹如放电影一般。最后，李先生主动提出要为家乡捐款一事，而且提出了与家乡合资办厂的要求。

老乡是你成功的基石，他可以与同学、战友相提并论，共同的人文地理背景使老乡有一种天然的亲近感。曾国藩用兵只喜欢用湖南人，中国历史上最成功两大商帮——徽商和晋商，不管走到哪里，都是老乡拉帮结派、成群结伙的。正是同乡之间互为依靠、互为支援，才成就了晋商和徽商历史上的辉煌。

我们经常可以看到某个人或者说是某些人自己富有了，然后会捐献出许多的钱或物来资助贫困地区，但更多的是捐给自己的家乡人民。他们还会说上诸如“家乡养育了我，我要来回报家乡”之类的话，这更体现了乡情在人们心中莫可名状的情愫。所以，学会巧借乡情，对你是益处多多啊！

15 如何让求人办事不难

做生意不求人办事是不可能的。既然有求于人，就难免在别人面前自觉低人一等，少不了看人脸色，讨好别人。而更倒霉的可能是事办不成，碰个软钉子还算不错；如果碰个硬钉子，碰了一鼻子灰，甚至鼻青脸肿，那就更惨了。

为了不碰钉子，有人总结出了“求人不难”的几条馊路子，这就是“关系开道、金钱铺路、权势撑腰、骗术获胜”。这话听起来好像是“真理”，但实际并不能这样做。这会使自己和别人都走上歧途。那么，如何能做到求人办事不难呢？

首先是过心理这一关。既然不能不求人，倒不如理直气壮去求人，求人也得求得潇洒、舒坦，求人不必虚张声势、空话连篇，但是也不必灰溜溜、乞哀告怜、任人奚落。

其次是选择最佳路线和方法。如今是专业分工明确，到处找人，未必能办成事，一定要摸清情况，找准能帮助你的人。

第三是有耐心。求助于别人，并不一定什么事都水到渠成，对方面露难色，态度冷淡甚至表示拒绝都是可能的，你千万不要由此就觉得自己失了面子，受了侮辱，从而失去了耐心。

第四是理解别人。有些求人办事的人总认为被求者一定神通广大，办什么事金口一开，大笔一挥就成。实际上情况并非如此。每个人都有自己的难处，你如果能分担、理解这种难处，就不会感到求人办事太难。

第五是对别人的要求不要过高。求人办事千万不要穷追猛打，一定要别人做到什么地步，否则就觉得不够意思。也就是说，求人办事要知足，别人能办多少就办多少，不要勉强别人办很难办的事。例如，求人办事应从最简单的开始。如果你订的目标过高，使别人为难，最好求以其次；其次不成，就求再次。别人即使是举手之劳，你也要十分珍惜。

此外，在求人办事时一定要注意你的说话技巧。语言是一门艺术，请求别人的帮助离不开语言的沟通。好的语言可以使对方赏心悦耳，受到感染，引起共鸣。俗话说：能说会道顶钱花，其中也包含了这个意思。当然，这种"能说会道"是真诚和善意的，绝非什么卖弄"花腔"。比如，在求助别人时，有的朋友所提的要求既合情又合理，本来对方也乐意并有条件帮助办理，只是由于自己"不大会说话"而遭致了拒绝，应当说这方面的事例在工作和生活中太多太多了。若要避免出现此类差错，最好能注意以下几点：

（1）切忌"连珠炮"。

在一时还不了解对方对你提出的问题是否熟悉，是否有兴趣，是否乐意帮助的情况下，即向对方连连发问，很容易使对方感到难以招架或处于难堪的境地，进而对您产生反感。事实上，一旦对方认为你性情粗鲁，甚至怀疑您是有意刁难人时，您的请求愿望也就随即化为乌有了。

（2）切忌"命令式"。

不管是上司求部属、父母求儿女、老师求学生，师傅求徒弟，还是丈夫求妻子、老乡求老乡、同事求同事、朋友求朋友，说话的语气都应当谦和、客气，商量商量，而不要居高临下，无所顾忌。细细想来，这也是由于你作为请求者所处的地位所决定的。当然，这丝毫也不意味着一旦你作为被请求者就可以趾高气扬了。

（3）切忌"弯弯绕"。

既然你有勇气向对方伸出求助之手，那么你在语言表达时就不要羞羞答答，拐弯抹角。相信别人就应真诚对待别人，有什么事要说，有什么困难需要帮，有什么要求想提，你就索性说个明白。这样，朋友反倒会感到亲切、自然、可信。否则，会觉得你缺乏诚意，甚至会认为你虚伪和造作。

（4）切忌“抢话头”。

在所请求的内容表达清楚之后，你首先应当做到的是静下心来倾听对方的陈述。尤其是在对方谈兴正浓时，最好不要随便打断和抢接对方的话头，或者表现出明显不耐烦的态度，或者有意扯向其他话题，或者想把自己的看法强加于人。这样做，人家会认为你不懂礼貌，过于高傲，没有教养，甚至感到您不可交往，觉得这个“忙”不值得帮。

求人办事时还要选择适当的时机和场合。时机与场合虽然不可能反映和代表该事物的性质，但选择是否得当，将会影响甚至改变该事物的性质。一般来讲，大凡请求者的愿望所以能够实现，总是伴随着机会的把握与场合的选择。有些朋友往往对此“小节”不以为然，或者是超前行事，或者是姗姗来迟；或者是虽然把握了时间条件，但却当“张”不张，不当“张”又扬。

现实生活中就有这样一些人，在请求别人时，常常喜欢搞一厢情愿，我行我素，既不问“天时”，也不顾“地利”，而是冒然闯入，鲁莽行事。于是，该办成的事“化泡”了，该办好的事“降格”了。是不是这样做会更好一些呢？比如，欲求人，则先问己“对方时下是否有空，身体状况可好，情绪有无波动？是走出去登门拜访为好，还是请进来叙谈一下适宜？是在公开场合谈妥当呢，还是私下聊聊就行了？如此等等，权衡利弊，寻找最佳选择，无疑会对你有积极帮助。

生活之中，几乎人人都会说话，但说话问题始终是一个难题。说话，作为沟通手段，现在已经成为一种不可缺少的生存技能，因此，想怎么说就怎么说是远远不行的。一个会说话的人，可以流利地用语言表达自己的意图，能把道理讲得很清楚，而且层次分明，有条有理，说出来的话能很好地被人接受，也能更好地说服他人。口才好、说话流利动听的人，求人办事很容易获得成功，在其人生路上也是有利无弊。

第四章

领导口才——运筹帷幄的加速器

作为一个企业单位或团体中的核心人物，领导者特殊的身份和职务决定了他必须要具备较高的综合素质，口才是衡量领导能力和素质的最重要指标之一。管理者口才的优劣，直接决定着管理工作的绩效。领导说话得体，言之有物，会使权威自立，上下一心。卓越的口才，是每一位领导者成功人生的催化剂和加速器。

1 让下属无条件地服从你的命令

许多人都知道命令的执行，制度的执行，但是谁来执行这些命令呢，是下属。领导者只是监督而已，可是怎样才能确保执行力和服从力呢?

作为一名领导者，如果只会用手中的权力命令下属干这干那，那是不明智的，是愚蠢的。其结果是，你的下属只会服从你，却不会喜欢你，你的工作永远是被动型的，终有一天，你的下属可能会采取某种手段和措施敷衍了事。关怀他们，或者说用你的人格魅力，让你的下属喜欢你，心甘情愿地为你工作，不失为一种投资少、见效丰的领导艺术。

美国陆军名将道格拉斯·麦克阿瑟是一位很会动用人格魅力的军事领导人。1941 年 11 月，美国一位叫刘易斯·布里尔顿的中将去菲律宾出任麦克阿瑟的航空队司令。他回忆说，他刚到旅馆就被邀请到麦克阿瑟的房间，受到麦克阿瑟将军非常热情的接待。

麦克阿瑟拍着他的背，把胳膊放到他的肩上说："刘易斯，我候驾已久。我知道你就要来，我真是太高兴见到你了。我，乔治·马歇尔和哈普·阿诺德一直在谈论着你……"这次会面给刘易斯留下了极深刻的良好印象。麦克阿瑟不仅将感情倾注于他周围的人，还倾注于最普通的士兵。

第二次世界大战中，他试着给每个阵亡士兵的家属写去一封信，信中总是写一些个人之间的事情。许多家庭回信告诉麦克阿瑟将军说，接到他的个人信件后，对于自己丧子的痛苦感觉好得多了。美国一位政治学博士评价麦克阿瑟说："从来没有一位指挥官能付出如此之少却获得了如此之多。正是名副其实的卓越领导才华，使麦克阿瑟以有限的人力、物力做出了如此了不起的成就。"

作为一名领导者，如果经常用直接命令的方式要求下属做好这个、完成那个，这种行为方式会有三种含义：一是命令的目的是要让下属照你的意图完成特定的行为或工作；二是它也是一种沟通，只是命令带有组织阶层上的职权关系；三是它隐含着强制性，会让下属有被压抑的感觉。

其结果是业务部门看起来非常有效率，但是工作品质一定无法提升。为什么呢？因为直接命令剥夺了下属自我支配的原则，压抑了下属的创造性思考及积极负责的心理，同时也让下属失去参与决策的机会；另一方面，直接命令最佳的状况也只能完成领导个人独断的想法，部门的业绩只凭领导个人的表现，无法集思广益、群策群力。

一个成功的领导者在给下属布置工作时会做到以下四点：

一是命令明确。在给下属布置工作时，还要把你的工作命令讲明确，比如这件工作要求什么时候完成，完成的标准是什么，等等，都要讲清楚。命令明确为分清职责提供了条件，当工作中出现了问题时，很容易分清是管理者的责任，还是下属的责任。这样可以防止相互推委，减少工作中的管理矛盾。另外，它为客观评价下属的工作提供了前提条件。

二是让下属了解事情的全局安排工作时要讲清目的和全局，而不是只告诉他你现在该做什么。有些管理者认为下属干好当前的工作就行了，没有必要了解事情的全局，因为我才是整体调度者，这种观念是错误的。

如果你的下属不了解事情的全局，他只能完全按照你的表面意图工作，不敢越雷池一步。工作中遇到的任何问题他都要向你汇报，因为他不知道如何处理是正确的。这样长此以往，你的下属的工作能力不会有任何长进。让下属了解事情的全局，并且了解其他员工是如何配合的，这非常有利于工作效率的提高。了解了全局，下属就会明白这些事情的做事原则，在一些细节上就会灵活处理。久而久之，下属就会认真地去思考自己的工作，并且会将自己的一些建议和想法告诉你，你不但多了一个好参谋，他的工作劲头也会很足。

三是赞扬下属。每个人都希望得到别人的重视，每个人都希望得到别人的赞扬。赞扬是最廉价、最神奇的激励方式。有些管理者认为：我已经为我下属的劳动付出了工资，没有必要去做这些事情。如果你这样对待下属，你的下属也会这样对待你：公司为我支付了工资，我为公司付出了劳动，所以我没有必要关心公司的前途。如果管理者和员工形成这样的局面，就很难有愉快合作的工作气氛了。

四是诚实和值得尊敬。要想使下属心悦诚服地听从你的命令，你必须诚实并且值得下属尊敬。你的诚实首先表现在你要勇于承认自己的错误，承认错误不但不会降低你在下属心目中的威信，反而会增强下属对你的信赖。

另外，对待下属应该实事求是，如果下属发现他受到了欺骗，则很难再恢复到原有的信任。你的言行必须为下属提供表率，言必行，行必果必须是你的做事宗旨。你要求下属做到的事情，必须自己首先做到，否则就不要有这方面的要求。受人尊敬不是一件容易做到的事情，它需要你坚持不懈地提高你的修养。

对于你所欲左右的人，对于希望对你忠诚、与你合作的人，你务必获得他们的敬爱，这是获得政令畅通的捷径。

2 运用好口才来增加影响力

运用口才对他人或社会群体施加影响是人类文化中至关重要的部分。作为一个组织的领导者，肩负着引导本组织生存和发展的使命，面对的是多层次多维度的人际关系网络。口才是领导思维和智慧的运载工具，是领导权力和责任的表现手段。领导必须善于驾驭口头语言，才能在工作中左右逢源，大显身手。

美国总统尼克松在他的《领导者》一书中这样写道："我见过的所有杰出的领导人物都非常善于面对面地谈话，我认为这绝非偶然。领导艺术在于使人信服。如果一个人说话枯燥无味，不能给人留下深刻的印象，就不能说服别人，因而也就当不了领导。"

1948 年，牛津大学举办了一个题目为"成功秘诀"的讲座，邀请到丘吉尔来演讲。在讲座开始前三个月媒体就开始炒作，各界人士翘首以盼。这一天终于来了，会场上人山人海，人们都准备洗耳恭听这个伟大人物的成功秘密。

丘吉尔用手势止住大家雷动的掌声后，说："我成功有三个秘诀：第一是决不放弃；第二是决不，决不放弃；第三是决不，决不，决不放弃！我的演讲结束了。"丘吉尔一生中的数百篇演说无一不具文采。为此，他曾被美国《展示》杂志列为近百年世界最有说服力的八大演说家之一。由此篇演讲中可见一斑。

口才并不是一种天赋的才能，它是靠刻苦训练得来的。古今中外历史上一切口若悬河、能言善辩的演讲家、雄辩家，他们无一不是靠刻苦训练而获得成功的。美国总统林肯为了练口才，徒步 30 英里到一个法院去听律师们的辩护词，看他们如何论辩，如何做手势，他一边倾听，一边模仿。

他听到那些云游八方的福音传教士挥舞手臂、声震长空的布道，回来后也学他们的样子。他曾对着树、树桩、成行的玉米练习口才。每个领导者都希望自己拥有卓越的口才，只要掌握口才的规律，吸收口才研究和训练所总结出来的卓有成效的方法，有目的、有计划地培养和训练自己，就能够收到事半功倍的效果。

领导在各种管理活动中，诸如主持会议、布置工作、接待来访、参加社会交往活动、发表演说、个别交谈等都离不开口才。领导的口语表达能力，将直接影响到这些活动的效果。较好的管理口才，是现代领导的基本要求。

3 高度概括的讲话更能达意

有的领导讲话言简意赅，很有分量，一经提出便能解决问题；有的领导讲话苍白无力，即使磨破嘴皮也不顶用。在有些会议上经常有人说今天的发言我就讲一个字，一个字讲了半个小时，有的人说我就一句话，一句话讲了两个小时。事实上，一个会议，一场演讲的内容，不要指望听众全记住，回去后能记住一个字、一句话就很不错了。

中国词人黄昇有一句词是这样说的：“风流不在谈锋胜，袖手无言味最长。”当今社会上有些领导为了显示自己口若悬河的口才，开会时本来无话可说，却故作无病呻吟，此举会使听众讨厌。

还有的领导将一件本来三五分钟就可以明明白白说完的事，偏偏要讲上一两个钟头，旁征博引，连篇累牍，非要把听众搞得“昏昏然不知所以然”，方能显示自己的“博学”，其实这种做法是不恰当的。真正有才能的领导讲话言简意赅，具有很高的概括能力。

当所讲的观点具有高度概括性的时候，听众才容易记得住。

作为领导者一定要在“文字精炼”“篇幅短小”上下功夫。山不在高，有仙则名。言不在多，达意则灵。要语不烦，字字珠玑，简练有力，自然使人愉悦；冗词赘语，唠唠叨叨，不得要领，怎不令人生烦？

联想集团从小到大，从弱到强，发展到今天是很不容易的。但是当问到柳传志的管理思想时，他却只说了九个字，那就是：“定战略，搭班子，带队伍”。你会发现，这种有高度概括性的观点更容易让人记住。

在高度概括性的讲话中，只要一词一语用得好、炼得精，往往会使言语生辉。党的十五大报告中的第一部分“世纪之交的回顾与展望”只用了四个自然段，通过“三个伟人”“三次巨变”的高度概括，便把自鸦片战争以来中国一个半世纪的社会历史进程简述得十分清楚，极富内涵。

语言的高度概括会使讲话内容更加容易让人记住，有一句话是这样说的：能把一句话说成十句话的人是语言的庸才，能把十句话说成一句话的人是语言的天才。此外应注意的是，高度概括的语言要让听众明白，而不是自造一些词而使听众不明白。

4 向下属表示充分信赖

人最好的激励是信赖。信赖你的下属，将会对他们产生相当的激励作用，也会达成他们为你工作的愿望，这是一种不可估量的促进动力。向下属表示信赖，是用人成功的“廉价”投入。因此，对管理者来说，能够积极地转变观念，充分利用各种机会向下属表示一份信赖，确实是两全其美的好事。

如果你对下属的能力经常怀疑，那你就想法换掉他。否则你事事参与、过问，甚至监督下属工作的话，下属会因此放弃自己的创造性，完全按照你的“正确指示”去工作，而保留自己的常识、经验甚至灵感，进而形成下属不是放开手脚去做，而是一边猜测你的意图一边做。你用挑剔的眼光去观察，下属的缺点很容易暴露出来，你就会加重不信任，加重监督。下属也在摸索中成长，只要他还没有放弃，你就该给他宽松的环境。

要做到信任下属这一点必须用人不疑，疑人不用！这就是说，必须是在可以信任的基础上用人，否则可以坚决弃而不用。因为没有信任感的用人，即使委以重任，也形同虚设，起不到应该起的作用。“疑人”是必要的，但不是“用人”的前提。假如一个下属某些方面存在严重不足，已经属于“疑人”范围，要废弃而不用，要等到条件成熟后再用，不必非要冒险，这是常识。

用人不疑，疑人不用，企业领导对人要充分信任，放手让他们工作，大胆负责。信任是对人才的最有力支持。首先要相信他们对事业的忠诚，不要束缚他们的手脚，让他们创造性地开展工作。

其次，要相信他们的工作能力，既要委以职位又要授予权力使他们敢于负责，让他们明确自己的职责，忠于职守。遇事不推诿，大胆工作。对人才的信任和使用还包括当他们工作中出了毛病，走了弯路时，用人者要勇于承担责任，帮助他们总结经验并鼓励他们继续前进。特别是在执行任务的过程中，当他们遇到阻力和困难，受到后进势力压制时，领导者要挺身而出给予坚决的支持和有力的帮助，从而把任务进行到底。

建立上下级之间的互相信赖，达成互相帮助的融洽关系时，注意不应该等待下属信赖上级之后自己才去信赖下属；而应该首先采取实际行动，以诚相待，主动对下属表示信赖。

这里有一则事例：一位经理接手一个公司的工作，他发现公司的现金流不能保持畅通，经常出现资金紧张的现象。这位经理就召集骨干员工开了一个会，把这个问题明确地提出来，和大家一起商量怎么解决。

他的这一举动让下属觉得上级非常信赖自己，所以大家就积极地献计献策，销售部门提出一些建议，服务部门也提出建议，财务部门说应该怎样在费用上削减，等等。经过短短两个月的时间，这家公司的现金流得到很大的改善。

此外，还可从感情传递和愿望中来表达对下属的充分信赖，这通常是通过上下级之间的感情传递和心理满足来实现的。要做到这一点，管理人员就应该认真分析下属的心理因素和情绪反映，尽力从满足下属各种健康的心理需求入手。

例如，在研究问题时尽力与上级保持一致的愿望，在工作中希望上级能看到自己的成绩，当工作中偶尔出现某一过失时总是宁愿自己悄悄地采取补救措施，也不想让上级知道，等等。

有人说最好的企业领导是在下属中有充分信任的人。信任下属不是一句空话，而必须付之于行动才能看见效果。信赖下属当然不是盲目信赖，而是以平时对下属的认识和了解为基础。信赖的基点，就是尊重知识、尊重人才。

下属的德才素质、一贯表现、工作业绩、群众反映、发展潜力，等等，都可以作为获取领导者信赖的“参照物”。但是唯有一条禁忌，即不要以下属对自己的亲近程度作为是否信赖下属的依据。

5 批评的艺术

批评既是一种重要的激励方式，又是一种有效的沟通信号，在领导者的领导实践中发挥着重要作用。但它又是很多领导者常常感到无法回避而又深为犹豫的领导手段。需要认识的是，这种手段不仅是工具论意义上指向结果的工具，它更大程度上是一门直击心灵的艺术。批评之所以为一门艺术，在于它并非只要满足某些既定的条件即可得到某种确定的结果，而更多地取决于一些微妙的、甚至难以言传的感应和领悟，特别注重对批评对象、时机、场合和方式的选择。

人难免会犯错，伟人也好，普通人也罢，随时都可能出现和存在过失。但不管是谁，当他做了错事的时候，内心总是充满愧疚、悔恨、自责甚至恐惧的。因此，在指出和纠正别人的过失当中是大有讲究的，尤其是各级领导者或部门主管在指出和纠正下属和员工的过失时应运用心理学原理，对人类共同的心理特点进行分析，运用“换位思考”的方法，多站在对方立场上，因人因事指出和纠正他人的过失。以下是几条颇有艺术性的批评方式，领导者应加以灵活运用。

一是说服式。也就是说，领导者在批评别人时应设身处地地替别人着想。如要考虑对方的实际情况和具体情况。同时需要注意的是，对新员工的要求与老员工也要有所不同，对年轻员工的工作失误也不应光以自己的经验、能力去衡量。

二是暗示式。如领导发现某位员工迟到了，就指着对方的手表问道："帮我看一下现在几点了？"这就是典型的暗示式批评。

三是请教式。如领导者对一位下属说道："如果按你这种做法，那这个计划是不是都得重新制作？"这个时候，被批评者大多会自动修正自己的错误。

四是模糊式。如在员工大会上，领导者为了整顿劳动纪律，便说："最近一段时间，我们单位的纪律总的来说是好的，但也有个别同志表现较差。有的迟到早退，有的上班吹牛谈天……"这里就用了不少模糊语言，如"个别""有的"等等。这样既照顾了一些人的面子，又指出了问题所在。

五是安慰式。这里可以用一个有趣的故事来说明：一次，年轻的莫泊桑向著名作家布耶和福楼拜请教诗歌创作。两位大师一边听莫泊桑朗读诗作，一边喝香槟酒。布耶听完后说："你这首诗，句子虽然疙里疙瘩，像块牛蹄筋，不过我读过更坏的诗。这首诗就像这杯香槟酒，勉强还能吞下。"批评既严厉，却又给了莫泊桑相应的余地。

此外，表扬和批评是思想工作中常用的两种方法，也是做上司的必须掌握和运用好的最基本的领导艺术。成熟的上司总是善于在表扬中一箭双雕，既鼓励了先进，又鞭策了落后。事实上，对先进的表扬本身也就意味着对落后者的批评。

由于这种批评是婉转的、间接的，是一种引导与鞭策，往往比直接的批评更有说服力，更有利于激发落后者的内在动力。因此，作为上司在表扬先进的同时，要善于不点名地指出落后者存在的相关问题，启示他们在对比中看到差距，认识自我，明确努力的方向，以求达到不用扬鞭自奋蹄的效果。

在领导的工作中，批评是一种必要的强化手段，它与表扬是相辅相成的。不过，作为一个现代社会的领导者，批评的同时就应该尽量减少批评所产生的负作用，减少人们对批评的抵触情绪，从而保证批评效果能尽可能的理想。

6 个别谈话功效大

领导者之所以能称其为一个领导者，很大部分原因就在于，他能组织协调组织内的所有个体为共同的目标去前进。正因为这样，与组织内的个别人谈话，就成为领导干部进行思想工作的一个重要方法，也是一门重要的领导艺术。

实践证明，员工或群众当中或领导干部之间的许多具体问题，都适宜通过个别谈话来加以解决。运用好个别谈话，不仅可以了解情况、沟通思想、交换意见、提高认识、解决问题，还可以畅通言路、集思广益、凝聚人心、增进友谊。因此，领导者要想实现自己的成功领导，就必须掌握好与下属个别谈话这一基本领导艺术。

个别谈话的定义是一对一的协商。在这类的谈话中，领导者可以检查下属的工作成绩是好是坏，同时也可以发现他有些什么困扰和高兴的事，有时候领导者还可以发现很多出乎意料之外的东西。

个别谈话再加上到现场的视察，这可以让领导者深入了解团体的健康情况。但在个别谈话时有两个重要因素不能忽略，第一是选择最恰当的时间，第二是在个别谈话中领导者应如何谈。

领导者找下属个别谈话一定要注意“适时”。因为，选择恰当谈话时机是开展好个别谈话的重要基础。构成谈话时机成熟的条件是多方面的，并且随着谈话对象的不同，对谈话时机成熟的条件的要求也不同。如果谈话对象的情绪比较平和，能听得进意见，并能按照谈话的意图去做，那么可以立即与其交谈；如果谈话对象的情绪比较激动，对谈话意图充满反感，则宜暂缓，待下属的思想趋于稳定以后再选择时间进行交谈。如某人不讲团结，与同事之间有矛盾时，就应该进行“冷处理”，待该同志情绪稳定、自我反省后再进行教育帮助，切忌“火上浇油”，以致扩大事态、加深矛盾。

个别谈话的方式应该灵活多样。谈话目的、对象不同，谈话的方式也应有所不同。实践中领导者可以灵活采取以下几种谈话方式。

一是商量型交谈。可用商量的口吻进行交谈，谈话人要心平气和、平等待人，以关心、信任的态度对待谈话对象，不能自视特殊，好为人师；不能“连珠炮”似的发问，或中间打断对方的话头，应允许人家解释，谈不同看法，对的要肯定，错的予以指出，在友好的气氛中协商解决问题。

二是询问型交谈。这种方式关键是要掌握“问”的技巧，在问的过程中注意消除对方的疑虑。对有的人可能直接问，而对另一些人则可委婉地问。

三是批评型交谈。对有的人可以进行单刀直入地批评，而对有的人则需要启发其进行自我批评。批评者应先肯定其成绩，对被批评人的缺点和错误应尽力引导，使之自觉地认识。

另外，领导者要对自己的下属有真诚的感情。感情真挚、态度诚恳、平等待人、亲切交心是开展好个别谈话的重要前提。

个别谈话是领导干部进行思想工作的一个重要方法，也是一门重要的领导艺术。群众当中或领导干部之间的许多具体问题都适宜通过个别谈话加以解决。运用好个别谈话，不仅可以了解情况，沟通思想，交换意见，提高认识，解决问题，还可以畅通言路，集思广益，凝聚人心，增进友谊。

因此，一名合格的领导者必须练好这项基本功，掌握好这门领导艺术。

7 给予下属适宜的赞美

著名教育家叶圣陶先生曾经说过：“除非圣人和傻子，人没有不乐于听赞美的。”赞赏能够拉近上下级之间的距离，消除员工之间的隔阂，激发员工工作的激情和潜能，有利于形成一个关系融洽、相互帮助、共同提高、不断进步的团队。

赞美是需要学习的一门特别技巧，不会赞美就会令人讨厌，错误的赞美也会适得其反。对员工需要适当地赞美，这不仅是对其工作的肯定，促进双方人际关系的和谐，更重要的是能激发其自觉发挥其才能。

赞美的秘诀是：与其赞美对方本身，不如称赞他过去的成就。赞美既成的事实与交情的深浅无关，对方和其他员工也比较容易接受，避免亲疏有别之嫌。

领导者在赞美员工时，通常应赞美一件大家引以为荣的事实，言辞要准确，态度要由衷，神情要专注，事情要具体。中间要停顿一下，先是表明您很重视这件事，并认真看待她的表现。

比如："××，我发现你在休息时向老员工耐心咨询业务，这让我很开心，（停顿）如果新员工都像你一样好学，你们很快就可以通过考试上岗了。这让我更喜欢培训工作。"此外，领导者还应善于从小事上称赞。不要用大道理，也不要拔高，那令人不舒服。找出值得关注的细节，并要善于发现小事的重大意义。要想使自己能在对别人的赞扬中体现独到之处，就在平时留心观察。

人们熟知的巴顿将军曾因脾气暴躁而很少有人理他。在一九一五年美国与墨西哥爆发的战争中，美军指挥官潘兴将军却因巴顿英勇善战而时常夸奖他，这让巴顿深受感动并暗下决心，一定要屡立战功来报答潘兴将军对自己的欣赏和喜爱。

一次，巴顿奉命带领 15 名士兵去驻地附近的农村收购玉米，不料途中遭遇 50 多名土匪的袭击，他临危不惧，沉着指挥，击毙了匪首，率领士兵成功撤退。

这本是一次很平常的遭遇战，但因被击毙的匪首是赫赫有名的大土匪卡德纳斯，潘兴将军便以此为由在全军通令嘉奖巴顿，而且还请来了新闻记者给他拍照登报，让他成了美国各大报纸轰动一时的新闻人物和民族英雄。此后，巴顿作战愈加骁勇，终于成长为美国著名的高级将领。

从这个故事中我们不难看出，找个理由及时地给予自己的属下予以赞赏，这对部下的成员在事业中成才和成功是具有何等重要的作用。

8 说话时要尊重下属

很多的企业家总是埋怨身边没有人才，找不到人才，或者总是叹息人才的流失，这是什么造成的呢？是否我们自身存在某种缺陷呢？因此，只有加强自身的修养，提高吸收人才的素质，创建使他们满意的工作环境，才能使身边人才济济。而要做到这一点，管理者首先要从“尊重”开始，对人才做到尊重、尊重、再尊重。

先来看这样一个事例：一位员工由于一时失误犯了错，他的直接上司对其没能做好工作，影响本部门的工作进度很为不满：“你是怎样搞的，这点事都做不好，我决定对你这次的错误进行处罚。如果再这样的话，我就要对你的工资进行重新调整了，而且还将把你的表现报人力资源部备案，希望你好自为之。”

相反，我们再来看这个镜头：同样是一位员工犯了错，上司的态度却大为不同：“平时你不是做得很好吗？上个月你还在这方面受到过表扬，心里有什么事吗？有什么我可以帮助的？相信你不会有下一次，不过这次你确实错了，希望你能接受处罚。”

人非圣贤，孰能无过？对于下属工作中出现错误，影响整个部门的运作，身为上司，心里确实会不舒服，但只是一味地埋怨下属的过失，碰到下属就劈头盖脸一顿大骂，这样上司确实是找到了一个出气筒，可能会觉得心里舒服一点，却不能解决根本问题，因为错误已经出现了，再责怪也于事无补。

而对于下属而言，工作有错本来就有一种愧疚心理，加上突如其来的责骂，就更不好受了。他们经过这次之后，除了记住教训之外，更多记住的是这个上司脾气坏，甚至会激发员工对工作、对上司的抵触心里，暗地里和主管较劲，心理比较极端的员工还会故意使坏，使得主管和部门的工作不能正常开展。

作为上司，在与下属进行说话时不能表现得傲慢，更不能居高临下。在谈话的过程中一定要先引起对方的关注和取得对方的信任，一定要注意避免用命令式语气，也尽量避免“我”，而要用“我们”来取代，让下属觉得彼此是一体的，为达成共识而努力。要尊重下属的反抗情绪，避免发生争辩，争辩并不能带给自己任何的胜利，只是一种伤害的开始。

一个企业能走多远取决于管理者的素质到了何种水平，下属们得到了更多的空间和尊重，就会踏实工作，不会找借口和理由逃脱工作和责任。在企业管理中，我们要本着爱心去经营企业，以积极的心态、平等的态度、关爱的语言与员工交流，创造优良的企业氛围，而这些要求我们必须学会对人才“尊重、尊重、再尊重”。

1949 年，37 岁的大卫帕卡德参加了一次美国商界领袖们的聚会。与会者就如何追逐公司利润侃侃而谈，但帕卡德不以为然，他在发言中说：“一家公司有比为股东挣钱更崇高的责任，我们应该对员工负责，应该承认他们的尊严。”帕卡德在造就硅谷精神方面的贡献，恐怕超过了任何 CEO。就像希腊的民主遗产一样，他的尊重并欣赏每一个人的态度，对周围人和企业的影响至深至远。正是创始人帕卡德这种尊重别人的思想和精神，缔造出了今天惠普（HP）这个产业帝国。

人与人之间是需要相互尊重的，尊重下属，不是我们在委曲求全，而是我们在寻找一个能更好地完成工作任务的方法。如果我们能尊重下属，不仅工作可以顺利完成，而且还会获得下属对我们更多的尊重。

9 总统请你原谅

勇于承认错误是一个领导人应该具备的素质，领导者大气魄体现在承担责任和承认错误上。勇于承认错误，你会发现心情会随之明媚，智慧会随之增长，你的周围会聚集更多志同道合的同事和下属，最终让你真正成为一个优秀团队的核心。领导者应该为自己所承担的责任感到骄傲，因为你已经向别人证明，你确实比别人更突出，你比他们更强。

美国南北战争时期北军的失败给林肯带来了极大的烦恼。这天，有一位养伤的团长直接向总统恳求准假，因为他妻子生命垂危。林肯厉声斥责他说："你不知道现在是什么时候吗？战争！苦难和死亡压迫着我们，家庭的感情，和平的时候会使人快活，但现在它没有任何意义了！"团长失望地回旅馆休息。

第二天清晨，天还没亮，忽然有人叩响团长的房门。团长开门一看，却是总统本人。林肯握住团长的手说："亲爱的团长，我昨夜太粗鲁了。对那些献身国家，特别是有苦难的人，不应该这样做。我一夜懊悔，不能入睡，现在请你原谅。"林肯替他向陆军部请了假，并亲自送那位团长到码头。

领导者勇于承认错误，知错就改，那就是非常了不起的人。事实上，敢于承认错误、改正错误的人一定会受到人们的尊敬，从而产生信任。信任可以产生一种力量，一种令人信服的并且自愿跟随你的力量，这个道理谁都知道。

一个好的领导者必然善于自省，对于错误也会勇于坦然承担，甚至还会向部属道歉。犯了错而不敢承认是欠缺自信的表现，因为一个有自信、有实力的人就有把握别人不会为了这一两次的失误，就完全否定了自己的价值和能力。

而从另一方面来说，如果领导者羞于认错，部属也不敢指正，那就只能眼睁睁地看着错误一再上演，这对团队的竞争力、个人能力的提升丝毫没有助益。因此，领导者务必要能自我反省，勇于修正缺失。

脆弱的领导者会不知不觉地掩饰错误，而且更希望没有人会发觉他犯的错误。如果有人指控他们做错了事，他们也会死不承认。在掩饰错误的时候，这些脆弱的领导者错过了真正能够改进的机会。不肯承认错误只是人性的本能而已，就像一颗子弹向你飞来时，很自然地你会躲避它，不被它击中。

类似的，我们做错事后，也会不肯承认错误，不仅如此，我们还费尽心思地寻找各种各样的理由来为自己的错误开脱。但是，至少有一个理由可以说明这样做只是吃力不讨好：为了寻找开脱错误的借口，我们常常绞尽脑汁地想各种理由，但是不管我们的借口听起来多么合理可信，错误并不会因为我们的借口而立刻消失掉，只要你不承认它，不改正它，它依然存在，说不定哪一天又冒出来反咬我们一口，让我们痛苦万分。

最简单、最有效的方法是干干脆脆地承认错误，从承认错误中获取力量。这样做的原因至少有两个，第一是你再也不用为寻找借口抓耳挠腮了。想想你为了寻找借口而花费的那些时间和精力吧。第二个是下属会因此而更加尊重你。要想使下属心悦诚服地听从你的命令，你必须诚实并且值得下属尊敬。你的诚实首先表现在你要勇于承认自己的错误。承认错误不但不会降低你在下属心目中的威信，反而会增强下属对你的信赖。

"有效的领导者为事情结果负责"，这是一个常识，也是一种人生态度。达尔文曾经说过："任何改正都是进步。"歌德也说过："最大的幸福在于我们的缺点得到纠正和我们的错误得到补救。"这都是一些名人、伟人们总结出来的经验和教训！我们应该从中领悟、吸取，勇于承认，有错就改！这可以促使我们以崭新的面貌去迎接更加激烈的竞争与挑战！

10 语言机智而应对自如

口才是领导者的一种能力，口才好的人在交际场上能够左右逢源，交谈中反应灵活，应答随机应变，在社会交际中人缘广结。

作为一名领导者，你不一定要成为一名优秀的演说家。但是，为了你的事业，你必须朝着一名标准演说家的方向努力。运用自如的口才，可以帮助你激发起下属高度的工作热情，获得上级的信任和赏识。

作为领导，优秀的讲话能力对于信息的交流、情感的沟通、建立广泛而友好的人际关系起着举足轻重的作用。领导者要做人的工作，如果拙嘴笨舌，言辞索然无味，何以打动人心，又何以做到"以人为本"？因此领导者必须练就当众讲话及巧妙应对的本领。

面对复杂的人际关系，语言环境变动也异常活跃，因此领导者的语言也不应呆板僵硬，而要能顺应变化，这样才能收到良好的效果。有一次，一位西方记者在记者招待会上突然问外交部长陈毅："中国最近打下了美国 U–2 高空侦察机，请问用的是什么武器？是导弹吗？"遇到这样涉及军事机密的提问，使用一个“无可奉告”的外交辞令足以应付过去，但陈毅却没有那样说，他半带神秘地告诉记者：“我们是用竹竿把它捅下来的。”

结果，引起一场哄堂大笑，这个问题也被巧妙地答完了。这种对于语言的变异手法的运用，既保守了国家秘密，又不影响与对我国怀有偏见的西方新闻媒介的关系。这种回答比起“无可奉告”之类的话要显得机智、高明得多。

会讲话的领导者要言中有巧。要适当地使用比喻、幽默、夸张、排比、对比、双关、悬念、形象、提问、反诘、典故、成语、寓言、名著、名言、民谚。言中有巧，感染力才强。

1971 年，基辛格博士为恢复中美外交关系秘密访华。在一次正式谈判尚未开始之前，基辛格突然向周恩来总理提出一个要求：“尊敬的总理阁下，贵国马王堆一号汉墓的发掘成果震惊世界，那具女尸确是世界上少有的珍宝啊！本人受我国科学界知名人士的委托，想用一种地球上没有的物质来换取一些女尸周围的木炭，不知贵国愿意否？”

周恩来总理听后，随口问道：“国务卿阁下，不知贵国政府将用什么来交换？”基辛格说：“月土，就是我国宇宙飞船从月球上带回的泥土，这应算是地球上没有的东西吧！”

周总理哈哈一笑：“我道是什么，原来是我们祖宗脚下的东西。”基辛格一惊，疑惑地问道：“怎么？你们早有人上了月球，什么时候？为什么不公布？”

周恩来总理笑了笑，用手指着茶几上的一尊嫦娥奔月的牙雕，认真地对基辛格说：“我们怎么没公布？早在 5000 多年前，我们就有一位嫦娥飞上了月亮，在月亮上建起了广寒宫住下了，不信，我们还要派人去看她呢！怎么，这些我国妇孺皆知的事情，你这个中国通还不知道？”周恩来总理机智而又幽默的回答，让博学多识的基辛格博士笑了。

美国医药学会的前会长大卫·奥门博士曾经说过，我们应该尽力培养出一种能力，让别人能够进入我们的脑海和心灵，能够在别人面前、在人群当中、在大众之前清晰地把自己的思想和意念传递给别人。

在我们这样努力去做而不断进步时，便会发觉：真正的自我正在人们心目中塑造一种前所未有的形象，产生前所未有的震击。用机智和口才化解难以回答的问题，是领导者驾驭人生、改造生活、追求事业成功的无价之宝，是通往成功之路的必要途径。

11 鼓励下属发表不同意见

个性化的年代，个体间的差异不可避免。面对差异，作为一个领导者，应该以宽阔的胸襟予以包容，而不是命令式地强制别人接受自己的意见，或者阻止下属发表不同意见。只有当领导者尊重差异，使下属得到心理需求上的满足，感受到被尊重，他才会真正从心底里接纳领导及其建议。

在一个刚愎自用的领导者的领导下，下属们所能做的唯一的事情就是经常去奉承他们的上司，而完全没有必要为公司的生存与发展思考一秒钟。久而久之，下属们连进行独立思考的能力也丧失了。

这对于一个现代企业尤其是对于现代领导者而言是一个最大的悲哀，因为在当前这种激烈竞争的环境中，一个精明的领导人必须有一批敢于发表不同意见的有独立思考能力的下属。忙于日常事务与应酬的领导者们，因为没有不同的声音存在，很可能在匆忙中做出错误的决定。不同的声音是纠正错误的最好的工具。

而要做到容许不同的声音存在，对于一名领导者而言似乎并不容易。但如果能立足于把领导当作责任而不是地位和特权这一坚实的基石，则做起来并不难!

春秋战国时期齐国有个大臣叫邹忌，风流潇洒，气度不凡，被人誉为美男子。当时城北还有一个美男子，邹忌也没见过，不知道两个人谁更俊美。然而他的妻子、侍妾和拜访者都说他更俊美。后来邹忌见到了那个美男子，相比之下才觉得自己不如对方，于是也明白自己受到妻子、侍妾和拜访者的蒙骗并知晓了其中的原因。

他把这些事情原原本本地告诉了齐王，要齐王虚心纳谏，接受各个阶层的人的谏议和面谏，即使对方所说的令自己很难堪也在所不顾。法令一经发布，进谏的人往来不断，颇多切中时弊的有建设性的意见，齐王都有选择地接受改进了。后来意见越提越少，因为实在没有什么意见可提了，而齐国也随之政治开明，经济发展，国力一日强过一日，终于成为当时诸侯公认的强国。

领导者不但要悉心地听下属的意见，而且要在自己做影响下属的决定前尽量地要求得到下属的意见，这样下属才会觉得领导在乎自己的意见，自己不只是一个齿轮。并不是说一定要按照下属的意见做，但是领导者应该尊重下属的发言权和意见。

这样的领导者就算不采纳下属的意见，也会得到下属的拥戴，因为他对下属表达了最基本的尊敬。这样的领导者会发现更多的下属愿意勇于发言。他也会发现就算最后的决定没有采纳下属的意见，下属依然欣然地支持和执行他的决定，也信任他这个领导。

对待下属的议论采取一种宽容的政策，允许其发表不同的意见作为自己的借鉴，做到有则改之，无则加勉，这才是正确的为政做官之道。

12 激励下属成功

在与人交往的过程中，有些人经常过分指责、贬低那些犯了错误或某方面表现不佳的人，对别人的短处说三道四，对别人的长处则只字不提，这只是蠢人的做法。这么做不但不利于帮助他人改正错误、追求上进，而且常常适得其反，使别人产生悲观的情绪，结果错误得不到改正，表现也会越来越差。

倘若是智者的话，就会用赞扬和鼓励代替指责和贬低，多说对方的长处，少讲别人的短处，智者懂得只有这样才能增强他人改正错误、追求上进的信心和决心，同时也能使双方的人际关系得到和谐的发展。

成功的主管总是将这样一个概念深入人心：组织的事就是大家的事。责任感的形成会为自信心的树立起到推波助澜的作用，也使下属更明确自己在组织中所处的位置，更加珍惜自己的劳动与业绩。从而增加了成功的决心，有了成功的机会。

做为顶头上司，你不妨给下属压上“重担子”。“人的工作任务必须在能力之上”，这是东芝公司总裁土光敏夫的一句名言。挑战性的工作会让参与者在体力与心智上得到锻炼，使他更加能干，并感激上司对他的信任。

美国心理学家威廉·詹姆士说：“通常的与应有的成就相比，我们只能算是‘半醒者’，大家往往只用了自己原有智慧的一小部分。”所以你所要做的就是称赞和激励部下，让他们了解自己所拥有的宝藏，善加利用，发挥它最大的神奇功效。

由于某种原因，下属不能把事情办好，心里必然产生挫败感。这时，主管应设法恢复他的自信心，多给予鼓励和称赞，用心挖掘他们不易觉察的长处。

“其实你很不错，只是你自己没有发觉，你以前曾做过某某事，那时你表现真是太好了。”

“‘吃一堑，长一智’嘛！何必愁眉苦脸的，来，加油，我相信你能行的。”

优秀的领导者应该以促进员工发展为职责，而且他们应该始终保持这样一种心态：在发挥员工潜力方面我们做得远远不够，还有许许多多员工的才华未被利用，正等着我们去发掘。拥有这种心态的领导者必定能够取得不俗的效率。要发掘员工的潜力，就必须不断鼓励他们，使他们觉得自身能够达到意想不到的高度。

事实表明，从积极的、主动的角度去启发对方、鼓励对方，帮助对方提高自信心，就会让对方心服口服地接受己方的意见。

13 领导讲话要有特色

在一个现代化的公司、企业之中，领导的核心系统是现代管理体系的指挥部，有关重大决策和发展方向将由其决定。领导核心的效能如何，将直接关系到现代企业管理体系的发展与完善。

领导口才是领导的一种重要能力，领导口才的强弱将影响着领导效益与能量的发挥。领导的威信，主要通过自己的“言”和“行”来树立；员工、下属对领导的影响力的接受，也主要是通过对领导者“听其言”和“观其行”，领导对其他人的影响力，无论是品德因素、才能因素、还是知识因素，都是通过“言”和“行”表现出来的。领导的“言”对于领导的管理活动来说，主要是指领导的管理口才。因此，领导的管理口才对于员工所产生的影响力是巨大的。

领导语言，一方面要有原则性，即要内容正确、格调高雅、目的明确，该说的话一定要说。另一方面，还得讲究说话方式方法的灵活性，要根据人际关系的类型与特点，根据语言交往的内容、场合、时间等不同来采取适合该类的表述方法。这一点，在拒绝他人要求时，显得格外重要。

领导时常会碰到有人向自己提出难于办到因而不能答应的要求，对于这些要求，在处理时如果缺乏灵活性，只是简单地回绝就容易造成难堪的局面，从而使比较融洽的关系发生变化。

此时，讲究方法的灵活性以维护语言内容的原则性就颇为重要。领导口才的自我设计中应当避免两种错误的做法：一种是只要原则，不顾关系，只强调内容正确，对于方式方法则不予重视；另一种是单纯把搞好关系放在第一位，而放弃一些本不能放弃的东西。正确的设计是“到什么山上唱什么歌”，“见什么人说什么话”，从而创造出一种有利于关系和进步的语境来，说话不看对象不会有好的效果。

再者，领导应锻炼自己语言的机智灵活。领导的人际关系复杂，语言环境变动也异常活跃，领导语言也不应呆板僵硬，而要能顺应变化，这样才能收到良好的效果。

领导在运用语言说明问题时必须注意准确性，应当避免出现不知所云、不知所往的情况，不要“照本宣科”。

有这么一个笑话：一个领导讲话，讲了半个小时才发觉拿错了稿子。有的领导让秘书写好稿子，基本不去过目，拿过来就念，很容易闹出笑话。所以，领导在讲话时，把要讲的话组织成自己的语言，最好能生动活泼一些，针对不同的人，不同的事有不同的见解，不能千篇一律，毫无主见，这样就会成为他人的“传话筒”，没有丝毫价值。

运用口才对他人或社会群体施加影响是人类文化中至关重要的部分。作为一个组织的领导者，肩负着引导本组织生存和发展的使命，面对的是多层次多维度的人际关系网络。口才是领导思维和智慧的运载工具，是领导权力和责任的表现手段。领导必须善于驾驭口头语言，才能在工作中左右逢源，大显身手。

14 下达命令也要讲究技巧

下达命令是主管最为常见的一项工作，使用频率非常高。但是，下达命令也要讲究技巧，否则的话，效果可能会大相径庭！

可是，怎样下达命令才会使你的计划能得到彻底的实施呢？才能使下属积极、主动、出色、创造性地去完成工作呢？重要的一点就是要让下属理解你的指令，知道你的判断是正确的，必须不折不扣地执行，他们才能正确地采取行动。领导下达命令的第一条原则就是在你与下级之间创造一种相互理解、信任和合作的气氛。命令一定要精确明了，不能不着边际，含糊不清，要用建议的方式命令，让下属站着倾听。

浙江温州一家小型缝纫机厂经理常国权是一位善于下达号令的人。有一次，一位经销商送来了一张大订单。可是工厂的活已经安排满了，而订单上要求的完成时间短得使厂里不太可能去接受。

可是这是一笔大生意，丢掉这块送上门的“肥肉”，常经理真有点舍不得，机会太难得。但他没有直接下达命令要工人们加班加点地干活，他只是召集了全体下属，对他们解释了具体的情况，并且向他们说明，假若能准时赶出这张订单，对他们这家小型缝纫机厂将有多么大的意义。

“大家有什么办法来完成这张订单？”

“有没有人有别的办法来处理它，使我们能接这张订单？”

“有没有别的办法来调整我们的工作时间和工作的分配，来帮助整个工厂？”

常经理下达完这个建议性的号令后，工人们七嘴八舌提了许多意见，并坚持接下这张订单。他们用一种“我们可以办到”的态度来得到这张订单，并且如期出货。

在工作过程中，身为领导者对部属下达任务、发号施令是很自然的事情。然而，怎样下达命令才能使你的计划得以彻底的实施呢？才能使你的部下乐于积极、主动、出色、创造性地去完成工作呢？

你身为单位主管，是不是经常这样说：“××，把这份材料赶出来，你必须尽你最快的速度，如果明天早上我来到办公室，在我的办公桌上没有看到它，我将……”或者是：“你怎么可以这样做？我说过多少次了，可你总是记不住！现在把你手中的活停下来，马上给我重做！”

你以为自己是管理者，有权力这么做。可是要知道，尽管你是管理者，他是小职员，可是在人格上你们是平等的。所不同的只不过你们的分工不同，职务不同，而不是在你和他个人之间存在着什么高低贵贱的区别。就算是“管理者”比“下属”具有更多的权力或是其他什么，那是由“下属”这个职务带来的，而不是你自身与生俱来的！是你的这种趾高气扬、自傲自大的态度激怒了别人，而不是工作本身使人不快！

某生产车间因为生产任务比较繁重，现场因此而略显脏乱。A 君为生产部门主管，看到此现象后非常不满意，把车间主任 B 君叫到跟前，大声说到：“看看你的车间，又脏又乱，赶紧收拾一下！”B 君回答：“生产这么忙，哪有工夫收拾这些！”A 君想想也是，随即无声响地离开了。

过了一会儿，生产部经理 C 君来到该车间，也发现此问题。他先是到车间各处巡视了一番，然后到车间主任的办公室找到车间主任 B 君，问：“最近忙坏了吧？”B 君答：“还好，大部分已经完工了，剩下的任务不是太着急了！”C 君说：“我在车间转了一圈，好像有点儿乱啊，能不能抽时间整理一下？”B 君说：“我也注意到了，这样吧，我马上安排几个人，立即就去……”过了约半个小时 C 君再去车间时，基本上符合要求了！

A 君和 C 君分别给 B 君下达了含义相同的命令，但是结果却大相径庭：A 君被顶撞，无声响地离开了；C 君再去时，基本上符合要求了！何以有如此大的反差呢？问题就在于下达命令的方式。A君是赶紧收拾一下！C君能不能抽时间整理一下？显然C君使用了协商建议的技巧，而A君则嫌太直白！

没有人会喜欢自己的领导以命令的口气和高高在上的架势来发号施令。上司与下级、领导与部属、主管与下属尽管分工不同、职务不同，但在人格上是平等的，没有什么高低贵贱的区别。俗语说：话有三说，巧说为妙！身为领导者在下达命令时不妨学一学C君，多用“能不能”等协商、建议的方式，相信一定会别有洞天。

15 纠正下属的不当行为

一提到纠正不当行为，许多人随即会联想到“这不就是把下属抓过来训话嘛，何必还说得这么文绉绉的？”其实你的目的不是把表现不佳的下属抓来痛骂一顿就算了，而是要找出问题的真正原因。大部分主管看到下属的表现不合乎自己心意的时候常会很矛盾，不知是否应将自己的意思表达出来。很多人容易将坦率直言跟人身攻击混为一谈，这可能是缺少适当的沟通技巧的原因。

莫莉是某家餐点供应公司的顾客公关部经理。她发觉自己手下的一名爱将大伟最近在工作上频频出错，结果惹恼了好几个老客户。

莫莉当然明白每个人都难免会有所过失，不过大伟的表现也实在太离谱了，让她难以继续坐视。她原本想把大伟直接叫进办公室里狠狠地臭骂一顿，但随即打消了这个主意。她知道这样做不可能解决问题。于是在收集了许多相关的“罪证”之后，她就在办公室里约谈大伟。

“大伟，你知道我一向很赏识你在办事上的精确明快作风，不过最近你这块金字招牌似乎已经摇摇欲坠了。到底怎么啦？”

“没怎样呀，”大伟很不服气地顶了回去，“人非圣贤，孰能无过？”

“这点我当然晓得，但是这回你在工作上的迷糊程度早已超过了可以容许的范围。你可知道自己在最近3周内一共犯了几起严重的失误？14件！其他小的我就不提了。资料都在这里，不服气的话可以自己看看。”

“不是要给你难堪，只是这根本一点都不像是你的作风，让我很纳闷，怀疑是不是我自己看花了眼？”莫莉心平气和地说，“既然你在部门内算是个识途老马，应该很清楚摆了这么多乌龙的后遗症是什么？”

“我想你说得更明白一点。”

“听清楚啦，已经有6个老主顾打电话来痛骂，其中还有2个甚至一状就告到大老板那里！这下子可好了，他要我打份报告上去，跟他好好解释一下。你要我怎么写？”莫莉的神情依然是十分镇定，“告诉我，你到底是怎么啦？”

现场随即陷入一片死沉之中。大伟面色凝重，不发一言。莫莉也不逼他，耐心地等候他打破沉默。最后他终于冒出了一句：“我觉得很烦！”

莫莉想确信她没有误解对方的意思：“很烦？”

“是呀，同样的工作做两年了，能不烦吗？而且似乎也没有什么升迁机会。唉，真的是前途茫茫。”

莫莉小心地说：“因此你才会觉得很泄气？”

“当然。老实说，我一直很想换换口味，做点比较有意思的工作。不然照现在这个样子下去，即使混到头发白了也还是个小职员。没意思。”

“换句话说，你希望在工作上能多学一点，让你日后能有出头的一天？”

“可以这么说。我始终觉得自己的才能被埋没了，没有机会发挥出来。”

“好，那你希望我们怎么帮你？”

“如果可以的话，想请你把一些工作授权给我处理，教教我。”

“我是没问题，可是怕你会忙不过来。”

“这你请放心。既然你都说没问题了，我怎么会有问题？我平常都还闲得发慌，巴不得你再吩咐一些事情给我做。”

“这么说来，只要我把手边的一些工作交给你，教你怎么去处理，那你就会觉得比较快活些，比较有成就感，是吗？”

“对对对，就是这样子。”

“那好吧，你在本周四的上午10点再来找我谈谈。我会利用这几天把手边的工作检查一下，看看有哪些你可能会比较有兴趣。我很高兴你能对我这么坦白，让我顺利地把这个难题给解决了。相信这对你也是个‘利多’的消息。不是吗？”

检讨起来，大伟之所以会有这种损人不利己的反常行为，莫莉也是难辞其咎，因为她一直忽略了大伟的需求，逼得他不得不以激烈的“自力救济”行动来获得主管的关切。这是主管们该引以为戒的。

在批评、纠正下属的不当行为时上司难免要批评下属，但上司在批评下属时也要学会“增值批评”。

一是树立领导的威信。做下属的最讨厌那种喜欢训人、但对任何事情又没有主意的领导。领导的威信不是通过大嗓门的训斥吼出来的，而是要靠比别人高出一筹的处理问题能力赢得的。

二是改进下属的工作方法。经理们批评下属的目的是为了促其改进工作方法，以后不再犯类似错误。所以，在批评时，要和犯错者一起分析这件事情为什么错，错在哪里，这样做可能造成什么样的后果。要让人家挨骂挨得明白，而不是被骂过之后，还稀里糊涂地不知自己错在哪里。否则，这个人下一次可能会重蹈覆辙，甚至可能会因此造成情绪上的障碍，不合作或者捅出更大的娄子。

三是培养下属好的思维方式。经理要做的并不只是去纠正下属一时一事上的错误，而是要着力去培养下属一种好的思维方式。解决某一个问题的具体办法也许并不重要，更重要的是一种解决问题的思路。要让下属从批评中学到东西，每挨一次批评，都要有所长进，这就是我们所说的“增值批评”。

四是上司批评技巧的提高。要做到每一次的批评都能“增值”，上司就必须不断地学习进步，否则若你的水平还不如下属高，你的批评就很难让对方服气，“增值”就更无从谈起了。

五是学会用沟通的方式解决问题。大多数的错误不是由下属主观引起的，可能是多种因素的综合结果。当上司在批评下属时，要尽量以沟通的姿态和下属探讨分析错误的前因后果，同时也要认真地反省自己应该承担的责任。

领导不应怕员工犯错误，但是在员工犯错误的时候要及时地指出来并纠正错误。纠正错误时要讲究方式和方法，既要让员工认识到产生错误的原因，确保不会再犯，又不能打击员工的工作积极性。

第五章
职场口才——为梦想制造生产力

口才是达成目标的阶梯，是实现成功的关键。求职，口才是敲门砖、引玉石。当今社会，能言善辩、口才卓越的人越来越显示出一种独特的优势。任何人都想拥有口吐莲花、滔滔不绝、妙语连珠、震撼心灵的卓越口才，都想借助口才来传播主张和彰显魅力，那么职场中人如何练就和拥有一副好口才呢？

1 面试时谨慎作答要随机应变

很多人在去新公司面试前都会紧张，即便是有多年工作经验的人，在面试的时候面对会议桌前一排的公司领导及考官，有时也会多少有些紧张的。因此面试前的准备和面试中的随机应变都是非常重要的。

面试考官有时要考查应试者能否随着情况的变化掌握时机，具有灵活应付的多变能力。当你进入面试考场之后，如遇考官们都不发问，而是面带微笑地看着你，使你不知所措，心里紧张。

这时候，你可“主动出击”以改变这种被动局面。你可以先作自我介绍，并逐渐把重点转移到自己所精通的专业知识上，甚至可以向考官们提出一些问题，以显得自己是位谈吐清楚、头脑灵活、反应敏捷、能够随机应变的人。

阿华和阿莉同时应聘某公司销售助理一职。在这之前，她们都做到了“胸有成竹”。可是在面试过程中，阿华就是因为缺少起码的应变能力而使自己痛失一次机会。

当时人事小姐先叫阿华到经理室面试，阿华在经理示意让其坐下以后，心里便盘算着如何来回答经理的提问。可是，经理并没有像阿华想象的那样急于提问，而是面带微笑地看着她，阿华不知道这位经理的葫芦里卖的是什么药，便显得不知所措，不免紧张起来，也不敢正视这位经理。最后还是这位经理打破了僵局，按照惯例向阿华提出了几个简单的问题，便叫她出去等候通知。

轮到阿莉面试了，经理同样面带微笑不主动提问。阿莉见状“主动出击”，改变被动局面。她首先介绍了自己的基本情况，逐渐把重点转移到自己精通的专业知识上。在交谈中，这位经理不断地穿插一些销售方面的问题……面试的气氛一下子变得轻松自然起来。这位经理给阿莉的评语是：谈吐清楚、头脑灵活、反应敏捷，还在后面打了个“+”号。阿莉顺利过关了。

此外，面试时应谨慎选择话题，对你以前就职的公司的机密资料要保密，这也是一个人的人品问题。如果你为了讨好面试官而向他透露前雇主的机密，这家公司一定会认为你是不值得信任的，同样也就不敢录用你了。

不要谈有关政治和宗教话题。除非考官专门问你这类话题，你可以做最简短的回答，否则尽量不要提及这类话题。每个人对于政治和宗教的观点都有所不同，甚至有个人喜好和忌讳，你一不小心说多了，印象就会大打折扣，职场里不允许性别和种族歧视的存在。也不要大谈特谈你的偶像，你最喜欢的也有可能是面试官最讨厌的。

随机应便是求职者应具备的能力，更重要的是要意识到招聘人员和你是平等的，你们在进行双向选择，所以无须紧张。如果你提前做好功课，准备得充分，那么你就会有七八成的把握来通过面试。

2 招聘者易提出的 10 个问题

企业为什么要面试？这是企业了解应聘者对工作的态度以及身在社会中一些必备常识的最好方法。所以在实际招聘面谈中，企业人力资源招聘人员经常会提问以下问题：

第一，以往工作中您的职责是什么？

在回答这个问题时，如果描述不清，即使有相关工作经验，其系统性全面性也值得怀疑。

第二，请讲一下您以往的工作经历。

这个问题是考查应聘者的语言组织及表达能力，以及描述的条理化。

第三，您认为自己过去工作中最值得骄傲的一件事是什么？

问这样的问题，主考官绝不是为了让你彰显自己过去的辉煌成绩，而是在调查你的思维模式和心理特征。如果你如数家珍地将自己过去的成绩一一罗列开来，只能给人一种骄傲自满或好大喜功的印象。比较好的回答如“在大家的帮助下，我曾经带领大家……”，这样的回答既显示了自己积极主动、团结协作、勇于进取的一面，同时又表明自己尊重别人的劳动，显得客观、公正。

第四，您选择这份工作的动机是什么？

这个问题是想知道面试者对这份工作的热忱及理解度，并筛选因一时兴起而来应聘的人。如果是无经验者，可以强调“就算职种不同，也希望有机会发挥之前的经验”。

第五，您对我们公司了解有多少？

主考官是希望求职者对所申请的工作有真正的了解，而不仅仅是慕名而来。比较好的回答如“贵公司有意改变策略，加强与国外大厂的 OEM 合作，自有品牌的部分则透过海外经销商”。

第六，请谈谈您个人的最大特色。

对于这个问题，最能和工作结合，能够与工作表现相结合的优点、特质才是面谈者比较感兴趣的回答。如“我的坚持度很高，事情没有做到一个令人满意的结果，绝不罢手”。

第七，您认为这份工作最重要的是什么？

在回答这个问题时，叙述工作特性的同时也要加上自己的看法，如果是有工作经验的人，最好说明自己的基本心态。

第八，您认为这个业界的现况怎样？

在回答这个问题时，没必要陈述独创的见解，能传递正确意见便已经足够。如果是异业转行，就不光只是阐述市场的动向，要加上自己的见解才好。

第九，您找工作时，最重要的考虑因素是什么？

公司要找工作表现好、能够真正有贡献的人，而非纯粹慕名、求利而来的人。因此像“工作的性质是否能让我发挥所长，并不断成长”这类回答就比较好。

第十，您何时能来上班？

一般情况下，听到这类问题时，很多人都会沾沾自喜地认为自己已经被录用了，事实上对方很可能是在考查你的责任心。通常一个人想离职，必须要将手中的工作交接完毕后才能离开的。

因为这里肯定会有许多客户关系、办公用品上缴、财务报销、同事关照、保险手续等多方面的业务交接，而所有这些都需耗时日的，你若是急不可耐地说马上或随时可以上班，则会被认为是缺乏责任感，有可能会使主考官因对你的不信任而失去机会。

因此你可以这样回答："我会尽快做好原单位的交接工作，按时前来报到的。"或是"我原工作的交接手续已经办好了，可以随时听候您的安排。"

一些精明的主考官在面试时喜欢故意给应聘者设下圈套，以声东击西的方式从应聘者的回答来判断他的性情、胸怀、为人处世的原则等方面的信息，最后决定录取与否。因此，对于一个应聘者来说，能否清楚地掌握主考官的言外之意，并用巧妙地回答拉近与主考官的距离，赢得最后的胜利便显得尤为重要。

3 面试时别说这些话

语言是求职者在求职面试中与招聘人员沟通情况、交流思想感情的工具，更是求职者敞开心扉、展示自己的知识、智慧、能力和气质的一条主要渠道。恰当得体的语言无疑会增强你的竞争力，帮助你获得成功，而不恰当不得体的语言就会损害你的形象，削弱你的竞争力，甚至导致求职面试的失败。那么，在求职面试中通常有哪些影响自己成功的忌语呢?

第一，缺乏自信的问语。

"你们要几个？"这种问法显得求职者信心不足。对用人单位来讲，招一个是招，招十个也是招，问题不在于招几个，而是你有没有成为百分之一或独一无二的竞争实力。

第二,一上来就问待遇。

"你们的待遇怎么样？"这样的问话很可能招致如下回答："工作还没干就先提条件了，何况我们还没说要不要你呢！"谈论报酬，无可厚非，只是要看时机，一般是在双方已有初步意向时才委婉地提出。

第三，报熟人、拉近乎的"套语"。

如："我认识你们单位 ×××"，"××× 经理和我是同学，我们关系很不错"，等等。这种话主考官听了会反感，如果主考官与你所说的那个人以往关系就不怎么好，甚至有矛盾，那么，这种套关系的话语引出的结果就会更糟。

第四，慷慨陈词，却举不出例子

应试者大谈个人成就、特长、技能时，聪明的面试官一旦反问："能举一两个例子吗"？应试者便无言应对。而面试官恰恰认为：事实胜于雄辩。在面试中，应试者要想以其所谓的沟通能力、解决问题的能力、团队合作能力，领导能力等取信于人，唯有举例。

第五，缺乏积极态势

面试官常常会提出或触及一些让应试者难为情的事情。很多人对此面红耳赤，或躲躲闪闪，或撒谎敷衍，而不是诚实地回答、正面地解释。比方说面试官问：您为什么5年中换了3次工作？有人可能就会大谈工作如何困难，上级不支持等，而不是告诉面试官：虽然工作很艰难，自己却因此学到了很多，也成熟了很多。

第六，不切实际的"洋话"。

一家企业招聘一名仓储经理，面试时这个求职者在回答问题时不断地夹杂一些英语单词，由于主持面试的企业部门经理英语不甚精通，中介人员在旁边看了很是着急，便悄悄地提醒他："请直接用中文陈述。"但这位求职者全然不予理会，继续慷慨陈词。面试结束后，中介人员问部门经理："感觉怎么样？""不怎么样！"这位经理无奈地苦笑着说。这种"洋泾浜"式的语言显然也是不受欢迎的。

第七，不恰当的反问语。

如：主考官问："关于薪金你的期望值是多少？"应聘者反问："你们打算出多少？"这样反问有点像在市场上买东西讨价还价，显得很不礼貌，容易引起主考官的不快，进而影响你的应聘结果。

第八，不知如何收场。

很多求职应试者面试结束时，因成功的兴奋，或因失败的恐惧，会语无伦次，手足无措。其实，面试结束时，作为应试者，你不妨表达您对应聘职位的理解；充满热情地告诉面试者您对此职位感兴趣，并询问下一步是什么；面带微笑的谢谢面试官的接待及对您的考虑。

4 突出自我而形象鲜明

个人自我介绍是面试实战非常关键的一步，因为众所周知的“前因效应”的影响，你这 2~3 分钟见面前的自我介绍将在很大程度上决定你在各位考官心里的形象。这份介绍将是你所有工作成绩与为人处世的总结，也是你接下来面试的基调，考官将基于你的材料与介绍进行提问。

自我介绍一般可以说下列情况：

自己的简单情况，比如姓名，年龄，毕业院校，专业，兴趣爱好、性格特点等；

表现自己与别人不同的地方，重点在于介绍自己的优点与长处，有什么特长，当然介绍一些自己的缺点与短处也是必要的，以表现客观性，还可以说说工作模式、技能，突出成就、专业知识、学术背景等；

自己的家庭情况，主要家庭成员；

再谈一些应聘这个职位的想法和规划，对这个职位的理解，以及自己具备一些什么样的条件来做好这份工作。

最后当然是说：我希望得到这份工作，我一定会尽自己所能为企业的发展起到作用等一类的话。

自我介绍是很好的表现机会，应把握以下几个要点：

首先，要突出个人的优点和特长，并要有相当的可信度。特别是具有实际管理经验的要突出自己在管理方面的优势，最好是通过自己做过什么项目这样的方式来验证一下；

其次，要展示个性，使个人形象鲜明，可以适当引用别人的言论，如老师、朋友等的评论来支持自己的描述；

第三，不可夸张，坚持以事实说话，少用虚词、感叹词之类；最后，要符合常规，介绍的内容和层次应合理、有序地展开。

最后，要符合逻辑，介绍时应层次分明、重点突出，使自己的优势很自然地逐步显露，不要一上来就急于罗列自己的优点。必须知道你能带给公司什么好处。当然不能空口讲白话，要有事实加以证明。最理想就是能够“展示”过去的成就，例如你曾为以往的公司设计网页，并得过奖项或赞扬，但这些例子都必须与现在公司的业务性质有关。

张小姐和杨小姐都是刚毕业的学生，学的都是英语专业，学习成绩都很突出，二人同时应聘一家独资公司的高级秘书职位。人事经理看了简历以后，难以取舍。于是通知两人面试，考官让她们分别做一个自我介绍。

张小姐说：“我今年 22 岁，刚从某大学毕业，所学专业是英语。浙江人。父母均是高级工程师。我爱好音乐和旅游。我性格开朗，做事一丝不苟。很希望到贵公司工作。”

杨小姐介绍说：“关于我的情况简历上都介绍得比较详细了。在这我强调两点：我的英语口语不错，曾利用假期在旅行社做过导游，带过欧美团。再者，我的文笔较好，曾在报刊上发表过 6 篇文章。如果您有兴趣可以过目。”最后，人事经理录用了杨小姐。

当应聘到外企或其他用人单位时，求职者往往最先被问及的问题就是“请先介绍介绍你自己”。这个问题看似简单，但求职者一定要慎重对待，它是你突出优势和特长，展现综合素质的好机会。回答得好，会给人留下良好的第一印象。

自我介绍要用事实说话，切忌使用含糊的字眼，要知道主考老师都是有很强的辨别能力的，比如：你的第一学位学校在很大程度上反映你学习新知识的能力，你在很短的时间内被提拔为部门经理在很大程度上反映你工作方面的能力。所以在写自我介绍时候要用个人的经历来证明自己的品质和能力！

作为考官都有很强的鉴别能力，对你面试中的表现出的不严密的地方，能够很快感觉到，从而进一步提问，很多考生就乱了阵脚。漏洞更多。其实自我介绍对突出业绩的介绍要精炼，要点到为止，必要的时候要为主考官设置一些案例伏笔，引起主考官对你进行提问，然后你才将早已准备的内容娓娓道来。

自我介绍要反复模拟练习，并找不同背景的同学提出修改意见，在陈述时，不能让人感觉在背纸稿，而应该是与朋友交流，语气中肯又不失激情。最好是多参加一些团队的模拟面试，或者多到网上投些简历，直接参加一些公司的面试。

5 以奇制胜而独具一格

在校园里踌躇满志，在考场上壮志凌云，在人才会上却落得个垂头丧气，多么鲜明而又令人难以接受的对比。那么，怎样才能在应聘中独占鳌头呢？别忘了这四个字——出奇制胜。

刚大学毕业那年，小红和同学小兰、小薇在市区合租了一套房子，开始在人才市场游来游去地寻找工作。找工作无非就是竞争，同一个岗位用了你就不可能再用他。非常不幸的是，这样的竞争悄悄降临到了她们三个身上。

这天，小兰一回来，就兴奋地宣布："我发现了一个好职位，并且投了简历，通知我下月16日上午九点三十分前去面试……"小薇不咸不淡地问："是位于北郊的那家食品公司吧？"小兰愕然地说："你怎么知道的？"没等小薇回答，小红抢先补充道："是应聘常驻深圳地区的食品销售调查员是吧？月薪5000元，没错吧？我和小薇也投了简历……"

月薪5000元对她们三个是很有诱惑力的，再加上她们都是学食品加工与销售专业的，从事食品销售调查员这个职位比较对口，所以她们三个约定：谁也不要轻言放弃，来一番公平竞争，看看谁能够最终胜出！

离面试还有将近一个月的时间，大家暗暗憋足了劲，开始全面准备。小红熬了几个通宵，终于搞出了一份自我感觉十分完美的销售调查方案。而小薇每天坚持去美容中心做美体修形，使自己变得更加美丽、性感，看来她要打青春牌，以自己的美貌冲击主考官的视觉。而小兰呢，好像会遁形术一样，一声不响地在我们眼前消失了20多天，最后又笑嘻嘻地出现在我们面前，大家一起参加了食品公司的面试。

面试结果很快公布了：小兰从100多位应聘者中脱颖而出，成为该公司常驻深圳地区的食品销售调查员。小红和小薇不明白自己与小兰的差距在哪里，去和主考官交流时主考官微笑着解释说："其实你们和小兰所掌握的专业知识都是不相上下的，不同的是，在诸多的应聘者当中，只有小兰能听懂我所说的一些客家话。你们可能不知道，掌握一些地方语言，对搞好食品销售调查工作是多么的重要……"

她们这才恍然大悟：小兰消失的那些日子原来是到深圳学习讲客家话去了!

现在面试中要求应聘者回答的问题都不完全是简简单单的、也没有你事先可以背好答案的问题，都有或多或少的偏题、怪题。要求人临场发挥、测试你的机智敏锐。那么，如何对付它们?

第一，要镇定自若，树立信心。如果遇见一两个难题就慌了手脚，结结巴巴，那肯定会给人留下不好的印象。须知，有的怪问，提问者心里未必就有标准答案，你不妨认为他们心中无数，他们很想听听你的见解。不妨把提问者当成"学生"，这种心理状态对稳定情绪起很大作用。当然，绝不能忘记自己的身份，更不能出口张狂，大放厥词。

第二，巧取角度，以奇制胜。在回答问题时不要受问题的约束，要拓宽思维领域，多层次、多角度琢磨。这就要求平时多看看有关书籍，生活中多独立思考，也许你并不一定会碰到现成答案，但对活跃思维、锻炼即席答辩能力很有好处。

第三，提出问题后，你可能一下子答不上来，为了避免冷场，可以一边说些"废话"。比如，"这个问题很有意思，涉及哲学领域，我想可以这样回答……"但"废话"不可多，不能乱绕圈子，更不可离题万里。一旦捕捉到答案，就要力求简明扼要地说出来。

第四，有些问题你可能一片茫然，不知怎么回答，这时千万不可惊惶失措，能答多少就答多少。回答几句总比"一问三不知"要好。但不可答非所问。实在不行，就下一个大的包围圈。我们常常看到政府发言人面对记者凌厉的提问，遇到无法明确表态的问题就用模糊语言来回答，这种方式在应聘中不得已可用之。

在应聘前充分了解用人单位对人才的个性需求，绝不是无足轻重的功课。

6 柔中有刚而不卑不亢

求职者大都懂得“推销自己”的重要。的确，求职应聘要敢于、善于推销自己，这无疑可加强成功的筹码。但请注意：推销要注意方式方法，尤其是要把握火候、分寸。

求职时，要掌握谈话技巧，表现要充满自信，不卑不亢。介绍自己时要恰如其分，过于谦卑，无疑自贬身价，显得平庸无能。过分地夸耀，等于狂妄自大，给人以轻佻狂妄的印象，只会导致应聘面试的失败。

某招聘现场，A、F、小D三位求职者已进入最后的面试阶段，应聘电脑公司销售经理之职。考官问A：你的专业成绩如何？A答：专业成绩在班上前十名内，实际操作能力在前十名之后。“哦……”考官露出了失望的神态；轮到F，不等考官发问，F就抢着说自己的成绩如何，如何好。

考官面呈不悦：“你哪方面较有优势？”“我各方面都行，适合做任何工作。”F不假思索脱口而出。考官“嘿嘿”笑了两声，便结束了问话。最后轮到小D，他显得自信、轻松、落落大方：“我的表现及成绩，各位考官看我的求职材料自然一清二楚。不过，我认为，勤跑动等素质很重要，光有书本知识是不够的。再者，我的长处就是对‘营销’有浓厚的兴趣。恳请给本人一个机会。”结果自然是小D成功了。

在求职过程中要诚恳、谦恭，不卑不亢，具体如下：

一、应聘时，要先敲门，关门后鞠躬、问好，然后走到位置前，待主考官讲“请坐”后道谢坐下。环视主考官，微笑。

二、介绍个人基本情况：姓名、年龄、受教育程度、特长、工作经历等，切忌博取同情心、谈论个人感受等。

三、回答问题时勿以“我”为中心，过于“自我”表现；观点不同时，语气要平和，可发表不同观点，但切忌争论；语言表达要简明、扼要，避免重复、唠叨、游离主题。

四、最好不要单刀直入地询问关于薪资的问题。可委婉地说，如："请问，贵公司的薪金制度与其他公司有何不同呢？"当主考官询问你的薪金要求时，可模糊回答。

五、面试结束，要首先感谢主考官及公司给自己机会，把椅子放回原处，关门前鞠躬，再次表示感谢。随手关门。

六、应聘后可写信致谢（有提醒对方的作用），一般在应聘后 2—3 天发出。内容包括：致谢、应聘的时间和经过、对工作的信心、期待机会等。简短地表明自己的兴趣及对工作的信心。

用人单位和应聘者的双向选择，是一个应聘的过程。"求"是申请，而非"哀求""请求"。求职者要做好自我定位，以自己的专业知识、能力与才华打动面试官，赢得岗位。

7 艺术巨匠的"竞争"

人为谋生故，多陷职场，每天面临着各种各样的机会，譬如晋升，加薪或者分房，等等，在这些名利诱惑下，出现竞争就是不可避免的。如何正确认识竞争，对待竞争，是处理好同事关系的关键。同事之间的竞争要以共同提高、互勉共进为目的，坦然面对输赢，若是认为天下之利皆应有我，那便只会自寻烦恼。

在中国的处世哲学中，中庸之道被奉为经典之道，中庸之道的精华之处就是以和为贵。同事作为你工作中的伙伴，难免有利益上的或其他方面的冲突，处理这些矛盾的时候，你第一个想到的解决方法应该是和解。

毕竟，同处一个屋檐下，抬头不见低头见，如果让任何一个人破坏了你的心情，说不定将来吃亏的是你，而不是别人。与同事和睦相处，在上司眼中，你的分量将会又上一个台阶，因为人际关系的和谐处理不仅仅是一种生存的需要，更是工作上、生活上的需要。

解放前，程砚秋先生曾拜梅兰芳先生为师。那时候，程砚秋尚未成名。

为了让程砚秋得到更多的学习机会，梅兰芳与砚秋同时在沪演出，梅兰芳在中国戏院，程砚秋在天蟾舞台。为了提高程的声价，梅兰芳采取了如下办法：一是每天都主动询问清楚程砚秋当晚演什么节目，若发现对方安排的节目与自己的相同，就主动更改，绝不与程的重复，以免影响程的观众数目；二是演出票价上也订得尽量不超过程砚秋，以此标明程的价值和地位。

一段时间，每晚上海的这两个戏院内外都是人山人海，灯火通明，观众们既为两位艺术巨匠友好的“竞争”鼓掌，也为梅兰芳高尚的师德和戏德喝彩。

和同事相处是一件容易的事。和谐的同事关系让你和你周围同事的工作和生活都变得更简单，更有效率。平时不妨和你周围的同事谈谈你们共同的工作志向，一来可以让自己了解自己的工作职责，另外还可以得知你周围的人是怎样看待你的工作的。

清楚自己的权限职责，并懂得如何朝着目标迈进，这种良性循环，会在公司内部形成一种合谐的气氛并能培养一支高素质的团队。在同事们都有共同的目标的前提下，同事之间出现的问题往往都担心影响工作而很快解决了。如果出现的问题让大家的合作都有些困难，那么你就应该以最有效的方式，尽快解决它，使你手头上的工作不受到影响。

争强好胜之心，人皆有之，难得的是摆正对待输赢的心态，胜者固然可喜，败者也无须垂头丧气，从竞争中找出差距与不足，从而在下次竞争中力争取胜才是正途。何况，俗话说得好：“退就是进，让即是得”，只有时刻保持一份宽容谦和之心的人，在同事间建立起的友谊才是无比醇厚和牢固的。

8 对领导说话好听的方法

远行之人，前有高山挡路、石头绊脚，自然会想办法绕过去，或动脑筋另辟蹊径。这种做法应用在人情世故里，便是绕着圈子达到目标。换个说法就是不走直线走曲线。

有些话不能直言，便得拐弯抹角地去讲；有些人不易接近，就少不了逢山开道、遇水搭桥；搞不清对方葫芦里卖的什么药，就要投石问路、摸清底细；有时候为了使对方减轻敌意，放松警惕，我们便绕弯子、兜圈子，甚至用”王顾左右而言他”的迂回战术，将其套牢。

与领导在一起，要注意把别人对你的赞扬引到你的领导身上，当然同非领导在一起，我们也有这么做的必要性，以彰显我们的胸怀。可以间接传达第三者的赞赏，这样不但能避免尴尬，而且会得到这双方的好感，一个典型的例子就是：王总，这次去山东他们刘主任对你的评价特别高……

如果把对领导的称赞仅仅限于工作，在领导和同事看来都有动机不纯的嫌疑。寓称赞于工作之外，就领导的爱好、兴趣、特长等方面进行称赞也就避开了这种麻烦。并且在闲谈闲扯中，可以交流思想，增加沟通，增进与领导的感情联系。

乾隆皇帝就是个生性好玩的人，喜欢在处理政事之余品茶、论诗、题字。有一天，宰相张廷玉筋疲力竭地回到家刚想休息，乾隆忽然来造访，张廷玉感到是莫大的荣幸，称赞乾隆道：“臣在先帝爷手里办了十三年差，从没有这个例，哪有皇上来看下臣的！真是折煞老臣了！”张廷玉深知乾隆好茶，命令把家里的陈年雪水挖出来煎茶给乾隆品尝。乾隆很高兴地招呼跟随来的人坐下，“今儿个我们都是客，不要拘君臣之礼。坐而论道品茗，不亦乐乎？”

水开后，乾隆亲自给各位泡茶，还讲了一番茶经，张廷玉听后由衷地佩服：“我哪里省得这些，只知道吃茶可以解渴提神。一样的水和茶，我从没闻过这样的香味。”李卫也乘机称赞道：“皇上圣学渊源，真叫人瞠目结舌，吃一口茶也竟然有这么多学问？！”

乾隆听后心花怒放，谈兴大发，从“茶乃水中君子、酒乃水中小人”开始论起“宽猛之道”，真是妙语连珠、滔滔不绝，众臣洗耳恭听。乾隆的话刚结束，张廷玉赞道：“下臣在上书房办差几十年，两次丁忧都是夺情。只要不病，与圣祖、先帝算是朝夕相伴。午夜扪心，凭天良说话，私心里常也有圣祖宽、世宗严，一朝天子一朝臣这个想头。只我为臣子的，尽忠尽职而已。对陛下的旨意，尽力往好处办，以为这就是贤能宰相。今儿个皇上这番宏论，从孔孟仁恕之道发端，譬讲三朝政纲，虽只是三个字‘趋中庸’，却发聋振聩令人心目一开。皇上圣学，真是到了登峰造极地步。”其他人也都随声附和，乾隆大大满足了一把。

上面这个例子很好地反映了寓赞美于闲谈之中的技巧，乾隆手下的这些大臣不失时机地赞扬了乾隆的“茶道”和“宏论”，这些人之所以成为乾隆信任的重臣，很重要的一点就是平常与乾隆接触多、交流多，逐步培养起感情和信任。这里有很多东西值得借鉴。

第一，要多与领导聊天闲谈，多与领导在工作之外接触，主动创造机会，增加沟通，加深感情。比如利用业余时间与领导下棋、打乒乓球、打扑克等，接触得多自然就熟悉了，为称赞领导搜集好的材料。

第二，要尊重领导的爱好和兴趣。正当爱好是领导有修养的表现。乾隆喜欢品茶、作诗、题字，是个多才多艺的人，张廷玉等大臣对乾隆的这些爱好恭维备至。

第三，可以在娱乐中交流工作。单纯以会议的形式谈工作未免太粗糙，有的领导喜欢在与下属的娱乐中敞开思想，大谈工作思路。此时下属要耐心地听，并要表现出极大的兴趣，对一些好的计划和想法给予称赞和肯定。

乾隆也是喜欢在娱乐中论道的人，张廷玉等人也习惯了，能够抓住这个规律来称赞乾隆。有些不明智的人在娱乐时常常嘲笑领导谈工作、谈自己的思想，这就不利于了解对方，不利于把握领导的脉搏，实在是不可取。

赞美领导是对领导的认可、支持和褒扬，是下属与上司搞好关系的“润滑剂”。没有不喜欢听赞美的领导。如果大家都众口一词地批评一个领导而没有赞扬他、支持他的声音，那么这个领导肯定就不称职，工作搞不好，人际关系也不好。领导是球队“队长”，需要大家的鼓励和喝彩。

9 对上司劝谏批评要多用启发式语言

直言强谏虽然是忠心耿耿，却容易伤害上司的自尊心；如果能做到既劝谏有效，又无损上司的尊严，那就需要费一番心力了。

上司在看待和处理问题时，出于种种原因，有时也会有不当之举，容易导致工作的失误或者因小失大危及全局。此时，正是下属表忠心、献良策、取得上司信任的最佳时机。作为下属，这一良机万万不可错过，因为此时寥寥数语就可能使上司迷途知返，并将你视为忠臣知己，而会对你赏识有加。

那么如何才能有效说服上司呢？一是要站在上司的立场上讲话，设身处地为上司着想，使他能理解你的诚意和善意，从而感到你是和他一条战线上的，在情感上获得共鸣，使你的说服变得易于被接受。

并且要多陈述事实材料，用令人信服的确凿事实让上司做出新的判断。二要顾及上司的"面子"，注意维护其尊严，把握好说话的分寸，不宜公开和他进行辩论，不要逼他当场表态、认错，使其自尊心受到挑战，那样会使上司更加固执。三要找准说话的时机。人们心境不同，对意见的接受程度也不同。一般要选择上司心境佳时说服，如一项工作完满结束时，取得成绩受到表扬时等，这时哪怕较尖锐的意见，上司也易于接纳。

春秋时候，齐景公放荡无度，喜欢玩鸟打猎，并派专人烛邹来专管看鸟。可是烛邹有一天却不小心让鸟全飞了，齐景公大怒，要下令斩杀烛邹。烛邹看鸟失职，虽然有罪，但罪不当诛。同时，若处死烛邹，也会大大有损齐景公的形象。见此情景，大臣们束手无策，因为这时若强劝，势必会更加激怒齐景公。大臣晏子听说了这件事，急急忙忙赶到宫中。他看到齐景公正在气头上，怒不可遏，便请求齐景公允许他在众人之前尽数烛邹的罪状，好让烛邹死个明白，以服众人之心。齐景公答应了。

于是，晏子便对烛邹怒目而视，大声地斥道："烛邹，你为君王管鸟，却失职丢鸟，这是你第一大罪状；你使君王为了几只鸟儿而杀人，这是你第二大罪状；你使诸侯听了这件事，责备大王重鸟轻人，这是第三大罪状。以此三罪你是死有余辜。"说罢，晏子请求景公把烛邹杀掉。此时，景公早已听明白了其中的意思，心情平和下来，转怒为愧，挥手说："不杀！不杀！我已明白你的意思了。"

此后，齐景公对晏子更加敬重和依赖了。

在向上司提建议时，要选择适当的时机，这里主要照顾到你的上司的心情。记住你的上司也是个平常人，当他公务缠身、心情郁闷时，即使你的建议再好，再具建设性，他也不会听进去。其次，你在与上司谈话时应密切注意对方的反应，你可以从他的面部表情及身体语言所传达的信息，来迅速判断他是否接受了你的观点，并根据当时的话题适当地举例说明，使你的建议更具有说服力。

最后，你必须注意说话的态度，要从言语上表现出对上司的恭敬。在对上司劝谏时用迂回的方法就能很容易地使你摆脱其中的各种利害关系，淡化矛盾或转移焦点，从而减少上司对你的敌意。在心绪正常的情况下，理智占了上风，他自然会认真地考虑你的意见，不至于先入为主地将你的意见一下子拒绝。当然，你的心思也不会白费的。

10 如何面对上级的批评

古人云：“人非圣贤，孰能无过？”任何人都有可能犯错误，自觉或不自觉的。当我们初涉社会时作为下级人员，工作中出现了差错而被上级领导批评，是经常发生的事情。虽然良药苦口利于病，忠言逆耳利于行，但多数人是很难以积极的态度对待批评的。可以说，闻过则喜者少。喜表扬，恶批评，是一种普遍存在的心理现象。

受到上级批评时最需要表现出诚恳的态度，从批评中确实接受了什么，学到了什么。最让上级恼火的，就是他的话被你当成了“耳旁风”。如果你对批评置若罔闻，我行我素，这种效果也许比当面顶撞更糟，因为你的眼里没有领导。

批评有批评的道理，错误的批评也有其可接受的出发点。更何况，受批评才能了解上级，接受批评才能体现对上级的尊重。所以，批评的对与错本身有什么关系呢？比如说错误的批评吧，你处理得好，反而会变成有利因素。

可是，如果你不服气，发牢骚，那么你这种做法产生的负效应，足以使你和领导的感情拉大距离，关系恶化。当领导认为你“批评不起”、“批评不得”时，也就产生了相伴随的印象——认为你“用不起”“提拔不得”。

受到上级批评时，一定要谨慎地使用“解释”。面对上级的错误批评，应该如何解释呢？

（1）要事后解释，不要当面解释。

上级的批评是在一定的时间、地点条件下做出的，上级之所以会做出错误的批评，往往是主、客观两面的原因。比如说，他并不了解事情的全过程，听信了别人的误传，等等。而且，处在上级的位置，一般是不会对人或事轻易地做出批评的，一旦对某人进行批评，那往往是他自认为有一定道理。

同时，上级的批评也会伴随着严肃的面孔、严厉的言词，甚至大声的训斥。碰到这种情况，确实也不是每一个下级都能够承受的。但是，为了保持良好的上下级关系，考虑到今后的工作，下级应该忍耐和克制，不要一触即跳，给上级“火上浇油”。

即使受了很大的委屈，也不要当面顶撞，可以在事后一个适当的时候心平气和地向上级说明原委。这种事后解释的好处很多，既可维护上级的威信，又表现了你良好的修养；既维系了上下级之间的正常关系，又增加了上级对你的信赖和爱护。一般来说，如果上级事后知道自己批评得不妥，也会在内心主动地做自我批评。如果你当面顶回去，就不可能收到这样好的效果。

（2）要间接解释，不要直接解释。

一般说来，间接解释比直接解释好。间接解释是指通过第三者或者通过电话、文字材料等中间媒介进行的解释。无论采用哪种方式，都要使上级觉得真诚可信。在你受到很大委屈，往往自己又不便说时，采用间接解释的方式效果会更好。

（3）要“有选择”地解释，不要“面面俱到”。

无论是当面向上级解释，还是通过其他途径向上级解释，都要本着“宜粗不宜细”的原则。也就是人们常说的“点到为止”，切不可纠缠于细枝末节，只要在大的方面解释清楚就行了，切忌喋喋不休地逐个问题逐个细节地给上级解释。

如果你不得要领，不把大的问题解释清楚，反而在枝节问题上滔滔不绝，那么，即使你本来有理，恐怕也难以收到好的效果。所以，在向上级解释前必须认真思索，把事情的来龙去脉理清楚，弄清何以要向上级解释，哪一点或哪几点必须解释清楚，这样才不至于在向上级解释时“东一榔头西一棒子”，什么都想说却又什么都说不清。

（4）要真诚解释，不要宣泄不快。

下级主动向上级做解释，这本身可以看做是“高姿态”，但如果指导思想不正确，说话态度不诚恳，特别是借解释之名宣泄情绪、“秋后算账”，那么，“高姿态”便成了“低水平”，其后果也是可以想象的。

作为下级，对上级任何时候、任何场合下的批评，都要本着有则改之、无则加勉的态度，严格地检查自己的不足和过错。上级工作繁忙、头绪很多，说错话、办错事也是不足为怪的，而当他意识到自己批评错了，下级又能原谅他、体谅他时，无形中就增进了上下级之间的感情和友谊。如果下级有错不认错，或者一味地责怪上级，或者等待上级首先向自己认错，就只能导致上下级关系的紧张了。

职场路上充满机遇与压力！当你承受上级批评时，先别压抑、辩解。精明的领导者不轻易无的放矢，反而是给你机会反思、纠正！是难受、是挫败、是不甘……亦是锻炼你踏上成功舞台的前奏！

11 怎样与老板谈加薪问题

该是和老板要求加薪的时候了。但是，怎么谈呢，希望加多少呢？你当然不能就这么径直走进老板的办公室跟他说我要涨工资，你应该先向公司说明你的能力和价值。比如，你去年的销售业绩，你如何为公司争取到一个关键的客户，等等，要全面介绍自己的业绩和能力，并强调因此你对本部门和公司做出的贡献。

在要求加薪前的自我分析很必要。如果在分析自身的基础上，发现你自身的表现连续一段时间（比如连续半年或者一年）一直很稳定，公司的整体业务也没有问题，而你自己的工资水平确实低于市场水平或者说与自己的工作职责不相符，并且你一直为此而烦心甚至影响了工作热情和工作效率，那这时候你完全可以考虑与老板谈你的加薪问题了。

加薪多少合适呢？这很关键。你需要诚实地为自己估价，不要漫天要价。先做些调查，了解自己的行业和所在位置的工资水平。你可以从报纸、杂志和互联网了解到不少这方面的信息。当然，目前国内这方面的工资调查还有比较大的局限性，许多所谓的薪资调查因为受到了调查方式、地域和行业的限制，可靠性都值得怀疑，仅能作为参考。更可靠的办法是从朋友或熟人那里了解这方面的情况。还有一点就是，如果公司近来的业绩欠佳，你要求加薪的时候就要多考虑一下了。

另外，如果你身处热门专业，人员需求紧张，行情看好，你要求加薪的幅度就可以适当提高，毕竟其他公司也正急需你这样的人才。你可以尝试先提出加薪 5%，半年后再要求增加 5%。如果公司不同意，你应该和老板谈一下，怎样才能加薪，或者是否能以其他方式来补偿，比如奖金、休假、交通费等。

你也可以告诉老板，加薪之后人工成本虽然增加了，但总成本却可以维持不变，因为你们可以加强管理，规范工作规程，把别的地方的成本减少。这种共求双赢的方法是值得鼓励的。

有了想法后，如何提出是很关键的一环。要选择一个恰当的时机与老板沟通，最好不要直接提出加薪多少的要求，要向公司领导说明你的能力和价值。沟通的方式最好采取工作汇报的形式。比如向领导汇报一下去年业绩，强调你对本部门和公司做出的贡献，同时也可以把自己近期想法与老板坦诚沟通，争取老板给予自己客观公正的价值评估。

最后，准备好应对各种情况的措施。要充分考虑提出加薪后，自己有可能遇到的各种被动局面，所以在提出之前最好有几种应急方案，如考虑回家乡发展，跳槽到新的公司等。

如果加薪的要求被拒绝，也不要一蹶不振。无论如何，不要以最后通牒的方式来要求加薪，除非你已经准备好走人，而且确实找到了新的去处。

12 怎样在新单位立足

不管你是一个刚走出校门的大学生还是一个经验丰富的求职者，到一个新公司求职，你就是一个新人，一切都得从零开始。怎样在新单位立足呢？

新工作需要高度集中的注意力，尝试花多些时间与同事合作，处理棘手的工作以及安抚要求高的客户。把私人事务暂时搁置吧！诸如修理汽车，约见牙医和买家具等，还是暂时不要处理吧！Leslie 是某唱片公司的宣传人员，她的工作量使她喘不过气来，为免分心，她要求朋友不要打电话到她的办公室，暂时不到健身院，这令她能更集中于工作。

作为新人，你不用害怕说“我不懂”。每家公司皆有各自的特点及运营体制，某些方面你不甚明了，实属正常之事。初到单位，你要敦促自己迅速进入角色，千万别以为自己是新人便等着有人来慢慢手把手地教你做事。

遇到问题时，向有经验的人讨教：“我想知道这种事情通常如何处理？”“您看我这样做行不行？”哪怕你请教的是一个没多高学历的人也极为正常，毕竟人家有宝贵的经验。不耻下问是优点，切记别不懂装懂，或抛开问题不管。还要绝对遵守工作纪律，各个公司因行业差异而纪律也各不相同，这些纪律，作为“新人”的你必须绝对遵守。

新人还应避免卷入是非漩涡。每间公司都有一些爱道人长短的人，他们都爱加盐加醋。这些是非可以听进耳内，但别忘了自己应有足够的分析能力。如不了解事情的来龙去脉，最好还是保持缄默，以免得罪别人。

到了新环境，最好是先观察后表现，不要有太多自己的主见或喜欢发表高见，凡事察言观色好过乱发谬论，免得落人口实中箭落马。

最好的上任之道就是以孙子兵法中的第四计“以逸待劳”战略处之。以逸待劳，说的是困敌之势，不以战，损刚益柔。面对一个新的企业、新的工作环境，大小老板和全部元老都盯着你看，看你有何能耐能得到这职位？所以别掉以轻心，你必须先把公司所有的同仁当敌人看待，严阵以待却又不露痕迹，让他们误以为你没有攻击性，不会侵犯了同级同事原来的权力范围，也不会功高震主，让顶头上司把你当眼中钉。

孙子兵法说，所谓的“待”不是守株待兔，消极地坐等战绩，而是审时度势因势利导，“后”发制人。关键是能够用最少的兵力去控制多数敌人，用自己小小的手段去诱导敌人，先让对手侃侃而谈，等对方底细被你摸得一清二楚之际，再从容不迫地掌握主动权，赢得上司、同事和部属的信任与支持，那在这个位置上你就可以坐得稳如泰山了。

要想融入新公司不是一朝一夕的事，你应从平时的点滴小事做起，把小事做好，把细事做精，应谨记：“做人不贪大，做事不计小。”

13 怎样与同事说话

在办公室里，同事每天见面的时间最长，谈话内容可能还会涉及工作以外的各种事情，然而说话不适宜常常会给你带来不必要的麻烦，所以与同事谈话必须要掌握好分寸。

不管你与同事的私人关系如何，但如果涉及公事，你千万不可把你们的私交和公事混为一谈，否则你会把自己置于一种十分尴尬的地步。

小乐是一名踏实肯干的女孩子，能够很好地完成老总交给的任务。所以老总对她很是器重和信任，把一些较为复杂的工作放心地交给她去做。

更让小乐感到自豪的是，只要自己一从老总办公室出来，大伙儿就对自己亲热起来，问长问短。原来，大家总是想从小乐口里套到有关公司的机密。为了和大家打成一片，小乐就把公司的一些事儿告诉了大家。

可是，慢慢地小乐发现如此的“牺牲”并没换来同事的真心。一天同事在背后说：“一个连老板都敢出卖的人，估计不是什么好人，谁敢和她走得近！”听到这种话，小乐欲哭无泪，也很心寒。

小乐其实犯了和同事交往的一个大忌，不能够把公司的秘密泄露出去。有一句话叫做“祸从口出”，在和同事交往中一定要把好口风，什么话能说，什么话不能说，什么话可信，什么话不可信，都要在脑子里多绕几个弯子，心里有个小算盘，这样才能够和旁人搞好关系。

与此同时，还必须掌握好与同事沟通时说话的分寸。在办公室里，同事每天见面的时间最长，谈话可能涉及工作以外的各种事情，“讲错话”一般会给自己带来不必要的麻烦。同事与同事的谈话，怎样才能掌握好说话的分寸，成了人际沟通中不可忽视的一环。

第一，办公室里最好不要辩论。有些工作人员比较喜欢争论，必须胜过别人才肯罢休。假如你实在爱好并擅长辩论，那么建议你最好把此项才华留在办公室外去发挥。不然即使你口头上胜过对方，但其实是你损害了他的尊严，对方可能从此记恨在心，说不定有一天他就会用某种方式还以颜色。

第二，办公室不是互诉心事的场所。有许多爱说话、性子直的人，喜欢向同事倾诉苦水。尽管这样的交谈富有人情味，能使你们之间变得友善。但研究调查指出，只有不到1%的人能够严守秘密。所以当你的个人危机和失恋、婚外情等发生时，你最好不要到处诉苦，不要把同事的“友善”和“友谊”混为一谈，以免成为办公室的注目焦点。

第三，不要成为“耳语”的传播者。耳语，就是在别人背后说的话，只要人多的地方，就会有闲言碎语。有时，你可能不小心成为“放话”的人；有时，你也可以是别人“攻击”的对象。这些耳语，比如领导喜欢谁，谁最吃得开，谁又有绯闻，等等，就像噪声一样，影响人的工作情绪。聪明的你，要懂得，该说的就勇敢地说，不该说的话绝对不要乱说一通。

第四，当众炫耀只会招来嫉恨。有些人喜欢与人共享快乐，但涉及你工作上的信息，譬如，即将争取到一位重要的客户，老板暗地里给你发了奖金等，最好不要拿出来向别人炫耀。

只要是身在职场中，不管是在外面跑的还是在办公室里，只要是与同事之间进行交往都离不开语言，但是你是否很会说话呢？俗话说“一句话说得让人跳，一句话说得让人笑”。同样的目的，但表达方式不同，造成的后果通常也大不一样。

说话应该讲场合、有分寸，最关键的是要得体。不卑不亢的说话态度，优雅的肢体语言，活泼俏皮的幽默，这些都属于语言的艺术。当然，拥有一份自信显得更加的重要，懂得语言的艺术，恰恰能够帮助你更加自信。娴熟地使用这些语言艺术，你的职场生涯也会非常成功！

14 尽量不冲撞领导

在一个单位里，常常让人感到最难相处的就是领导。其实，只要你明白了一些基本道理，你会发现，领导并非那么可怕。

大多数领导喜欢号令自己的下属，这不但是上下级组织关系的必然要求，也是领导履行职责、达到预定目标的前提保障。领导们一般都会认为，自己有权要求下属去做某些事情。尽管上级并不总是正确的，但上级都有希望自己正确的心理需求。

因此，作为下级没有必要凡事都与上级争个孰是孰非，给上级台阶下，维护上级的面子，其实也就是给自己多留下一条路子。大多数上级领导喜欢唯命是听的下级，许多上级领导认为自己比下级要优秀，有很强的优越感和尊严感，认为有权要求下级去做某些事情。冲撞上级领导是不能容忍和谅解的"犯上"行为。

与上级领导说话时，切勿激动，要时刻提醒自己保持平和友善的心态，注意态度、方式方法和时机。与领导相处，一定要把谈论工作同个人尊严区分开来。出现分歧时，要让上级领导感到仍然是承认他的权威的。

处处替领导着想，领导不可能没有体会。与上级说话语气要温和，言辞避免极端，有分析、有根据，条理清晰。记住，上级领导是权威、决策者。对上级领导说明看法，不要选用过于肯定的方式，而要用商讨的语气委婉地加以表达。选择公开场合不如选择私下里说好；事已确定不如尚处酝酿中说好；正发脾气时不如心平气和时说好；心绪低落时不如比较得意时说好。

对抗会使领导失去理智，一旦尊严受损领导便觉得权威受到挑战。在面子感到相当狼狈难堪时，会使他把事态看得十分严重，一时也不会考虑什么是非曲直，只有一味地宣泄。在此种情形下，领导一般都会十分激动，甚至是头脑发昏，恼羞成怒。失去冷静的判断，你就成了他的第一号敌人，过激行动常常会因此而发生。即使是当时比较克制，事后也会是越想越气恼，找机会报复你。

由上所引发的悲剧，下属不得不引以为鉴。

三国时，诸葛亮初展才华，火烧博望坡，杀得曹军大败。曹将夏侯淳对曹操说："刘备如此猖狂，真是心腹之患，不可不先下手为强，除掉它。"而曹操也认为，刘备、孙权乃自己统一天下之大障碍，所以决定发兵讨伐，扫平江南。

而有一大夫，叫孔融，却是迂腐得很。他以刘备是汉室宗亲，孙权虎踞龙盘为名，称曹操是"兴无义之师，恐失天下之望。"因此惹得曹操大怒。孔融退出，仰天长叹："以最不仁义去讨伐最仁义者，怎么能不败呢！"结果被人听去，报告了曹操，曹操于是大怒，诛杀了他的全家。

据说，早就有人对孔融说过："你这人刚直得有些过分了，这是你自取祸患的根本。"

孔融不谓才不高，但他未领会主人的意图和决心，出言不逊，特别是以"最不仁"来形容曹操，这怎么能不使曹操心怀懊恼，必欲杀之而后快呢！

所以，下属在与上级说话时，切勿激动，而是要时刻提醒自己，即使自己是对的，也要注意态度、方式方法和时机问题，不要冲撞对方，引起上级的怒火，使他怨恨于你。鸡蛋碰石头的结果，下属一定要牢记于心。

在与上司意见有分歧时千万不要争执，不要动怒或很不情愿地服从，而要以积极的态度，依靠有说服力的事实或数据不卑不亢、诚恳地进行解释。如果下属觉得上司的决策不正确，首先要冷静几分钟，想一想"他为什么这样做？"

如果你过于情绪化，或者对上司一向有成见，可能会和他大吵一架，但结果只会使情况更糟。说"不"始终要坚持"对事不对人"，不搞人身攻击的原则，要清楚了解上司的真实想法，顺应他的思路，冷静、客观地说出自己的想法。

不能冲撞领导，这是一个一般性的规律，但并不等于说在特殊情况下，不能利用之来深刻说理，达到说服领导的目的。要想和上级建立正常、积极的工作关系，作为一个下级应该首先用心了解上级的真正意图、想法、好恶，理解上级的处境和工作做法，从心理上做好与上级和谐相处的心理准备。上级固然是领导，但他首先是一个人。作为一个人，他有他的性格、爱好，也有他的语言习惯等。你必须了解清楚，不要认为这是“迎合”，这正是运用心理学的一种学问。

15 领导提出不合理要求怎么办

在工作中，领导和下属之间经常会有意见冲突的时候，有的人据理力争，有的人唯上司之命是从，有的人表面服从，但在实际执行中却坚持已见。哪种态度才是最合适的？如何才能对上司说“不”呢？

向上司说“不”无疑是一件非常困难的事情，这需要极大的勇气。当你受到不公正的待遇或者上司的决策有明显错误时，一定要勇于提出要求并坚决向上司说不！如果隐忍不发，就没有人知道你心中所想。

小赵是一位刚刚大学毕业的大学生，刚进入广告公司不久，主要负责广告文案工作，并不受部门经理的重视。一天，他将一个经多次修改后的新产品广告文案提交给部门经理。经理看了看只有20多岁的他，又粗略地看了看广告文案的内容后，表情有些轻蔑地说：“做广告就要做出创意来，这个广告太直接了，简直像街头叫卖，我认为要将它做得艺术一点、含蓄一点好些，你拿回去重新做一个文案给我吧。”

花了好几天时间，“牺牲”了无数脑细胞想出来的方案就这样给枪毙了！小赵觉得很委屈，可他并没有直接反驳经理的指责，而是问他：“经理，可以请教您一下，一个新产品刚刚上市时发布广告的目的是什么吗？”经理回答说：“让消费者尽快了解新产品。”“那么，请问怎样才能让消费者通过广告迅速地了解到新产品的更多的信息呢？”

经理一时不知怎样回答才好。小赵连忙趁热打铁：“经理，我认为广告的灵魂在于创新，这是无可厚非的，可我们也要根据实际的情况加以变通，就拿我们的这个新产品广告来说吧，目前在市面上还没有类似的产品，消费者对它一无所知，现在我们的广告目的是要让消费者迅速地了解到新产品的特性，我认为用直接的广告表现手法最好，而如果用艺术性的表现手法，则恐怕很多人都看不明白广告中的内容，这样的广告可能会陷入中看不中用的境地，而直接的广告表现手法虽然表面上缺乏创意，但其实我们的这个产品就是个很奇特的新产品，本身就是个很好的卖点，很有吸引力，因此我认为用直接的广告表现手法最好。”最后，他又补充道：“当然，这仅是我个人不成熟的观点，说得不对的地方还请经理指正，如果您最终认为用艺术性的表现手法好的话我会拿回去再做一遍的。”

一番巧妙说“不”的话让那经理听后非常高兴，对小赵当即大加赞赏，从此再也不敢轻视他了。而且不久后，小赵还由他一手提拔为副经理。对此，小赵认为勇于向上司说不其实是一个很好的表现自己才能的机会，只要你提供的是一个正确的看法，不人云亦云，就会让领导对你刮目相看，从而得到他们的重用，最终提升自己的价值。

有些人认为与上司交谈即使是上司错了也不应说“不”，否则的话就会刺伤上司的自尊心，使其难堪甚至对自己反感。其实不然，如果你一味地附和上司的话，容易使其认为你的能力平庸，不可重用；而如果能巧妙地反对上司一些不合理的观点则可显示出你的才干。

在方式上，首先要心平气和，不能直接说出来，要有一定的技巧。对上司说“不”可以使用先肯定、后否定、再说出自己看法的“三明治”模式。

即任何答复都以积极肯定为起始点：“是的，可以，行，我们能做……”，再向否定过渡：“但或许不能马上开始，可能需要一些时间，恐怕需要其他部门的配合，人手如何调配一下就更好……”，最后再次强调积极的一面：“不过，我们会进一步想办法解决，诸如时间紧张，需要其他资源等问题，请放心……”，或者明确请求上司在哪方面予以支持或协助。

在拒绝别人的时候，需要的是一种委婉的辞令以及一颗睿智的心。对上司说“不”是一种艺术，但是一定要具备一定的技巧，这样才会获得更好的效果。

第六章

商场口才—金玉良言产生经济效益

商场如战场。投身商海的人，每天都要面对形形色色的顾客，应付各种各样的突发事件，缺乏良好的口才，便很难做好营销服务工作。商场口才是一门艺术，它要求说话者要看对象、看时机，并且要礼貌、规范、灵活。良好的商场口才是打开财富的金钥匙，可以让自己在商场搏击中畅通无阻。

1 一诺千金是成功老板的经商信条

一位成功的老板在商场上纵横，他们都会对自己说出的每一句话负责任，也就是是说，他们说过的话一定算数，无论大事小事，一诺千金。只有守信的人，才会有人信任你。只有做到了一诺千金，你的事业才能发展壮大并蒸蒸日上。

讲信用对任何一个人或任何一个企业都是有好处的。如果一个人能做到讲信用，那样他自然就会广交天下朋友，信息多了，财源就会广，对个人的发展绝对是有好处的；如果一个企业想在今天这个如此激烈的市场竞争当中取得好的经营业绩，讲信用就是一个十分重要的方面，企业对于每一位顾客的承诺，对顾客合理要求的答复与满足，都将会考验着这个企业的诚信程度。一个想获得长远发展、想做成百年老店的企业更是要讲诚信，要能够做到一诺千金。

清朝乾隆年间，在南昌城里有一个点心店店主名叫李沙庚，以“价廉物美货真”赢得了众多位顾客，每天的生意都是十分火爆。但久而久之便掺杂使假，短斤缺两，对顾客也是爱理不理，生意自然也就不再红火。

有一天，书画名家郑板桥来店进餐，李沙庚十分惊喜，便特地恭请题写店名。郑板桥便题上“李沙庚点心店”六个苍劲有力的字，引来众多的市民前来看热闹，但还是无人进餐。原来是“心”字少写了“一点”。

李沙庚请求补写“一点”，但郑板桥心平气和地说：“没有错啊，你以前顾客满门是因为‘心’有了这一点，现如今生意冷淡也正是因为‘心’少了‘一点’的原因啊！”李沙庚听了之后顿时满脸通红，羞愧难当，因为他做生意失去了人心和诚信。从此以后，他痛改前非，重新建立诚信，又赢回了人心，使自己的店起死回生了。

在平时的现实生活当中，像李沙庚开店这样的现象确有很多。有的业主在刚经营时比较诚信，他们以价廉物美质好与热情而周到的服务赢得了每一位顾客的心，并且还得到了不少的“回头客”，生意办得红红火火。然而在过了很长一段时间之后，他就会以次充好，以假当真，短斤缺两，坑害顾客，使得自己的生意越做越淡，越做越没人去。失去人心，失去诚信，最后以至于失去了生意。

中国是一个历史悠久的古国，“诚信”二字具有极为重要的分量。“仁义礼智信”“诚敬真善美”是人们倡导并力求遵循的行为准则。子曰：“人而无信，未知其可也。”在漫长的社会发展过程中，中华民族形成了承诺、守信义的道德传统，留下了不少“千金一诺”“一言既出，驷马难追”之类的美谈佳话，中国人因勤劳、勇敢、诚信而扬名天下。

晚清的大浙商胡雪岩，历史称他是中国之商魂，是中国之商神，是中国的红顶商人，清朝末年大资本家。他白手起家，终于成为一代巨商。他的商业格言和经营之道是：功自心诚、为商勿贪、为商勿奸。其中讲的是成功来自于诚信。以诚为本，以信为先，做人的基本素质是信用，讲话算数，一诺千金，见利不能忘义。

俗话说：“得人心者得天下”。人心是一笔无形的资产与巨大财富，对于每个企业，每个商家来讲也是这样。要想把自己的企业做大做强，生意做好，创造出更多的财富，就必须要在赢得人心上下功夫，以诚信为本，正当经营，相信日后的生意就一定会红红火火，越做越旺，四季兴隆。

2 迎合顾客的口味说话

每个人都有自己的爱好，而这种爱好往往又希望得到别人的赞赏和认同，更喜欢找到“同道”中人，所谓物以类聚。当你迎合他的爱好，他会感到被理解和赞赏，感到开心和愉悦，假如你也有此类爱好，双方一定会有很多共同的语言，会产生更多的共鸣，双方之间的距离一下会拉近很多。

顾客服务的过程就是与顾客沟通的过程。没有沟通，就没有合作，也没有和谐的顾客关系，零售、推荐、服务、业绩和市场等更是无从谈起。在服务顾客的过程中，恰当地运用沟通技巧及表达艺术尤为重要。掌握这些技巧不仅可以令你与顾客的沟通保持融洽、有效，还充分体现出你服务的专业性，令顾客更加信赖你。

那么如何与各种顾客打交道呢？如果面对的是“谨慎”型顾客，则应注意这类顾客对产品有可能先热后冷。他们一向谨慎从事，在充分考虑后才能做决定。对于这类顾客，你确实很头疼。他们喜欢把各种商品放到一块来比较，这类顾客会很好地倾听你的介绍，然后深思熟虑，表面上不露一丝痕迹，显得十分稳重沉着，有时会令你心里发毛，不知对方到底在想些什么可又不敢问。

这样的顾客有时会连细节都问得一清二楚，这就是对方慎重的表现，之后他们还要仔细考虑到底要不要买，若你的回答不能让他们满意，顾客就不会轻易下决心；但如果一旦下决心买，那是谁也劝不住的。

与这类顾客打交道，首先要树立良好形象，避免刺激顾客。千万不要说：你今天不买我的产品，你就别走了。这种极端的话语往往会给对方留下不好的印象，一旦产生怀疑，就将前功尽弃。另外只要顾客听到别处还有更加价廉物美的商品，不管消息是否真实，都会另觅他处。

你只有把握好这些才能稳住顾客，让对方在现场多考虑一点时间，也就多一分希望。

另外，你必须学会协调顾客的生活步伐，主动站在顾客的一边，不能让顾客来适应你的言行步伐，如果让对方适应自己，对方感觉适应不了时就会走开，生意就谈不成了，因为“东西到处都可以买到”。

只有当你尽量与顾客同一步调，从顾客的角度将其引下去，充分运用自己的情报，让对方明白这是最好的交易方式时，才能达到交易目的。

还有一点就是切不可性急，不要催得太紧，对谨慎型顾客要谨慎，要顺着对方性格，配合对方步调，但也不可完全顺着对方，使自己处于被动地位，这就要求沟通者有着良好的综合素质，懂得掌握分寸，知道如何调节。

当顾客问到有关产品其他类型产品时，要煞有介事地给他们分析，切记不要极力贬低或避而不谈，因为你面对的是谨慎型的顾客，他们考虑的往往比你要细得多，这类顾客的消费意识通常比较理智，你贬低他人，只会引起他们的反感。你需要的是沉着冷静，对他们提出的问题不要随便否定，反而要耐心地做出解释。

如果他们该问的都问完了，就要抓住机会速战速决。“看来您已经没有什么疑问了，您一定是已经下定决心要买下它了？”对方一想确实没什么理由拒绝，于是就会接受你的建议。

“挑剔”型顾客喜欢凭自己的好恶办事，从产品到工作人员、店内所用物品等，他的好恶都十分明显。这类顾客眼睛尖，对任何细小的东西都会区分为喜好和讨厌两类。一旦他打上“感情色彩”的印记，要改变就难了！

你的形象对这类顾客来说甚至比产品本身更重要。所谓的“好感”也就是合“眼缘”。但这并不是说长得好看的人就是合“眼缘”；模样不怎么样的人就只有死路一条。在顾客的眼里，自有他的一套标准。顾客对于合脾气的态度极好，即使一开始并无购买的意图，但说不定“爱屋及乌”，最后对你的产品有好感也未可知。

第一眼未给他好感的人，他的态度反差极大，可能对你极冷淡或者干脆一口拒绝。比如，“小姐，我想我还用不着它呢”。此时，就算你顶着白眼好言好语使出浑身解数，但最终的结果无非是他越来越不耐烦，反感你甚至讨厌你，最后以极不客气的语气将你请走。

挑剔是交易活动中一种必然的现象，有促进交易的可能，处理不当也会导致交易的失败。为把挑剔转化为有利于交易的行为，首先应了解挑剔的种类，然后再探究顾客挑剔的原因。

第三种就是“自高自大”型的顾客，这类顾客自以为很伟大，就好像是你的上司一样。你无论说什么他都沉默不语，面无表情，就像一个上司正听手下人报告工作状况一样，令你毫无对策。当你同他打交道时，他表现出一种事不关己的态度。

当你转移话题，将说话的内容转到他的兴趣和爱好方面时也会使他感到十分厌烦。谈一些层次比较低的，会被他轻视，认为你毫无水平；谈一些层次比较高的，他也不感兴趣。这类顾客很难对付，他们自命清高的表情令人很难与他们友好交谈。但如果对他们做一番仔细研究，你会欣喜地发现，这类顾客其实是最好对付的一种，只要你采取了恰当的方式。要采取怎样的方式才能让他们乐于接受呢?

初次碰见这种装腔作势的顾客，首先必须采取礼让的方式，你抬举他，使他产生一种感觉：自己原本是高贵的，看他对我的态度。不管怎样，就是不能对他有任何偏见。值得注意的是千万不可将谈话的内容引入他的生活方面，引起他的不安。如果这样，将会使你前功尽弃，千万记住这一点。

在这个过程中，谦虚谨慎是你必须要做到的。说话必须时刻注意，防止自己说漏嘴，当他们觉得你是一个十分值得依赖的人时，成功的希望就在你的眼前。

另外，在面对沉默寡言的顾客时尽量把语速放慢，说话别随意性太强，简明扼要；面对喜欢炫耀的顾客时给他一种炫耀的空间，给予赞美，满足虚荣心；面对令人讨厌的顾客时，在肯定他的同时，对自己有自信，肯定自己，要有尊严；面对优柔寡断的顾客时多用肯定的语言，但又积极地回应，从他的角度帮他分析问题，用积极的语言帮助他做决定。

作为销售员，每天都要与不同的顾客打交道，销售员只有把与客户的关系处理好了才有机会向顾客推介你的产品，顾客才有可能接受你的产品。要做好业务的第一件事情就是学会做人，不断培养自己的情商，拉近与顾客的距离。

3 真情实感好推销

真诚，是说话成功的第一乐章。曾经打败过拿破仑的库图佐夫，在给叶卡捷琳娜公主的信中说："您问我靠什么魅力凝聚着社交界如云的朋友，我的回答是'真实、真情和真诚'。"真实、真情和真诚的态度是用语言打动人心的最佳诀窍。

讲话如果只追求外表漂亮，缺乏真挚的感情，开出的也只能是无果之花，虽然能欺骗别人的耳朵，却永远不能欺骗别人的心。

著名演说家李燕杰说："在演说和一切艺术活动中，唯有真诚，才能使人怒；唯有真诚，才能使人怜；唯有真诚，才能使人信服。"若要使人动心，就必须要先使自己动情。

第二次世界大战期间，英国首相丘吉尔对秘书口授反击法西斯战争动员的讲演稿时“哭得涕泪横流”。正因为如此，他后来的发言才更加动人心魄，极大地鼓舞了英国人民的斗志。

人与人之间，无论是雇主关系，还是朋友关系；无论是亲戚还是顾客，相互之间都应真诚相待。那么，我们该如何换来他人对我们的真诚呢？答案很简单，只有七个字，那就是：用真诚换取真诚。

当松下电器公司还是一个乡下小工厂时，作为公司领导，松下幸之助总是亲自出门推销产品。每次在碰到砍价高手时，他总是真诚地说：“我的工厂是家小厂。炎炎夏日，工人们在炽热的铁板上加工制作产品。大家汗流浃背，却依旧努力工作，好不容易才制造出了这些产品，依照正常的利润计算方法，应该是每件 ×× 元承购。”

听了这样的话，对方总是开怀大笑，说：“很多卖方在讨价还价的时候总是说出种种不同的理由。但是你说的很不一样，句句都在情理之中。好吧，我就按你开出的价格买下来好了。”

松下幸之助的成功在于真诚的说话态度。他的话充满情感，描绘了工人劳作的艰辛、创业的艰难、劳动的不易，语言朴素、形象、生动，语气真挚、自然，唤起了对方切肤之感和深切的同情。正是他的真诚才换来了对方真诚的合作。

说话具有真情实感，能够做到平等待人，虚怀若谷，这样的人说的一字一句都犹如滋润万物的甘露，点点滴入听者的心田。每个人都不是冷血动物，都有七情六欲。在做推销工作时，就是要触动他的心灵，让他心服口服地购买你的产品。

真情实感是与客户沟通的最佳途径。鲜花可以赠给佳人，真情可以奉献给“心上人”。商场的上的“心上人”就是顾客“上帝”。真情实感来自内心，留下一份真情的诉说停留在商场上，将其撒向每个“上帝”的心田，他们的内心就会激起阵阵涟漪。

如果你能用得体的语言表达你的真诚，你就能很容易赢得对方的信任，与对方建立起信赖关系，对方也可能因此喜欢你说的话，并因此答应你提出的要求。能够打动人心的话语，才可称得上是“金口玉言”，一字千金。

4 运用语言来处理反对意见

顾客不管提出什么样的意见，都应该受到高度重视。这种重视不仅表现为对顾客意见的虚心听取，更体现在针对顾客的意见认真回答问题和采取响应措施，即便顾客的意见是无知的甚至错误的，也要耐心加以引导。在这个问题上采用粗暴的方式是非常不可取的。

面对顾客的异议，要避免的反应如：紧张不知所措；过激反应如愤怒；无所谓的麻木；其他情绪化的体现。

在实际生活中，以下是几种常见的事例：

（1）顾客说：别的地方更便宜。

面对这种意见时可以说："×× 先生，那可能是真的，毕竟公司都想以最少的钱买最高品质的商品。大部分的人在做购买决策的时候，通常会做三件事情：第一个是产品的品质，第二个是产品的价格，第三个是产品的售后服务。但我从未发现哪家公司可以以最低的价格提供最高品质的产品，又提供最优的售后服务。为了您的幸福，这两项您会选哪一项呢？你愿意牺牲产品的品质吗？你愿意牺牲我们公司良好的售后服务吗？×× 先生，有时候我们多投资一点，来获得我们真正要的产品，这也是蛮值得的，您说对吗？"

（2）顾客讲：不，我不要……

这是经常会听到的拒绝话语，这时比较好的回答是："×× 先生，这世界上有很多推销员，拥有许多理由让您接受他们的产品。当然你可以对他说不。在我的行业，我的经验告诉我，无法抗拒的事实：没有人可以对我说不，当他对我说不，他实际上只是对自己未来的幸福快乐说不。×× 先生，假如有一项产品，你的顾客很喜欢，而且非常想要拥有它，你会不会因为一点小小的问题而让顾客对你说不呢？所以 ×× 先生今天我也不会让你对我说不。"

（3）顾客说：需要考虑一下。

这也是经常会听到的话语，可以这样回答："×× 先生，您要考虑一下，一定是对我们的产品确是很感兴趣。我的意思是，您不会要考虑一下，只是要躲开我吧。因此，我可以假设，您会很认真地考虑我们的产品是吗？××先生，我刚才到底是哪里没有解释清楚，所以您说您要考虑一下呢。××先生，讲真的，会不会是钱的问题呢？”

（4）顾客：能不能便宜一些。

即使顾客想要购买了，但在价格上还是想讨价还价，比较好的应对是：“××先生，有时候以价格引导我们做决策，不完全是有智慧的。你会为某一项产品投资过多吗？但是投资过少也有他的问题所在，投资太多你损失了一些钱，但投资太少，使所付出的就更多了。因为你购买的产品无法达到预期的满足，在这个世界上我们很少有机会花很少钱买到最高品质的产品，这是一个真理。”

（5）顾客讲：没有预算（没有钱）。

顾客想要拒绝的理由很多，这也是常听到的一个。这时可以说：“××先生，我可以了解这一切，一个完善管理的事业需要仔细地编预算。预算是帮助公司达成目标的重要工具。但是工具本身须具备灵活性，您说对吗？假如有一项产品能帮助您公司提升业绩并增加利润，××先生，你今天是让预算控制你，还是你来调整预算？”

实际上顾客与销售员的根本分歧就是因为所站的立场不同，销售员认为顾客小题大做或者无理取闹的事情如果换一个角度想也可能会有道理。比如，顾客出奇的谨慎，或者变态似的询问无关细节可能让销售员火冒三丈，但是站在顾客的角度想“人家一辈子可能就这么一次消费”“花这么多钱是应该谨慎些”。站在顾客的角度至少有三个优点：一是理解顾客从而获得顾客信赖；二是沟通便捷；三是有助于提出针对性的措施。

当然，解决问题的最好办法就是不让问题产生，即把问题消灭在摇篮里，这才是最好的应对方法。

5 化解争辩赢得生意

不管顾客如何批评，销售人员永远不要与顾客争辩，“占争论的便宜越多，吃销售的亏越大”。与顾客争辩，失败的永远是销售员。

与顾客沟通的目的是来推销产品的，不是来参加辩论会的，要知道与顾客争辩解决不了任何问题，只会招致顾客的反感。销售人员首先要理解客户对产品有不同的认识和见解，容许人家讲话，发表不同的意见；如果销售人员刻意地去和顾客发生激烈的争论，即使占了上风，赢得了胜利，把顾客驳得哑口无言、体无完肤、面红耳赤、无地自容，自己快活了、高兴了，但最终得到的是什么呢？是失去了顾客、丢掉了生意。所以销售人员应时刻不要忘记自己的职业、身份。

顾客提出异议，甚至抱怨，有的销售人员根本不理会，或故意推脱，或让顾客久等。如果遇到这样的销售人员，顾客会想“这些人只想要我的钱，赚到钱之后就不见人了，太差劲了。”

正确的做法是，在听到顾客抱怨后要立即行动，加以解决，这才能给顾客带来好印象，或至少能减轻不良印象，同时把你将要采取的解决措施告诉顾客，向顾客充分解释为什么决定用这种方法。努力保持真诚的微笑来化解顾客的心结、缓和对方的戒心，试着再以另一种方式来影响对方，尽量让顾客接受你的诚心。

销售人员在处理顾客投诉的过程中，一定要把握四个原则：一是马上处理，积极回应；二是带回对我方不利证物；三是探讨真正原因，妥善化解；四是要有负责的态度，要有诚意。只有这样才可以化解顾客的不良情绪，安慰顾客，不把事情扩大化。

即使遇到难缠的客户，也要以一种感恩宽容的心态看待冲突。实际上，超然物外的态度很难做到。在商业谈判中，特别是激烈的争辩中，有时双方的情感可能比谈论更加重要。一旦客户觉得在一种危险的环境中谈判，觉得受到了恐吓与威胁，会把精力都用于争执，而不是想为问题和分歧找出化解的办法。而会产生愤怒，愤怒又加深恐惧，会使感情破裂，情绪激愤，而导致谈判陷于僵局或破裂。但这不是商业谈判的本意，化解矛盾，解决问题，这才是所当选择的。

如何成功地化解顾客提出的种种不同意见，甚至反对意见，是一名销售人员的重要工作内容，也是实现成交必不可少的途径。

6 激将法达成买卖

当顾客已出现购买的信号但又犹豫不决的时候，销售人员不是从正面鼓励购买，而是从反面用某种语言和语气暗示对方缺乏某种成交的主观或客观条件，让对方为了自尊下决心拍板成交。

一对颇有名望的外商夫妇在我国某商店选购首饰时，对一只标价八万元的翡翠戒指很感兴趣，却因价格昂贵而犹豫不决。一个善于察颜观色、揣测心理的营业员便故意介绍说：某国总统夫人曾来店看过这只戒指，而且非常喜欢，由于价格太贵，终于没有买成。这对外商夫妇听后，为了证实他们比总统夫人更富有、更阔绰，当即毅然买走了这只价值八万元的翡翠戒指。

使用激将成交法可以减少顾客异议，缩短整个成交阶段的时间。如果对象选择合适，更易于完成成交工作。合理的激将不但不会伤害对方的自尊心，还会在购买中满足对方的自尊心。

一位女士在挑选商品时，如果对某件商品较中意，但却犹豫不决，营业员可适时说一句："要不征求一下您先生的意见再决定。"这位女士一般会回答："这事不用和他商量。"从而立即做出购买决定。

但是，由于激将成交法的特殊性，使得它在使用时因时机、语言、方式的微小变化可能导致顾客的不满、愤怒，以致危及整个推销工作的进行，因此必须慎用。在使用激将法时应注意以下几项：

（1）使用激将法要看准对象。

激将法并不适用于任何人。一般说来，它多适用于那些谈判经验不太丰富，且容易感情用事的人身上。至于那些办事稳重、富于理智的经验老成者，激将法就很难在他们的身上发挥作用。而对于那些谨小慎微、自卑感强、性格内向的人也不适宜用激将法。因为富有刺激性的语言会被他们误认为是对他们的挖苦、嘲笑，并极可能导致怨恨心理。所以，使用激将法要看准对象。

（2）使用激将法言辞要有讲究。

并不是有什么语言都可以激发起对方的情感的。锋芒太露、太刻薄，容易形成对抗心理；而语言无力，不痛不痒，则又难能让对方的情感产生波动。因此在使用激将法时，一定要注意言辞的“度”。既防止“过”，又避免不及。

（3）使用激将法要顾及态度因素。

必须指出的是，“激将”一般用的是言辞，而不是“态度”，切不可为了激将而甩脸子、拍桌子，这不仅有损谈判者的风度，还可能让对方产生厌恶的心理。

总而言之，在商业谈判中使用激将法说服别人，务必找到并击中对方的要害，用否定性的言词刺激他、刺痛他、甚至激怒他，从而促使买卖达成。因此正确地使用激将法会使你的工作事半功倍。

7 巧妙刺激对方的隐衷

在说服别人时，我们往往会遇到这种情况，对方不是在听我们说，而是做或想别的事情，或嘴里应付着你，眼睛却注意别处，或转移话题，跟你瞎扯……遇到这种情况怎么办呢？应该放弃你的话题，寻找他的“兴趣点”。

而要使别人与我们在任何事情上合作，最重要的是必须使他们自己情愿。而我们要达到让他们情愿这个目的，就只好去迎合他的兴趣，投其所好。唯有这样，我们才能打动他的希望，使进行中的事情达到我们的期望。

美国钢铁公司总经理卡里有一次请来美国著名的房地产经纪人约瑟

夫·戴尔，对他说："老约瑟夫，我们钢铁公司的房子是租别人的，我想还是自己有座房子才行。"此时，从卡里的办公室窗户望出去，只见江中船来船往，码头密集，这是多么繁华热闹的景致呀！卡里接着又说："我想买的房子，也必须能看到这样的景色，或是能够眺望港湾的，请你去替我物色一所相当的吧。"

约瑟夫·戴尔费了好几个星期的时间来琢磨这所相当的房子。他又是画图纸，又是造预算，但事实上这些东西竟一点儿也派不上用处。不料有一次，他仅凭着两句话和五分钟的沉默就卖了一座房子给卡里。

自然在许多"相当的"房子里，第一所便是卡里及其钢铁公司隔壁的那幢楼房，因为卡里所喜爱的景色，除了这所房子以外，再没有别的地方能更好地眺望江景了。卡里似乎很想买其隔壁那座房子，并且据他说，有些同事也竭力想买那座房子。

当卡里第二次请约瑟夫去商讨买房之事时，约瑟夫却劝他买下钢铁公司本来住着的那幢旧楼房。同时指出，隔壁那座房子中所能眺望到的景色，不久便要被一所计划中的新建筑所遮蔽了，而这所旧房子还可以保全多年对江面景色的眺望。

卡里立刻对此建议表示反对，并竭力加以辩解，表示他对这所旧房子绝对无意。但约瑟夫·戴尔并不申辩，他只是认真地倾听着，脑子飞快地思考着，究竟卡里的意思是想要怎样呢？卡里始终坚决地反对着那所旧房子，这正如一个律师论证自己的辩护，然而他对那所房子的木料，建筑结构所下的批评，以及他反对的理由都是些琐碎的地方。

显然可以看出，这并不是卡里的意见，而是那些主张买隔壁那幢新房子的职员的意见。约瑟夫听着听着，心里也明白了八九分，知道卡里说的并不是其真心话，他心里实在想买的，却是他嘴中竭力反对的他们已经占据着的那所旧房子。

由于约瑟夫一言不发静静地坐在那里听，没有表示他对买这所房子的反对意见，卡里也就接下来不讲了。于是他们俩都沉寂地坐着向窗外望去，看着卡里所非常喜欢的景色。

这时约瑟夫开始运用他的策略："先生，您初来纽约的时候，您的办公室在哪里？”等了一会儿他又问：“钢铁公司在哪里成立的？”卡里又沉默了一会儿才答道：“也在这里，就在我们此刻所坐的办公室里诞生的。”

他说得很慢，约瑟夫也不再说什么。就这样过了五分钟，简直像过了十五分钟的样子。他们都默默地坐着，大家眺望着窗外。终于，约瑟夫以半带兴奋的腔调对卡里说：“我的职员们差不多都主张搬出这座房子，然而这是我们的发祥地啊！我们差不多可以说就在这里诞生的、成长的，这里实在是我们应该永远长驻下去的地方呀！”于是，在半小时之内这件事就完全办妥了。

并没有利用欺骗或华而不实的推销术，也不炫耀许多精美的图表，这位经纪人居然就这样完成了他的工作。

作为一名销售员，在销售过程中应集中全部精神考察客户的想法，并根据考察的结果很巧妙地刺激对方的隐衷，使其内心的想法完全透露出来。就像一个燃火引柴的人，以微小的星光触发熊熊的烈焰。

8 唤起顾客的好奇心

在销售过程中，好奇心是促使产品更新，提高产品销量的重大心理因数。在实际的销售工作中，推销员可首先唤起客户的好奇心，引起客户的注意和兴趣，然后道出商品的利益，并迅速转入面谈阶段。好奇心是人类所有行为动机中最有力的一种，唤起好奇心的具体办法则可灵活多样，尽量做到得心应手，不留痕迹。现举出以下两例：

制造悬念引起好奇心。曾有广东一房产公司，开发了的楼盘就是卖不出去，有一策划公司出主意，在南方日报上打广告，整一版只打了五个字：寻找碧桂圆！（只是举例，如有雷同概不负责）。

这一期的报纸读后，很多人都注意到了，碧桂圆是什么？过了几天，又登了一整版：有人发现了碧桂圆！更给读者留下悬念。竟有人打电话到报社问：碧桂圆是什么？

又过了几天又是一整版：碧桂圆是你安在广州的家！这时人们才恍然大

悟，原来碧桂圆是一个新建小区。很快房子都卖出去了。这个例子更进一步说明，好奇心很容易让人们记住你的产品。

利用好奇心引起客户对你产品的注意。在泰国首都曼谷有家酒吧，门口放着一只大酒桶，桶壁上写着四个醒目的大字："不准偷看！"过路的行人觉得好奇，跑过去看个究竟，想弄个明白。把头探进桶里，一股清醇芳香的酒味扑鼻而来，酒桶底隐约可见"本店美酒与众不同，请享用"的字样。

其实也不过如此，人们也未有新的发现，但就是有不少人酒瘾顿起，不免进店喝上几杯。于是，这家酒吧的生意出奇的好。好奇是人的本性，而且好奇之心人皆有之，有时好奇心会引发意想不到的效果。因此，利用人们的好奇心，激发人们的好奇心，把心理学原理应用到市场营销谋略当中，已经越来越为国内创业人群所重视。

好奇心是销售中最应掌握的销售心理，在平时的产品销售中也可以使用。比如：你在向客户介绍产品时，尽量介绍新的功能和用途。尽量从边缘模糊的功能说起，引起客户的好奇心。还有就是用词的新颖也是引起好奇心的手段之一。

运用消费者的好奇心只是一种营销手段，其最终目的还在于给顾客留下一个难以忘怀的第一印象，最终达到你所预想的目的。分析酒吧老板的经营，他就是利用逆反心理来刺激顾客的好奇心，越是标明不准偷看，人们越是想看个明白。

一般的经营者往往是正面宣传自己的商品，让顾客更多地了解自己的商品，这位老板却反其道而行之，假装不愿让顾客知道自己经营的商品，而这恰恰促使顾客急于了解，招来了更多的顾客，达到了正面广告宣传难以企及的效果。

总而言之，创业者应当充分运用顾客的好奇心这一经营策略，为事业成功增添筹码。

⑨ 引导顾客回答问题

无论你做任何产品或服务的销售，结果只有两个，不是你把“是”销售给了客户，就是客户把“不”销售给了你。在双方的较量过程中，引导与被引导一直在相互交错发生着。每个人都喜欢听到自己的嗓音，每个人都喜欢表达自己的意见，在很多情况下顾客都愿意谈自己的感受和见解。这时候，销售人员的工作就是引导顾客回答问题，并让他自己得出要买产品的结论。

在与顾客交谈或提供咨询时，销售人员应轻柔、自信、礼貌、热情、有耐心。在语言上把握好度，切勿给人有急躁、厌烦、言辞夸张、华而不实、虚假的感觉，并要善于诱导、引导顾客，与顾客进行诚恳的交谈。不要与顾客谈论一些有争议的话题，举止应大方得体，切忌在顾客面前“出口成脏”。

在与顾客交谈时，销售人员尽可能不让顾客牵着走，而是把话题的主动权掌握在自己的手里。要知道，有的顾客说起话来可是没完没了的。这时，销售人员就有必要把话题扯回来。若担心顾客会因此生气，那可以先让他们畅所欲言，一旦他们满足了自己的欲望后，销售人员说什么，他们都会听得进去的。

在向顾客提问时，应设计让顾客必须说“是”的问题。人们都有一个共同的心理认为说“不”比说“是”更安全，所以有经验的销售人员会尽量不让顾客说出那个“不”字来。可以采用限定型的提问方式（即“二中选一”式的提问），在一个提问中暗示两个可供选择的答案，而两个答案都应是肯定的，比如：“你更注重发型还是肤质”；“在珍珠系列护肤品和植物系列护肤品中，你会选择哪一种”；“下次来美容，我们定在下周六两点还是下周日两点”。对于这样的提问，无论顾客选择其中的哪一个答案，她都已经开始步入提问者设下的“圈套”了。

当销售人员听到顾客要说什么的时候，必须凑上前去表现出急于要听的样子。当销售人员说话时，要双眼注视着顾客；而当顾客说话时，销售人员必须看着他的嘴唇，千万不要东张西望。

在销售人员回答问题时，表情也要自然，双目始终注视着他，因为这种眼神的对视接触是非常重要的，它能向对方传达这样的信号：我们在真诚地仔细地听对方讲述。当销售人员需要表现出确实是在听对方讲话时，应该有选择地采取下面的某项或多项动作。

如：点头表示你可以跟得上对方所说的信息；给愉快信息一个真诚的微笑；露出感兴趣的表情；对严肃的信息显示出严肃的表情；面对讲话者；稍稍地偏向讲话者；稳定的目光接触；表现出平静和耐心的表情。我们还可以重复讲话者所表达的信息的关键词或短语，通过这种方式来得出更多的信息，以获得一个清楚的理解。

只要顾客主动决定购买，那么无论你销售的是什么，对方都会买下来。

10 耐心听取顾客的意见

妥善处理客户的意见不是一件容易的事情。但是，聪明的销售人员不仅能够消除客户的意见，还能将意见转化为满意，把本来怀有意见的客户变为座上客。适当地处理意见，还可以促成下一次的销售机会。

怎样处理顾客的意见呢？销售人员应真诚、友好地对待顾客的抱怨，切忌面带不满和怒色，甚至与顾客争吵；耐心听取顾客的抱怨，待缓解其激动情绪后，再与其商谈处理；站在顾客的角度考虑事情正确与否；即使顾客犯错要指责，应含蓄、婉转地指出，以维护其自尊心；查明原因，及时解决问题，不拖延或敷衍了事，并向顾客道歉；不在顾客发怒时发表个人意见，要让顾客感觉到你对他很重视。

销售人员在处理客户反对意见时应采用策略：一是要保持理性，或中性的营销态度，有宽容之心，允许客户提出意见；二是不施加过大的影响力或压力，不要为了争一个自己的观点与客户发生争执，这往往会赢了面子输了生意；三是抓大放小，以退为进，知道自己想要的重点可以在小的方面合理地让步；四是尊重客户的观点，放松心情，理解客户的反对意见是正常的。本着真诚的态度，通过应变能力来让客户放下自己的观点。

面对客户的反对意见时，销售人员也可采用直接驳正法，即直截了当地予以否定和纠正。按照常理，直接驳斥客户的做法是最不明智的，往往会让客户感到遭受了不恭敬的对待，而使面谈恶化为无谓的争辩或使客户拂袖而去。但在有些情况下使用直接驳正法却很奏效。应用直接驳正法时，销售员必须注意以下几点：

（1）态度委婉。由于要直接驳斥客户的意见，为了避免触怒或引起不快，销售员要真诚、语气要诚恳、面容要微笑，切勿怒颜责备客户。

（2）针对问话。在客户的异议以问话表示时，应用此法最为有效，因为它给予对方一种肯定自信的感觉。

（3）对固执己见、气量狭小的客户最好不用这种方法，因为这类客户会认为销售人员不尊重自己，从而产生争执。

（4）勿伤自尊。处理客户异议时，最忌伤害客户。

面对意见，销售人员不仅要接受，更要欢迎。不要将意见视为销售的阻力，而要将其看作引领自己继续完成交易的指示灯，并从中调整方向。

11 善于与不同性格的顾客打交道

任何的企业在采购中，产品或服务的直接购买者仍然是“人”，他们不过是借企业的名义在实施购买行为而已。销售人员往往会发现，有些客户并不像其他人那么容易相处，但既然销售人员的职责所在是赢得客户的认同，所以只能调整自己的处世风格以适应对方。因此，我们不仅要了解自己的个性类型，更重要的也要了解客户的个性类型！

接近不同性格的客户是一门学问，其中也有不少的诀窍。例如：客户性急，心直口快且善变的话，就很有可能在一时冲动之下做决定。这时，我们就要平心静气地做出判断：客户是否是真的需要，还是一时冲动的决定。

有的客户生性多疑，事事考虑周到，不易获得其信任。这时销售人员就要对产品有深刻的认识，随时准备答复各种质疑，耐心提供大量充实可靠的资料，帮助客户做出决定。

有沉默寡言的客户，他们缺乏表情，态度冷漠，其内心令人难以捉摸。那么作为销售人员不能因其冷淡的态度而失望，应尽量附和他，不要说太多不必要的话。

例如，一位中年妇女走进某药店，看看这个专柜，看看那个。店员A见状连忙走上前去："欢迎光临"，并对妇女正看的药品逐一说明。可是奇怪得很，妇女一点反应都没有，不一会儿便快步走出店门。店员A抱怨道："又是穷光蛋……"。店员B从一旁插话时来："天天要都是这种人，我们还不喝西北风。"

这时另一位顾客恰巧听到店员A、B的谈话，连忙走了出去，从此对这家药店望而生畏，数过此门而不入。

总有一些顾客，任凭你多殷勤仍然金口难开。但绝不能因为如此，就期望这些客人不要登门。因为这种个性很强的人一旦中意某家产品，通常会成为永久顾客。这种客人很重要，销售人员应"明知山有虎，偏向虎山行"，即使第一次遇到困难也要想办法克服。

商量型的顾客也十分多见，比如：

一位中年男子在柜台前挑选感冒药。

"小姐，请问这两种感冒药哪种更好些？怎么看得出哪种更合适我呢？"

店员耐心解释道："刚进药店，我就看您有些咳嗽，刚才您又说有点发烧，所以我觉得这种好些。"

顾客点头称是："有道理，就这种吧，我还想给孩子买瓶复合维生素，您看哪种好？"

店员拿出一瓶，"它含有儿童生长发育所必需的十种维生素，口味酸酸甜甜的，小孩子一定会喜欢的。"

顾客说："听你的，开两盒吧！"

面对这种类型的顾客，首先一点是店员应确立责任心，不能以随意的态度敷衍顾客。

店员一般具有一定的经验，可以根据顾客的实际情况作出较为适当的判断，这也是顾客询问的原因；同时，店员应尽量避免为获取利润，极力推销贵重药品，而不管其是否适合顾客的病症。

千万不可在顾客尚未仔细挑选之时就急不可待地说："这个对您很有效。"这往往会使顾客感到过于唐突。正确的方法是店员先说出自己的建议，同时留一定时间给顾客考虑定夺。

随和型的顾客会经常在他的办公室摆放他的旅游照片或家人的照片。他们待人接物及其温和，人也温文尔雅极为亲切随和，颇具有合作精神，极易相处。他们的衣着一般都是比较大众的款式，他们对于服饰不会有更多的追求；他们在言谈中常常会掩饰自己的真实想法而去迎合他人。

在销售关系中说是最好相处却最难成交的就是这类型，销售人员和他说什么他都说好，销售人员问他产品或服务感觉怎样，他都说好，唯一的就是不买。像这类型的人，他们购买产品或服务会非常关心别人的使用情况怎样？会不会给别人带来影响？他们经常会问："好是好，不知道容不容易操作？""如果我买了这个设备，我的伙计或使用者他们会操作吗？会麻烦吗？"

因此，和这类型的人打交道时应努力降低销售人员强势的销售方法，而应该找到产品的使用者参与销售，尽力说服产品使用者来促成交易。对于产品的展示应该是以组织体系、程序和方法为切入点，借助使用者来说服他。

销售人员更好致力于与他们建立良好的关系，在销售过程中可适当以产品或服务的质量和个人担保的方式来进行关系营销。这类型的人决策较为迟缓并且害怕承担风险，更不愿意做"吃螃蟹的人"。因此在销售过程中，销售人员须要结识产品的使用者或他们较为信任的朋友展开多方销售，并且需要极具耐心，不能给他们太大的心理压力，否则这客户将永久失去。

因此，当销售人员了解客户的个性，了解他的待人接物的处事风格，将更有利于销售人员与客户建立起良好的关系，以不同的销售方式、产品展示方式更快促成交易，提升成交的比率。

12 谈判时也要考虑对方的利益

通常在谈判中僵持很久的原因是过于重视立场或原则，谈判双方各自坚持自己的立场往往将某项原则或立场视为谈判所坚持的重要条件。然而，我们许多人并不一定了解，在谈判双方对立的立场背后，既可能存在冲突的利益，而实际上还可能存在共同的或可以彼此兼容的利益。

一项合同谈判的立场背后还会有许多的利益因素。而商务谈判者必须彻底分析交易双方的利益所在，认清哪些利益对于我方是非常重要的，是绝不能让步的；哪些利益是可以让步的，可以用来交换对方的条件。在不分清利益因素的情况下，盲目追求坚持立场和原则，往往使谈判陷入僵局，或者使谈判彻底失败。

让步的谈判并不等于是失败的谈判。在谈判中最忌讳的是随意作出不当的让步。有经验的谈判者会用对自己不重要的条件去交换对对方无所谓、但对自己却很在意的一些条件。这样的谈判才能是一个双赢的谈判。

谈判双方走到一起，是由各自的利益驱使。也正是因为如此，双方客观上必然存在着差异和分歧，但是，双方都可以从对方那里得到自己的利益，这是谈判成立的前提。所以谈判双方应做到以下几点：（1）追求整体利益的一致。谈判是一种双赢的艺术。谈判中，双方必然在客观上存在差异和分歧，如果一味采取自我本位，势必导致谈判失败。（2）以适当的让步换取所需的利益。一方面，认真倾听，另一方面要懂得倾听，才能获得有价值的信息。让步的速度不能太快，频率也不能太高，要尽量以小问题上的让步换取对方在关键问题上的让步，要防止对方得寸进尺。（3）让对方获得满足。让对方感到通过谈判将收益匪浅。（4）寻求共识。

要解决双方有分歧的问题，必须先从最容易解决的且对方容易接受的问题出发，强调双方的共同点，并且在对方不察觉的情况下，使对方加以确认，并以此为突破口，取得有利于己方的结论。在谈判中，利益的交换是非常重要的。双方谈判能否达到双赢，主要取决于双方让步的策略，即能否准确识别利益因素对于自己和对方的重要性。

站在对方的利益考虑，不计较才会有大的回报。你计较的时候，以为别人不知道，其实他是知道的，他知道了也会跟你计较。如果你付出了，该得到的回报一定会得到。只要你为人诚实、信用、信誉、友爱、友善，多为对方考虑，多听、多想、多思、多问、多动手，你肯定会成功。

13 不要轻易让步

在谈判中，轻易的让步会使对手更倾向于忽视、轻视甚至是蔑视你所做的让步。一开始把所有的空间全部让出去是极端愚蠢的。首先对方会认为你虚报价格，轻易地让出如此之大的幅度，一定还有很大的让利空间，他还会在价格上继续步步紧逼，让你无法承受，导致谈判陷入僵局甚至破裂。即使达成了交易，对方也会怀疑你的诚意，从而影响到下一次的合作。

没有得到某个交换条件，永远不要轻易让步。这就是说不要轻易让步，或者未经充分讨论就让步。太容易得到的让步对任何人而言绝不会像努力奋斗得来的让步一样令人有满足感和成就感。

如果对方声称由于某个原则使某个问题不能妥协时，不要轻易相信他的话。

谈判中期不要轻易让步，每一次让步幅度都要递减，并且要求买方在其他方面给予回报，最后的让步要让对方看出你异常艰难，认为你已经到了底线，导致最终双方取得双赢的交易。

在谈判中还可以将让步转化为进攻手段。

有一家大型知名超市在北京开业，供应商“蜂拥而至”。王某代表弱势品牌的机械厂家与对方进行进店洽谈，谈判异常艰苦，对方要求十分苛刻，尤其是60天回款账期实在让厂家难以接受，谈判进入了僵局并且随时都有破裂的可能。一天，对方的采购经理打电话给王某，希望厂家在还没有签订合同的情况下，先提供一套现场制作的设备，能够吸引更多的消费者。

王某知道刚好有一套设备闲置在库房里，但却没有当即答应，他回复说："陈经理，我会回公司尽力协调这件事，在最短的时间给您答复，但您能不能给我一个正常的货账账期呢？"最后，他赢得了一个平等的合同，超市因为现做现卖吸引了更多的客流，一次双赢的谈判就这么形成了，这其中当然不能忽视让步的技巧所起到的作用。

在做出让步时应遵循以下几个基本原则：

（1）正确地选择让步时机。

让步时机的选择影响让步效果。如果让步过早，会使对方误认为是"顺带"得到的小让步，这将会使对方得寸进尺；如果让步过晚，除非让步价值十分重大（一般少见），否则它将失去应有的作用，对控制谈判结果影响不大或不发生任何影响。一般而言，让步的主要部分应放在成交期之前，以影响成交条件，而处于次要的、象征性的让步放在最后时刻，作为最后"甜头"。但必须注意强调这种让步的终局性。

（2）只有在最需要的时候才作让步。

让步通常意味着妥协和某种利益的牺牲。它对让步一方来说，做出让步承诺无疑是痛苦的。因此，不是迫不得已（如不作某些让步会使谈判无法继续下去，不作让步无法使谈判向预定目标推进，不作让步就无法使对方做出更大的让步，等等），绝不要轻易让步。

（3）严格控制让步的次数、频率和幅度。

一般来说，让步次数不宜过多，过多不仅意味着利益损失大，而且影响谈判信誉、诚意和效率；频率也不可过快，过快容易鼓舞对方的斗志和士气；幅度不可太大，太大反映了己方条件"虚头大"，会使对方进攻欲更强，程度更猛烈。

（4）让步应有明确的利益目标。

让步的根本目的是保证和维护己方欲得利益。如通过让步从对方那里获得利益补偿；或者是"放长线钓大鱼"，换取对方更大的让步；或者是巩固和保持己方在谈判全局中的有利局面和既得利益等。

无谓的让步，或者是以让步作为赢得对方好感的手段都是不可取的。因为，商务谈判不是温良恭俭让，这种“善良友好”的表示，未必会取得有利的结果，甚至会被对手视为无能而加以猛烈攻击。

（5）让步要分轻重缓急。

让步是一种极有分寸的行为，不可“眉毛胡子一把抓”。有经验的谈判人员，为了争取主动，保留余地，一般不首先在原则问题、重大问题，或者对方尚未迫切要求的事项上让步。明智的做法是尽量让对方在原则问题、重大问题上先让步，而己方则在对方的强烈要求下，在非原则的、次要的、较小的问题上适当让步。

（6）把握“交换”让步的尺度。

谈判中双方“交换”让步是正常的。但应注意，“交换”让步要保证“交换”的现实性，可以在让步后，等待和争取对方让步，在对方做出相应让步前，绝不再让步；“交换”让步是以利益和必要性为依据的，不可因为对方让步，我就让步，对方让我“半斤”，我就让他“八两”。

（7）让步（即使是很小的让步）要使对方感到是艰难的。

从一方面来说，谈判中不可毫无异议地轻易接受对方的让步，因为这些让步常常是不到“位”的。从另一方面来说，千万别让对手轻而易举地得到己方的让步。因为按照心理学的观点，人们对不劳而获或轻易得到的东西通常都不加重视和珍惜。

（8）让步要避免失误。

一旦出现让步失当时，在协议尚未正式签订以前，可采取巧妙策略收回。这个问题从法律角度看，是允许的；从商誉角度看，应尽量避免。如果出现，要掌握处理技巧加以收回。比如，借在某项条款上对方坚持不让步的机会，己方趁机收回原来让步的承诺，重新提出谈判条件，或相应要求对方做出其他让步，挽回损失。

谈判是双方不断的让步，最终达到利益交换的一个过程。让步既需要把握时机，又需要掌握一些基本的技巧，也许一个小小的让步会涉及整个战略布局，草率让步和寸土不让都是不可取的。

14 选择最后通牒的语言

最后通牒就是指给谈判规定最后的期限，如果对方在这个期限内不接受己方的交易条件，那么己方就宣布谈判破裂而退出谈判。这种策略常常在双方争执不下、对方不愿意做出让步的情况下使用，以逼迫对方让步。

谈判中的“最后通牒”策略有两种情况：

一是利用最后期限。最后期限是指谈判的结束时间，也称为“死线”，让步往往在这个时刻才会发生。在谈判双方争执不下、对方不愿做出让步接受己方交易条件时，为了逼迫对方让步，己方可以向对方发出“最后通牒”，即如果对方在这个期限内不接受己方的交易条件并达成协议，则己方就宣布谈判破裂而退出谈判。

二是面对态度顽固、暧昧不明的谈判对手，以强硬的口头或书面语言向对方提出最后一次必须回答的条件，否则将退出谈判或取消谈判。由此迫使对方改变态度，接受己方提出的条件。在谈判过程中，谈判人员往往寄希望于未来能有更大的利益，而对现实的讨价还价不肯放弃。打破对方的奢望，就能击败犹豫中的对方。“最后通牒”在这方面就极为有效。

美国汽车界名人艾柯卡在接受管理濒临绝境的克莱斯勒公司后，感到必须压低工人的工资。他首先将自己的年薪从 36 万美元减到 10 万美元，又降低了高级职员的工资。随后，他对工会领导说：“17 美元 1 小时的活有的是，20 美元 1 小时的活 1 件也没有。现在好比我拿着手枪顶着你们的脑袋，你们还是聪明的。”工会并没有答应艾柯卡的条件。双方僵持了 1 年。

最后，形势迫使艾柯卡发出了“最后通牒”。一天晚上 10 点，艾柯卡找到了工会谈判委员会，对他们说：“明天早晨以前，你们非做出决定不可。如果你们不帮我的忙，我也要让你们不好受。明天上午我可以宣布公司破产。你们还可以考虑 8 小时。怎么办好，你们看着办吧！”最后，工会答应了艾柯卡的要求。这一例子充分说明了利用期限最后通牒这一策略的成功性。

第七章

婚恋口才——一言一语总关情

爱情，只有通过言语作为媒介，才能迸射出耀眼的光彩。然而，言语要如春风，吹拂悸动的心灵，要如细雨，滋润干渴的心田，才能使爱情之花开得鲜艳夺目，芬芳四溢。为诚心、善意所支配的口才才能带来真善美的光彩，才能为婚姻和家庭带来幸福和力量。

1 含而不露地表达爱意

有人曾说：爱情是一首诗。爱情很美好吗？经历过爱情的人一定对这个问题有不同的答案。但是有一点可以肯定的是，在中国式的爱情当中，如果双方都倾吐无遗，那么很可能会导致爱情索然无味。只有让爱情朦胧含蓄，才能醉人心扉。

含蓄，是一种巧妙和艺术的表达方式。在社交中，当我们很想表达一种内心的愿望，但又难以启齿时，不妨使用含蓄的表达方法。它有时要比口若悬河更能达到正确表达的目的，从而收到令人满意的效果。委婉含蓄是一种魅力。

无论在时装设计上，还是在戏剧故事里，在随意的交谈中，含蓄都大有讲究，在某种意义上来说，没有含蓄，就没有艺术。坚实的土地，裸露的岩石，金色的海滩，有一种直率的美；而青纱薄雾，如泣的细雨，朦胧的黄昏，却有一种含蓄的美。

含蓄有时能帮助我们避免尴尬。巧妙地运用委婉含蓄的语言，看起来似乎说得轻描淡写，但实际上却说出了关键问题的所在。

在美国的普林斯顿大学，有一名男生深深地爱上了一名女生。但是，他一直不知道该如何表达爱意，因为他总是害怕被拒绝。一天，他终于想到一个接近女孩的好方法，于是，他就鼓起勇气，向正在公园里读书的女孩走去。

他对女孩说："你好，我在这张纸条上写了一句关于你的话，如果你觉得我写的是事实的话，那就麻烦你送我一张你的照片好吗？"

女孩立即想到，这又是一个找借口想追求自己的男生，对于这种男孩她见得太多了，但是她总能顺利摆脱，因为她想："无论他写什么，只要自己都说不是事实，这样不就得了吗？"于是，女孩欣然答应了男孩的要求。

"如果我说的不是事实，你千万不要把照片送给我！"男孩急忙说。

"那当然！"女孩俏皮地回答。

男孩高兴地说："那就一言为定，不许反悔！"接着，他就把那张纸条递给了女孩。

女孩也胸有成竹地打开了纸条，但是随即她却皱起了眉头，因为她绞尽脑汁也想不出拒绝男孩的方法，只好恭敬地把照片放到男孩的手中。

那个聪明的男孩究竟写了什么呢？其实，他写的不过是一句简单的话："你不会吻我，也不想把你的照片送给我。"

这个智慧男孩的名字就叫罗纳德·斯穆里安，后来他成了美国著名的逻辑学家，而那个女孩则顺理成章地成了他的妻子。

事实上，无论是西方还是东方，爱情的美丽就表现在恋爱方式也是一种含蓄的美。所谓含蓄，即表面平静，内在激烈；表面质朴，内在丰富。可以说，爱情的含蓄美是贯穿于爱情生活的全过程的。

有一位男青年与他的女友刚刚见面两次，就为她写了一封长达二十多页的情书。整封信词语热烈，姑娘只读得面红耳赤，肉麻心跳。然而这封情书却未能打动姑娘的芳心，反而让姑娘觉得小伙子太过轻浮，不够庄重，结果自然是将电路"剪断"了。

恋爱中的男女在向对方表达爱意时，一定要适度、含蓄，做到"细水长流"。在求爱阶段，无论是通过交谈，还是书信，在向对方表达爱慕之情时，都要态度自然、诚恳，姿态温文尔雅，语言恰如其分，行为端庄检点，不矫揉造作，不言语污秽，更不要下跪发誓或闪电拥抱。

否则，结果很可能会适得其反。事实上，不论东方人还是西方人，那些很有素养和水平的人，在表达爱意时都深知含蓄而耐人寻味的语言表达方式的巨大魅力。

有时候，人与人之间的交际就像一支手电筒，你若总是以自己为出发点，心中只记得自己的利益，就像是迎着手电筒的光亮看过去，只会什么也看不到。

弄不好，还会被对方拒绝的"抢光"刺伤眼睛；但是，如果你能换一种角度，调转方向，以对方为出发点，这就像从"交际手电筒"的背面看过去，那么你将会发现，一切璀璨的风光都会尽收眼底。

2 求你把驼背赐给我

有人说，男生真难，追女孩子太不容易了。其实这种现象跟男人和女人的社会角色定位是分不开的。从生理和社会的角度来讲，女人总是被动的。女人的羞涩总是美好的，动人的！

任何一个女孩子在被人追的时候心理都是很复杂的。她也许很开心，但是又带着点惶恐，她对这个闯进自己平静的生活的男孩子有着欲拒还迎的矛盾心理。她不是故意的，不要以为她在考验你，她其实也在和自己斗争，她怕受到伤害。

是男人就应勇敢点，女孩子本来就感性，容易沉浸在爱情里。虽然你付出了辛苦，而一旦你的真心打动了她，那么你得到的将是更多更久的加倍的爱。这样的例子，在身边比比皆是。

墨西·孟德尔颂是德国知名作曲家的祖父。他的外貌极其平凡，除了身材矮小之外，还是个古怪可笑的驼背。

一天，他到汉堡去拜访一个商人，这个商人有个心爱的女儿名叫弗西，墨西无可救药地爱上了她，但弗西却因他的畸形外貌而拒绝他。

到了必须离开的时候，墨西鼓起了所有的勇气，上楼到弗西的房间，把握最后和她说话的机会。她有着天使般的脸孔，但让他十分沮丧的是，弗西始终拒绝正眼看他。经过多次尝试性的沟通，他害羞地问："你相信姻缘天注定吗？"

她眼睛盯着地板答了一句："相信。"然后反问他："你相信吗？"

他回答："我听说，每个男孩出生之前，上帝便会告诉他，将来要娶的是哪一个女孩。我出生的时候，未来的新娘便已许配给我了，上帝还告诉我，我的新娘是个驼背。我当时向上帝恳求：'上帝啊！一个驼背的妇女将是个悲剧，求你把驼背赐给我，再将美貌留给我的新娘。'"

当时弗西看着墨西的眼睛，并被内心深处的某些记忆搅乱了。她把手伸向他，之后成了他最挚爱的妻子。

幸福总是自己挣来的，别指望别人施舍给你！只要抱着诚恳、真诚的心态去用真情打动对方，总有一天会赢得对方的心。

3 男人最怕的九大话题

其实男人内心也有禁忌的话题，作为女人应掌握他们的喜好，这样相处起来就会少一些的尴尬。

（1）收入多少问题

这是一个以成败论英雄的时代，有钱是不是成功的证明？认识一个男人，因为下岗，连家门都不敢出，怕有人问他。这个时代，同样的年纪，因为机遇不同，收入可以有天壤之别。男人可以对比尔·盖茨的财富无动于衷，但却受不了同事的工资比他多几百块，所以最好不要问男人的收入，特别是那些境遇明显很差的，那样会让他十分尴尬！

（2）看起来有点老

女人怕衰老，所以不能问年龄，难道男人就不怕老吗？过了三十的男人对年龄会像女人一样变得敏感起来，所以不要随便说男人如何如何老。最好说个小谎："你看上去只有 25 哎！"准保他喜上心头。

（3）不要没完没了地劝他争取升官加薪或"跳槽"

很显然，有这种想法的女人往往有很强的虚荣心，所谓"夫荣妻贵"；此外，她们往往还有很强的依附心理，所谓"只有藤缠树，哪有树缠藤"。为了满足她们的虚荣心和依赖性，她们不惜给丈夫施加各种压力。当然，鼓励丈夫发奋图强并没有错，但是如果不根据实际情况制造压力，可能会适得其反。

（4）不要对比他的缺点来夸奖另一位男士

对比他的缺点来夸奖另一位男士，他会感到被看不起和被奚落。男性通常对同性缺乏安全感，若你提及与别的男士的优点来和他作比较，可能会令他忐忑不安。因此尽量少拿丈夫跟别的男人做比较，应让他觉得自己比其他男人优秀。

（5）不够时髦

不只是女人讲时髦，男人关于时髦更内敛。同样穿一件衬衫，他们不会比款式，他们肯定会比牌子。记住，不要嘲笑男人穿着档次，你应该说："这个牌子名气不大，但看上去素质不错，你穿着气质很好。"

（6）不要把他的饮食习惯或不良嗜好作为话题公开谈论

他向你倾诉的事，并非要你广告街坊、朋友，男性最忌伴侣在朋友面前经常提及他的"秘密"，尤其是他的坏习惯。不过，你不妨在别人面前称赞一下他的优点，例如工作出色，衣着品位高，厨艺十分精湛，他必定会高兴。

（7）千万别当面批评他的母亲，这样会伤害他的感情

动辄就"你妈怎么着……""我比你妈强多了"的妻子让丈夫望而生畏。要记住，永远不要想表现得比他妈还贤惠。

（8）看起来有点小气

男人生来就被要求负担责任，慷慨大度，对他最大的诋毁就是背后说他小气，铁公鸡一毛不拔。因为小气他会被逐出社交圈子，因为小气他可能找不到女朋友，小气成了男人不可饶恕的缺点。

（9）看见漂亮女人，他如果多看两眼，你如果冷嘲热讽，他会极不高兴

每个男人都喜欢美女，不管他嘴上承不承认。聪明的女人会这样鞭策男友，主动指着街上的一个美女问男友：她漂亮不？（千万别问，她有我漂亮不？切记！）

4 家不是讲理的地方

夫妻二人有了婚姻，再有一个常居的地方，这个地方就称之为家了。这里成为你劳累一天休息地方，这里成为你和爱人共同营造的天地。但在这里却有一个常规不能走到这里——那就是理。

人不讲道理，是一个缺点，人只知讲理，是一个盲点。通常，愈有知识

的人愈相信有理走遍天下。有理也许可以走遍天下，但走到家庭就走不通了。

有一对老夫妻，当他们得知自己的女儿萍萍要结婚的喜讯时心里非常高兴。远隔千里，夫妇俩不能去参加女儿的婚礼，但他们给女儿写了一封长信，把自己多年的生活体会告诉了孩子。

信中说："就算我们送你的一份新婚礼物。"首先，他们告诉女儿的就是：家，不是一个讲理的地方。他们说："这句话乍听起来很没有道理，但千真万确，这句话是真理，是至理，是多少夫妇、多少家庭用多少岁月、多少辛酸、多少爱恨、多少是非在纠缠不清难解难分的混乱中梳理出来的一个结论。当夫妇之间开始据理力争时，家里便开始布上阴影。两人都会不自觉地抱着一堆面目全非的歪理敌视对方、伤害对方，最后只能两败俱伤。多少夫妻，为了表面的一个'理'落得负心无情。"

可见，家的确不是讲理的地方，家是讲爱的地方。有人总结，世界上有三种人不讲理，一是疯子，二是生病中的人，三是情人。这段话细想想也有些道理，情人为什么不讲理呢？这里有感情的依赖和信任。这里，"情"与"理"就不可思议地对立起来了。

一个男子，当你与你的妻子签署一纸婚约之时，首先要提醒自己的是：如果你爱你的妻子，在以后漫长的婚姻生活中以"情"治家会远远胜于以"理"处事。懂得爱你的妻子，懂得在你的妻子"不讲理"的时候宽容一些，是一个丈夫走向婚姻圣坛的第一课。

有一位女子回忆她婚姻中的一段故事，多少年后仍记忆犹新：那是一个秋日微凉的黄昏，刚跟丈夫怄过气，一头湿漉漉的乱发披散，站在院子当中，让风使劲儿吹着。

丈夫拿着电吹风从房里走出来，说，过来，坏脾气妞！一头雾气渐渐地散尽了，丈夫突然说："也许，几十年后的一个黄昏，你一个人独坐的时候会想起眼前的这一刻的。而我，已先你而去了。"

她说，听了这话，她好像突然明白了丈夫心中的那一份痛惜的感觉。佛说，修百年才能同舟，修千年才能共枕，而千年之后又能相守几时？为什么敢轻易伤害的总是最亲爱的人呢？只是因为，只有这个人会一次又一次地原谅我，因为这颗心永不会背叛我……

这一段小故事中，男主人在争吵之后给妻子吹头发时的一段话深深地打动了妻子，让坏脾气的妻子懂得，夫妻俩最珍贵的是彼此间的情感。

其实当夫妇之间开始据理力争时，家里恐怕就开始蒙上阴影。两人都会不自觉地各抱着一堆面目全非的歪理，驳斥对方，伤害对方，最后只能两败俱伤，难以收拾。记住，家不是讲理的地方，家是讲爱的地方。

5 对爱人说话要委婉柔和一些

相敬如宾只是一个理想，抑或只是一种空想。爱人，就是你所爱的那个人，是你在快乐时可以与他（她）一起疯狂、痛苦时可以与他（她）一起流泪、有困难时可以与他（她）一起承担的那个人！

生活中，我们都不是圣人，不是我们故意去犯错误，一切的过错只是缘于我们并不一定真正地懂得去如何爱一人，于是无意间就会不经意地伤害对方，使双方产生矛盾。有问题是难免的，关键是要去用心解决它，而不能为了表面的和谐而积压在心底，忍到最后，痛苦会一点点地淡去，但随之而失去的一定还会有更多更为宝贵的东西。

俗话说："爱得越深，伤得越重。"的确，夫妻之间的感情越深，就越是看重对方，越在乎对方说的话；但夫妻二人生活在一起难免有磕磕绊绊。这时候，就需要你改变说话的方式，化解矛盾，增进夫妻间的感情。

夫妻之间的意见不同，也必须做到异中求同、圆润沟通。有话直说，但口气要委婉些。一般情况下，能让人欣然答应的事情，通常是通过柔和商讨的语气来达成的。当你需要爱人帮助时，切莫用生硬的命令口吻，应委婉柔和一些。

比如，妻子从单位回来，对正在看书的丈夫说："今天我想做件衣服，你是不是接孩子，再做做饭？"这种尊重的商讨口吻会让对方很乐意地接受。丈夫说："行，我这就去。"这样说不但达到了目的，而且使彼此关系和谐融洽。若是使用命令强硬口吻会怎样呢？我们还是用上面所举的例子。妻子说："喂，我今天要做活儿，你去接孩子，回来做饭！”

丈夫一听也火了：“你没见我正忙着吗？”妻子也不是等闲之辈：“忙，就你忙，难道这个家的事都我一个人包了？”结果，一来二去的两个人吵了起来，各自装了一肚子怒气。这样的例子在生活中不胜枚举。

从人们的接受心理看，盛气凌人、颐指气使最容易引起对方的反感；而对平等商讨、诚恳请求却有一种天然的妥协性。因此，协商口吻比命令口吻更容易改变一个人的观点。在夫妻之间，应尽量采取这种方式。

此外，绝对的话最伤人心了。一对小夫妻，常为一些小事拌嘴。一旦拌嘴，妻子就说：“结婚之后，你做过一件让我高兴的事吗？没有！”难道丈夫真的就没有做过一件让她高兴的事马？很显然，这种说法是不成立的。

丈夫听到这句不公平的话后很是不服气，于是战事进一步升级。本来是鸡毛蒜皮的小事，最后可能搞得不可收拾。如果把这句话改为“结婚之后你做了很多让我很不满的事，你是不是也该好好想想了？”也许会有截然不同的效果。

夫妻之间只有彻底谅解、全心包容、经常忍让，并且感情真挚不渝，对生活有一致的看法，有共同的崇高理想与信念，才能在人生的旅途上平安度过大大小小的风波，成为琴瑟和谐的伴侣。

6 对爱人说一些善意的谎言

世上不存在没有谎言的爱情。假如有，那定然不是完美的爱情。

“我十分爱你，我将永永远远地十分爱你！”放在多少年后这是谎言，不过对于当时来说，这是不自觉的。

“我只想拥有你，除了你我谁也不想。”仔细检查一下内心，会发现这也是谎言。每个人心中都有几个或者更多中意的人，不过这是为了使对方有踏实和幸福感而制造的善意的谎言。

有这样一则小事故，故事中的男人和女人相遇在一个舞会上。男人非常喜欢这个女人，聚会结束时他向她发出了邀约，出于一种基本的礼貌，她没有拒绝。

于是，男人带着她去了一家咖啡馆小坐，两个人各点了一杯咖啡。气氛是静默的，甚至有些紧张。

这个时候，男人忽然对服务生说，请拿一些盐过来。

服务生和女人都为男人提出的要求而惊讶。她问："难道是往咖啡里加盐吗？"

"是啊。"男人的回答是肯定的。

女人和身旁的服务生都笑了。多可爱的人啊，一个可爱到要往咖啡里加盐的男人，可又是那么真诚认真。

先前两个人之间有些静默甚至紧张的气氛骤然得以松弛，于是有了一些对话。女人还是抑制不住唇角的笑意，但她很认真也很好奇地问男人在咖啡里加盐的习惯是怎样形成的？

在咖啡馆中幽暗的光影里，男人有着微微的憨态，唇边挂着淡淡的微笑。他对面前的女人说自己从小生活在海边，是渔民的儿子，从小到大就在咸咸的海水里嬉戏成长。长大离家，由于回家的次数减少，便逐渐习惯往咖啡里加盐。那种在嘴里咸咸的味道常常令他想起小时候在故乡海水里的盐粘在唇角的样子，那里面有故乡的气味。他习惯用这样的方式寄托在城市里的乡愁。

咖啡馆里男人寥寥的几句话让女人很受感动，因为她一直觉得会思念故乡的男人是很顾家的男人，而这一点其实也是她找寻男友的一个必备条件之一。另一方面，她自己也是一个远离故乡多年、乡愁无法诉说的女子。

仿佛遇到了知音，在温暖的咖啡馆里两个人谈到在故乡的点滴往事，感怀不已，两颗心的距离立时便被拉得很近。

那一夜，女人还破例接受了男人送她回家的请求。恋情就此开始，于是有了越来越多的约会。

依然常常去咖啡馆。在不同的咖啡馆里，每每在别人惊诧的目光中，女人都会温柔地对那里的服务生说，拿点盐来，我的男朋友很喜欢往咖啡里加盐。

女人的言语间流露出自豪的爱意。有时她亲手替男人把盐加到咖啡里，看着男人一口一口地喝下，心里会暗自庆幸自己当时接受了男人的第一次邀约，才让她拥有了这样一个有情的恋人。

两年后，男人和女人如愿结婚，果然是幸福而安逸，一过就是40年。遇上这样一个男人，是女人一生中自己做得最满意的一件事。那是男人和女人婚后的第四十个年头，他和她在漫漫的人生岁月里已经手牵着手从年轻、年长走向年老。

也是在这一年，男人得了一场重病入院治疗，然而还是在不久后离开了人世。

女人的悲伤就不必说了。

葬礼过后，女人在屋内整理着男人的遗物，她发现了男人留给她的一封信。她颤巍巍地展开了那封信。男人在信里对女人说："亲爱的，请你原谅我。当你看到这封信的时候，我已经死了。而死人总是容易得到原谅的，不是吗？我骗了你40年。因为我从来都是一个不喜欢喝加盐的咖啡的男人。当年我们的第一次约会，静默而紧张，我心里不安，才临时想出了这样一个往咖啡里加盐的话题。那时，我真的没有想到，我会因此而喝了40年的加盐咖啡。这么多年以来，我一直想告诉你真相，亲爱的，你会原谅我吗？"

女人拿信的手微微地颤动，表情却是幸福而祥和的。

男人或许不会知道女人此时的心情，其实她早已经原谅了他。

因为一次小小的谎言，一个男人为了自己心爱的女人甘心情愿地喝了40年的加盐咖啡。即便这是一个藏了40年的谎言，可还有什么不可以原谅的呢？

如果爱情没有了谎言，那么爱情就会变得直通通平淡淡，毫无委婉含蓄可言。善意的谎言是美丽的，是可以谅解的。当有人对你说谎时，你最好想想他为什么要说谎，你可能会谅解他，并因此而感动。

7 不要对爱人吝啬你的赞美

情人之间的赞美，让爱情更加滋润；夫妻之间的赞美，让家庭更加幸福。当你用心观察到对方的优点，并且发自真心地表达赞美，温馨的关系便在一言一语中逐渐建立，婚姻的情感基石得到巩固和升华。

由衷的赞美是人生中最令对方温暖却又不令自己破费的礼物。当然，它的价值和意义也是难以估计的。所以我觉得，夫妻之间的赞美是生活中不可或缺的。赞美必须发自真诚的内心才能感动人，否则很容易流于肤浅，效果适得其反。

赞美是一门艺术，要懂得怎样把赞美送给你的爱人。要加深对爱人的了解，对爱人的优点、长处、成熟都熟记于胸，对爱人的性格、爱好、想法要了如指掌。还要掌握一定的称赞技巧，一般来说要成功地称赞爱人，要遵循以下三个基本原则：

（1）确定最优内容，就是指爱人身上最值得称赞并且希望受到肯定之处。

首先要赞其所长，人人都有长处，人人都希望自己的长处受到称赞。称赞爱人能写一手好字，能唱一支动听的歌曲，乐于做一件好事，等等，会使爱人感奋不已。“情人眼里出西施”，任何人对爱人的长处总是看得真切的，大到理想和品质，小到洗衣和做饭菜，都值得称赞。

其次是赞其所想。夫妻之间应经常交流看法，大到世界风云，小到教育儿女、亲友交往、街头新闻、邻居趣事，都应各抒已见，畅所欲言。对爱人的真知灼见应及时地表达赞赏之情。这样，夫妻之间就会更加贴心，彼此之间的共同语言就会越来越多。

再次就是赞其所爱。人各有所好，如果所爱好之事受到爱人的肯定和称赞一定会深感欣慰。爱人迷上花卉，你不妨称赞爱人所栽的盆景相当别致；爱人坚持体育锻炼，乐此不疲，即使你无暇与他（她）同跑共练，你应该表示对“生命在于运动”这句名言的赞同，称赞爱人具有非同一般的毅力，听到这样的称赞，谁不心花怒放呢？

（2）捕捉最佳时机。

同一句赞语在不同的时间说出的效果截然不同，称赞爱人要考虑时间、场合。那么，何时称赞效果最好呢？

赞在有客时。在一些人多的社交场合受称赞，总会感到脸上有光，这是人之常情。亲友来访，举杯言欢之时，如果适时称赞爱人一两句，哪怕只是“能干，爱做家务”“对老人孝顺，善处亲朋关系”之类似乎很平常的称赞，她（他）也一定会感到很自豪。但是，这得视具体情况而言，不然将弄巧成拙。

赞在有成时。人在成功之时心情格外舒畅，这时爱人的一句称赞就如锦上添花，其价值可抵“万金”。发表作品、评上先进、晋升职称、受到奖励，乃至制成一件小玩艺儿，帮别人处理好一件事，托人办成一桩家庭要事，等等，都可以看作是或大或小的成功。

这时，如果能听到爱人一句充满柔情蜜意的称赞，其欣喜之情可想而知，这称赞足以证明：爱人正在分享你成功的喜悦呢！

（3）选择最妙方式。

语言表达是一门奥妙无穷的艺术，用怎样的方式称赞爱人也有大学问。恰到好处地直接称赞，抓住爱人的闪光点、感人之事，用恰到好处的一两句话直抒胸臆，表达自己由衷的赞美，就会使爱人受到莫大的鼓舞。

也许有人认为，婚后彼此已完全知底，撕下了神秘的面纱，往日的魅力已随时间流逝不复存在，没有什么值得赞美的。

其实，两个人相处只要多用宽容甚至赞许的态度去看待对方，就会重新找到对方的魅力。夫妻之间不是缺少美，而是缺少发现。一位朋友携着他的妻子对别人说：“我的妻子并不漂亮，可她心地善良。在我眼里，她是最美的。”

这一番表白，他的妻子怎会不感动呢？恩爱的夫妻总是在举手投足之间发现对方的美，并不失时机地告诉对方，让对方陶醉。爱情的逻辑就是：你给予对方的多，得到回报也就多。每一次恰到好处的赞扬，都是一次爱的升级。

爱情在这个千变万化的世界里诞生、成长，需要我们处处留神，小心呵护。画家凡高说过：“偶尔才有的一个赞扬足以让我高兴一星期。”你经常给配偶以赞美，就会让他（她）高兴一辈子。

8 幽默增添夫妻生活的和谐

在夫妻生活中，幽默常常会收到意想不到的效果。它往往以善意的微笑代替抱怨，避免争吵，给人带来欢乐，消除烦恼，使夫妻关系得以调适，使家庭生活充满快乐。幽默是任何说教、训斥、央求、亲昵所无法取代的。它胜过一百个热烈的亲吻，一千次赤诚的宣誓。

家庭生活极需幽默，不论在什么情形中，一对善用幽默来润滑轮子的夫妻，他们获得的安宁比那些整天吵闹不休的家庭多。

美国《今日心理学》杂志宣称：一齐发笑的夫妻通常能维持永远在一起。一项心理学研究成果表明，幽默感相同的夫妻较易相爱和共偕连理。学会幽默使夫妻之间充满欢笑，也是我们每个人的责任。当你和自己的爱人在一起的时候应该运用自己的幽默力量，妙语横生。

有一对夫妻，妻子晚上睡觉总是唠叨个没完没了，她丈夫天天早晨都不能按时起床。一天，妻子对丈夫说："你应该买个闹钟。"丈夫说："不用买！你不就是现成的闹钟嘛！"几句幽默的话就把妻子的缺点暗示出来了，两人在"和平"中解决了矛盾。

在处境极其不好的情况下，恰到好处地运用好幽默语言能转危为安。古希腊伟大的哲学家苏格拉底的妻子脾气暴躁。有一次当苏格拉底正和他的学生们讨论学术问题的时候，他的妻子突然闯了进来，不由分说就大骂一通，随后又提起装满水的水桶猛地浇了过去，把苏格拉底的全身都弄湿了，学生们以为老师一定会勃然大怒。然而出乎意料的是，苏格拉底笑了一笑，幽默风趣地说道："我是知道的，打雷过去，一定会下雨的。"大家听了，都捧腹哈哈大笑起来。苏格拉底的妻子自知无趣，害羞地退了出去。

汉语里有一个成语：宾至如归，形容接待客人热情周到，使客人到这里就像回到自己家里一样。这四个字常被当作服务行业的口号，被张贴、悬挂在旅店、饭馆的醒目位置，可是夫妻之间客客气气的，旅店里的"宾至如归"就不见得是什么好事了。没有幽默感的家庭就像一个旅店，“相敬如宾”的夫妻就像偶然住到一起的两个路人，相互之间客套寒暄而又相互猜忌提防。

面对纷纭繁杂的社会生活，尤其是家庭生活中的锅碗瓢勺等琐事，有时确实需要多一些承受困难的勇气和驾驭生活的能力。家庭中的幽默可以减轻心理上的压力，尤其是夫妻生活中的幽默语言，常常能激起感情上的浪花。

因为幽默是坚毅、冷静、智慧、能力的象征，是家庭矛盾的调和剂。世界上的人大都有一种天生的本能：不愿意听到别人对自己的指责。夫妻天长地久永相守，更需要彼此的谅解和宽容的气度，天下没有完美无缺的人。夫妻之间任何一方的主观急躁、埋怨指责，都会使感情趋向平淡与萎缩，这是需要克服的。

9 用嫉妒的话语调剂夫妻感情

当夫妻关系开始变得不稳定、婚外情困扰越来越严重的时候，你是否想过，都市中夫妻关系良好一族正在用什么方式拯救爱情？其实，方法很多，其中一种叫做“假吃醋”。

有句耳熟能详的俗语叫“婚姻是爱情的坟墓”，夫妻经历几年婚姻生活后，当初恋爱的激情逐渐消退，更多柴米油盐的琐事造就了婚后的平淡。

如果不善于经营婚内情感，矛盾或出轨就可能发生。而“假吃醋”即“夫妻斗嘴玩”，可以用“表演”的形式吃对方醋，营造一种淡淡的醋意氛围，使双方在游戏中仿佛又回到了恋爱时分。

我们应该怎样“假吃醋”呢？这需要夫妻双方都对对方抱一种宽容和接纳的态度，如果你做不到上述所言，就要警惕“假吃醋”变成真吃醋了。

当你认识到人都会对很多不同的异性有好感，并且这种好感很正常时，你那种强烈的情绪就会平淡下来，就更能接纳自己的感情和人性。此时再伴以“假吃醋”，你的婚姻生活就会更有滋味。

但是，不正常的吃醋也就是倒了一地无法收拾的醋，则是心灵的扭曲、形象的扭曲，甚至毁灭。不是还有往对方脸上泼硫酸的吗？“我得不到的别人也别想得到”，等等。这种醋是万万吃不得的，也是夫妻关系最无法接受的醋意……

吃醋原本是缘于爱，什么时候就变成恨了呢？有气量和胸怀的人不妨这样——给自己多一些自信，相信他始终爱你好不好？想象你们的二人世界真的无懈可击，别人有多大的力量也不可动摇你们平衡长久的感情。不论是情人还是新婚的女人，偶尔吃点小醋是相当可爱的，给男人的感觉是甜蜜与在乎。

嫉妒是对情爱的珍视，也是调节夫妻感情的调味品，借助轻微的嫉妒，能够使夫妻之间的感情在笑声中升华。

10 家庭生活需要交流

在生活中，两个比较深交的人之间可能无话不谈；两个关系一般的人则是有话则长，无话则短。夫妻之间则不然，夫妻天天相处，时时不离，讲话的内容无所不包，并且由于夫妻之间的特殊心理，如“心上人”心理、“自私”心理、“随意”心理等，使夫妻之间的谈话成了最轻松同时又是最困难的谈话。

许多人结婚后，就认为对方是“自己人”，在语言和行为上开始无所顾忌，想说什么就说什么，想怎么说就怎么说。这种夫妻之间任其自然的做法从积极方面讲，可以使夫妻双方推心置腹；但也有它的消极方面，有时不加考虑的言行会伤害对方的感情。

夫妻交谈也应讲究语言，夫妻是人生的伴侣，必须真诚相待，同舟共济。只有满足对方的感情需要，才能互相吸引，使幸福之舟达到理想的彼岸。反之，言语粗俗，会使对方感觉到相处乏味，也许会导致婚姻的破裂。

培根说过：“一切高尚的家庭总有一种美的乐趣的吸引。”说的就是这样一个道理。据说任弼时与夫人关系很好。一次任老心绪不佳，发了一通脾气，其夫人顶撞了两句，他伸手要打人。

“怎么，拳头专政，你成了蒋介石。”其妻风趣地说，任老的气一下子就消了，化干戈为玉帛。还有一次，任老的夫人不小心把饭烧糊了，任老吃着，嘴巴都是黑乎乎的。夫人十分愧疚，任老为了打消她的顾虑，诙谐地说："这黑饭可以治癌，是一种难得的补药。再说，我明天得演黑脸张飞，用不着化妆了。"说得夫人"噗哧"一声笑了。

夫妻生活中忧愁、兴奋往往会交替出现，适当时机的说笑打趣可以使夫妻解除不必要的烦恼。当对方心情不佳时你千万不能说一些不愉快的事。很多人误以为，当别人生气时沉默与忍耐是唯一途径。其实沉默与忍耐常会让发火的那一方更恼怒，不如学学这些四两拨千金的说话艺术——一种"做人"的绝妙功夫。

另外，当对方高兴时，万不能败兴。因为这是相互尊重的表现。马克思曾与人谈及他的私生活："她高兴，我让她尽情，她烦恼，我要让她的烦恼短命。"有一次燕妮兴致勃勃地缝制着孩子的衣服，马克思走到她跟前说："亲爱的，让他的爸爸瞧瞧。如果没有我的努力，你会失望的。"一句话，幽默风趣，说得燕妮涨红了脸。

夫妻间说话必须诚恳，如果你们认为应该同去参加一次聚会或舞会，或去看一场电影，都应该坦诚地交换意见，一对关系正常的夫妻应该永远容许对方充分表达内心的感受。双方如果能够始终保持一种合作的精神，能互相领悟极微小的默契，那么双方心情的愉悦将永远伴随爱的始终。

从信息论的角度来看，夫妻之间的感情交流，实际是一个信息传递过程，如果一方发出的语言信息和情态信息不被对方接受，感情就无法交流。

从心理学的角度来看，夫妻在表达和接受感情信息的方式上存在着差异，一般来说女性由于感情细腻，有较强的虚荣心等原因，往往喜欢采用含蓄、委婉、暗示、隐喻等方式，来向男性表达自已的感情和心理需求，即使在婚后仍能保持这种特点。

夫妻交谈，人们最向往的是琴瑟和鸣的理想境界。夫妻间那富于审美情趣的语言像甘露一样滋润着爱情的花蕾，在倾心交流之中两心相悦，两情相依，快乐一生，恩爱一生，幸福一生。

11 结束家庭“冷战”的方法

夫妻冷战是指一旦夫妻出现矛盾冲突，双方便以沉默而对之，互不理睬。冷战有时持续几天，有的可多达数日，甚至数月、数年。

应该说冷战也是夫妻间的一种沟通方式。因为冷战中的沉默实际也在表达许多的含义，比如轻视、愤怒、不悦、漠视、冷酷，最糟糕的是拒绝合理解决问题。因此它是极具破坏性的，并被心理学家认为是最不当的沟通方式。

冷战的极端表现是“拂袖而去”，如丈夫多日不归，或妻子回娘家数日的情况。应该说此种行为是逃避现实、不愿达成协议的表现，因为人虽然离开了但是问题还存在着，而最后谁将谁请回家又使夫妻关系变成一种较量。

不少夫妻是惯用沉默做武器的。虽然他们常会有这样的借口“不喜欢吵起来”“我不想一天到晚喋喋不休的”或者“说了有什么用”，但实际是用沉默表示对对方的轻视，或通过沉默表达自己的不满与愤怒，也有可能是通过沉默来达到制约控制对方的目的。

冷战意味着不想解决问题，意味着会使积怨越积越深；冷战使家庭气氛压抑、冷漠，更容易造成不良情绪，引发新的矛盾冲突；沉默的背后实际隐藏着愤怒的情绪，而积压到一定程度，会爆发得更不可收拾。

如果夫妻之间出现冷战现象，谁先打破沉默，并不意味谁就输了，丢了面子，而恰恰证明谁在用合理的沟通方式尝试着解决问题。如果觉得先开口就是丢面子，那么是面子重要还是婚姻更重要？先开口是先迈出解决问题的第一步，是有建设性意义的举止，而绝非什么丢面子。

冷战斗气中的夫妻，如果一个是“室内型”的人，一个是“室外型”的人，那情况还好些。一个在外面游荡，一个在家中干自己的事；如果两人都是“室外型”性格，那这小家庭就有三分动荡与七分的危险；如果两人都属“室内型”的那类，那日子过得无疑是十分的别扭。就大多数夫妻而言，双方谁也不愿在冷战中打持久战的，关键的问题是双方谁先主动来打破冷战的僵局。

一般说来，大都是男方先来点高姿态，也有女方主动示弱告软的。不管哪一方，只要你不想让夫妻冷战威胁这个家庭，只要你有心想迅速结束冷战状态，实现夫妻“邦交”正常化，就可以借鉴以下几种方法：

（1）不把话说得太绝，为对方留有余地。

（2）请朋友做客或约对方看电影，借机搭话。

（3）向对方大献“殷勤”。

（4）打个电话，找个借口说说话，可少尴尬。

（5）求对方帮个小忙，打破坚冰。

（6）佯装生病或不舒服。让对方来关心。

打破僵局的方法很多，夫妻之怨宜解不宜结。其中根本的一点是：任何情况下都不可以有给对方一点颜色看、惩罚对方一下，非让他（她）低头认罪不可的种种不良心态。有话说话，有理讲理，宁要争吵也不要冷战，这是许多和谐的夫妻总结出的一条老经验。而一旦处于冷战中无人主动来给你们调解，那就靠双方“系铃人”来努力解开沉默无言这个“铃”了。所以当出现小的摩擦，有了问题俩人就要沟通，男人要大度女人要温柔，一切没有原则的事也就无所谓了。绝对不能冷战！冷战是婚姻幸福的最大敌人。

12 和谐婚姻需要容忍和宽容

婚姻不是爱情的坟墓，而是积累深沉情感的新巢。婚后夫妻双方生活的全面接触，使双方都发现了对方的缺点，处理不当往往会产生隔阂。因此，这时特别需要相互理解和谅解，需要新鲜感情的注入。妻子需要温存，丈夫需要支持；妻子需要体贴，丈夫需要关心。

有人总结丈夫要做到“五不”：不要在公共场合批评妻子；不要嘲笑妻子无能为力的事情；不要把妻子的短处与其他女人的长处相比；不要在妻子痛苦时离开她；不要对妻子乱发脾气。

还有人总结妻子也有“五要”：一要调整心态，适应婚后生活变化；二要巧费心思，变换花样为生活增添新鲜感；三要宽容，给丈夫一个生活空间；四要增强形体与内在吸引力，防止丈夫“感情走私”；五要善于浇灌，像园丁那样培育爱情之花。

从结婚以来，多少年都和好无间，从未争吵过的夫妻，也不是没有，但那总归是少数。通常情形，夫妇之间闹意见、吵嘴是常见的事。

但是，大多数的新婚夫妇正如新买的鞋子一样，总免不了不合适，而需要我们付出相当的“容忍”。在容忍中细心地去体谅对方，了解对方，明白一个人总免不了有缺点。那么，就该因“爱”而容忍，由容忍而了解，由了解而宽恕；慢慢地就做到一种境界。

有一个男人和他的爱人恋爱后决定结婚了。到了喜期，亲友们纷纷送来各色各样新奇的贺礼；而这位新娘的母亲却只送给他们一双旧鞋。

当时，他们都很莫名其妙。于是这位新丈母娘就说：“新婚和穿新鞋是一样的。它看来很光彩漂亮，但是它并不适应你的脚。它常常会使脚痛，走路不便，起茧，所以需要忍耐。过了很久以后，你的痛苦慢慢消失，那时这双鞋子虽然没有新的时候那样光彩了，但它却已经完全适合你的脚了。希望你们日后发生争执的时候，想到旧鞋的启示，会对你们彼此之间暂时的不能相容有一点帮助。”

感情再融洽的夫妻，也免不了有怄气拌嘴的时候，如何化解僵局？男人往往有较强的自尊心，难以首先低头认错。倘若这时做妻子的能静下心来，用包容的胸怀、和解的语言给丈夫一个台阶下，那么夫妻之间肯定会雨过天晴。善用温柔的语言，这是夫妻间保持吸引力的有效手段。心理学家说，向对方表达温柔体贴是永远不会错的。

在夫妻生活中，我们应时常想想下面这些话语：

尊重彼此之间的差异，相互理解，彼此欣赏，彼此感激！

夫妻间真正做到举案齐眉其实是很不容易的，要相敬如宾！

爱必须自尊！不要爱的失去了自我，这样最容易被对方抛弃！

能把握好婚姻中夫妻间的度就会感到幸福快乐！

不要说什么天长地久，只要珍惜今天的拥有才是最重要的！

结婚前要睁大眼睛，结婚后就要闭上一只眼！

婚前要选对适合你的人，婚后就要彼此适应而不是改变对方。

是你主宰着婚姻，而不是婚姻主宰着里面的人。

婚姻中面对的困惑有很多，但困惑的不是婚姻，而是自己的心！

只有内心平静才会在婚姻生活中有另一种收获！

知道事情应该是怎么样，说明你聪明；知道事情实际是怎么样，说明你有经验；知道怎样把事情做好，说明你有能力！

常言道："良言一句三冬暖，恶语伤人六月寒。"语言是风，行动是雨。小雨不断浇灌，爱情才能像春天的树木，长青不衰。

13 亲爱的，你听我说

说话是最直接表达你想法和情感的方式，对话既是"亲密关系"的催化剂，却也可能是"危险关系"的导火索，所以在家里和你爱人说话也是有技巧的。

遇到不愉快的事情，妻子总首先向丈夫诉说。其实这是种很好的发泄心理治疗方式，否则易导致焦虑、忧郁等症。如果你听了觉得厌烦，易引起争执；倘若似听非听，则达不到宣泄的目的。最好的办法是耐心听，让其讲完后再慢慢申述你的意见，那时容易收到规劝的效果。

伊芙刚做了乳腺瘤手术。一天，她对丈夫马克说她很苦恼，因为手术破坏了她乳房的外形。马克对她说："那你可以做一次整形手术。"

这个建议让伊芙十分不快。她对丈夫说："我很难过，你不愿意看到乳房变成这个样子。那我就不再做任何手术了。"听了妻子的话马克大惑不解，不知如何劝慰才好。"可我一点也没在乎那个疤呀！"他申辩说。"那你干吗还要我做整形手术？"伊芙问。"因为你对那个疤很苦恼。"马克回答。

从这一则小小的故事里人们可以看到，这一对夫妻在对话中产生了一个误会。这个误会似乎不大，但却伤了妻子的心。因为，做丈夫的没有真正理解妻子提出的问题与妻子渴望得到的回答。

实际上，男女在谈话的方式上是有差别的。男人往往把抱怨、诉苦当作挑战，他们关心的是找到解除困境的办法。马克认为，当他告诉伊芙可以通过手术来消除乳房上的那个疤痕是在帮助妻子解脱烦恼。他的失误在于，他没能理解妻子提出问题时的潜在心理：她需要的不是具体的办法，而是丈夫感情上的支持和慰藉。

平常日子里，妻子最常与丈夫说起的有关自己的话题无非是：衣服好看不好看？饭菜好吃不好吃？发型漂亮不漂亮？皱纹是不是又多了？最近是不是变老了？等等。

这样的小问题很蠢是不是？不过，当你的妻子向你提出来时，不管她是真的还是假的，是正式的还是非正式的，你千万不要随声附和。必须要斟酌一下你的语言方式才可回答。你回答的内容无所谓对错，可你回答的角度、方式却极为重要。这时候，如果你太直白了，一个劲儿地奉承她，她会认为你是在骗她；如果你支支吾吾漫不经心，她会认为你没有诚意；如果你一味批评，又会伤了她的心。最好的办法是，从妻子的角度说些宽慰性的话。

如果这件衣服确实漂亮，她自己心里也早已承认的话，她是不会试探着去问你的。就是说，当她说“这件衣服我穿着是不是合适”时，说明她的心里此时并没有自信。

当然，如果这件衣服她穿在身上很合适，你大可不必费什么心思去回答；可如果她穿在身上确实不合适，可她已经买下且绝无后悔的余地时，你可以用轻松的口气对她这样说：“刚买的衣服先放几天再穿，说不定你明年穿着就合适了。”这样的对话，妻子并不是让你帮着她解决什么问题，她是在寻求一种理解，一种安慰，或者说是一种心理平衡。

丈夫体贴妻子是增进夫妻情感的一剂良药。实际上，每个男人都会懂得如何与妻子保持和谐，只要你注意看到她的优点，并适时地表达出来，她就很容易满足了。有人说：“你若称赞她穿的旧衣服漂亮，她就不会要流行的新衣服了。如果在妻子的眼睛上吻一下，她会变成瞎子，在她的嘴上吻一下，她就变成哑巴了。”

在婚姻中，丈夫是举足轻重的角色。传统的夫唱妇随，现代的夫妻平等都是为了提高生活中的婚姻质量。大丈夫能屈能伸，在你走进婚姻的殿堂之后，一定要有充分的思想准备去“对付”妻子。

日子是一天一天过下来的，婚姻生活也许从来就不会是一帆风顺的。从浪漫到无聊，从激情四射到平平淡淡，就如同从天上到人间一样。说到底，平凡的人就要好好过平凡的日子，与自己的爱人相互间率真一点，相信我们都会在婚姻生活里开心一世的！

14 来点善意的“谎言”

爱情中的谎言是一种调和剂，在不造成伤害的前提下，是可以适当使用的，善意的谎言能很好地加固爱情的堡垒。有些善意的谎言能够使家庭更稳定、更和谐，生活更美好，心情更愉快。

有一位先生曾谈到自己的切身体会。他认为，男人在婆婆和媳妇之间来点善意的“谎言”，会有意想不到的调适作用。他说：“自从我妻子进门后，我家的空气陡然紧张。当初我俩自由恋爱时母亲就不同意，是我据理力争才与心上人结合的。正因为这一宿怨，妻子踏进我家门槛后从未喊过我母亲一声‘妈’。为这事母亲很伤心，也赌气不理她。白天，当妻子不在家时母亲就把怨气往我身上出，说妻子人不大，架子倒不小。夜晚，当父母进入梦乡后，妻子在枕边就向我吹冷风，说我母亲斜着眼睛看人。这真难煞了我，真害怕有一天她们婆媳俩为什么事‘破了口’。我开始动脑筋做协调工作。”

他说，有一次妻子患肠炎病愈后需要鲫鱼汤暖暖肠，我便请母亲上街买菜时捎带半公斤活鲫鱼，做了一碗汤。我端给妻子喝时哄她说：“这是妈买的鱼，特意做的汤，叫我送给你喝的。”妻子愣了好一会儿，怀疑的眼光在我脸上扫来扫去。

又有一次，母亲过生日，我拿出早已请人织好的毛衣送给母亲，说：“妈，这是您媳妇的一点心意，叫我送给您。”母亲惊讶万分，拿着毛衣看了好一会儿，又塞到我手上说：“这个我不能收，她过生日时我都没给她买点什么。”“日子长着呢！”我趁势把毛衣塞过去。

她俩的关系真正解冻是在我一次出差期间妻子得了急性肠炎，呕吐、腹泻不止，母亲在医院陪她一夜。第二天早上出院时，妻子终于开口喊了母亲一声“妈！”母亲当时热泪盈眶……

作为丈夫和儿子，他们是有能力处理好婆媳关系的，关键是他们找没找到一条合适的路子。淡化矛盾是首要的一条。婆婆对媳妇主要的不满根源在于，她们觉得自己含辛茹苦把儿子抚养成人，帮儿子成了家，儿子该对母亲依从、孝顺才是。

可如今儿子娶了媳妇，把老娘忘了，跟母亲不是一条心了。大部分做婆婆的在儿子成家娶妻之后都会有这种失落感，只是失落感的大小不同而已。做儿子的，要慢慢地淡化母亲的这种失落感，让母亲一点一点接受这种事实。

这一段故事很感人。其实，“谎言”只是一种形式，它说明，人心还需人心去暖的。

第八章

演讲口才——慑服人心的利器

演讲既是一门科学，又是一门艺术，在人与人的交往方面发挥着十分重要的作用。能够赢得鲜花和掌声的演讲是最有水平的。作为一种口语表达形式，它要求调动有声语言和态势语言的一切积极因素与手段。精彩的演讲和恰到好处的口才可以显示出广博的学识、优雅的举止、幽默的情趣。

1 演讲时要热诚

演讲者发表演讲的目的就是要吸引、说服、鼓动、感召听众，因此如何使自己的演讲唤起听众的共鸣，从思想深处征服听众，就成为演讲者最为关注的问题。那么，演讲者怎样才能唤起听众的共鸣，感动每位观众呢?

要感动听众，就一定要热诚。滔滔不绝，一泻千里的演讲虽然流畅优美，但是如果少诚意，那就失去了吸引力，如同一束没有生命力的绢花，很美丽但不鲜活动人，缺少魅力。因此，演讲者首先应想到的是如何把你的热诚注入演讲之中，如何把自己的心意传递给对方。只有当听者感受到你的诚意时，他才会打开心门，接受你讲的内容，彼此之间才能实现沟通和共鸣。

热诚能使想象的轮子转动。一个人缺乏热诚就像汽车没有汽油。热诚能使平凡的话题变得生动。情感是艺术的灵魂，也是演讲气势动力的源泉。没有演讲者的真挚情感的流动、跳跃和燃烧，演讲气势就无从谈起。

演讲者只有用血、用泪、用自己的生命激情去呼喊、去敲击，才能叩开听众的心扉，产生征服人心、震撼灵魂的演讲效应。不言词虚浮，不矫揉造作，保持说话人的自然本色，使人听后感到自然，乐于接受。李燕杰同志的演讲之所以生动感人，气势非凡，具有磁石般的吸引力，就是因为他无论讲爱国之志，还是民族之魂，或讲正气之歌，吐露的都是自己的真情实感。

热诚还应表现在情感的深沉与丰富上。构成演讲气势的情感，既要有深度又要有广度，这样才能激起听众感情上的波澜，这就要求演讲者的情感必须具有凝聚性和交融性，善于浓缩和强化情感。当演讲进行到关键时刻或达到高潮时能立刻形成强有力的情感暴发力，给听众以强大理性情感的冲击，使其心灵受到震颤，就能使台上台下形成“情通理达”、交融和谐的演讲气势效应。

有一年秋季卡耐基在纽约市青年会领导演说班，其中有一位学员是某大公司的销售员。一天晚上，他讲述了一件令人感到非常奇怪的事，他说可以不用种子而长出青草。他说只是用核桃树的灰撒在土里，不久便会长出青草。他非常坚信青草是核桃树的灰长成的这一说法。

他讲完之后，卡耐基就笑着指出他的偶然发现如成事实，他立刻可以成为著名的科学家，而且可以从培养青草出售而立刻成为百万富豪。卡耐基又告诉他，从古到今还没有人能够变出这样希奇的事物。

之后卡耐基又心平气和地对他说，因为这种错误太明显，所以也用不着分辨。那位学员讲完后，全班都看出他的观点是完全错误的，可是他本人还是没有察觉出来。他还是说这并不是空话，是他亲眼看见的。之后他还提出了不少证明，一种深切的热情，从他讲话声音中散播出来。可是卡耐基依旧在提醒他，那是不可能成真的事，离开可能的路还不知有几千里呢！可他马上站起来与卡耐基分辨，并愿出钱下赌，请美国农业部代为评判。

就是在这个时候卡耐基观察了一下同班同学，他们中竟有人慢慢地相信这种观点是可信的。这种轻信未免令人感到惊异。卡耐基问他们为什么会相信那种说法？他们的回答，说是被他那种热诚所感。从这里我们能够看出，热诚是可以感人的，特别是广大的听众，有自主能力思想的人是很少的。

虽然我们都有感情，而我们的情感很容易被演说者的情感影响。演说者用极热烈的诚意讲述出来，即使说灰土可以生出青草，那也会有人赞同，这是一个非常明显的例子。

失去了热诚也就是损伤了灵魂。热诚是一种重要的力量，要想获得这个世界上的最大奖赏，你必须拥有过去最伟大的开拓者将梦想转化为全部有价值的东西献身热情，才能发展自己的才能。

2 抑扬顿挫更能震撼人心

许多人演讲时说话太快。他们这样做要么是为了掩饰自己内心的紧张，坚信有必要向听众显示自己演讲的流畅，要么是担心听众听久了会不耐烦起来。只可惜，他们却往往事与愿违，由于慌乱而造成的词不达意往往使演讲难以继续下去。

其实，语速稍慢、分寸得当的演讲反而更能突出重点，增强戏剧性效果，因而也就更能吸引听众。试想如果总是用一种平板的语调，不仅演讲者本身显得无精打采，听众也会很快产生疲倦厌烦的心理。演讲就是善于运用语调的变化，抑扬顿挫折，张弛结合，尤其是后半部分，通过语调的激越高亢以及反复的手段，将演讲推至最高潮。

我们中的大多数人，说话时声音多少会有些变化。但区别演讲者优劣的关键在于，单调的演讲者没有充分地变换语调，也就是说他没有注意音调的抑扬顿挫，从而让听众觉得十分乏味。拿格林斯潘和克林顿做个对比。

前者的声音听上去十分平淡、缺少变化，后者则很有表现力，语调变换也很丰富。在演讲中，让你的声音多一些高低起伏，不但会显得更加有说服力，而且也更能表明你会对自己所说的话负责。

演讲时的语调的起伏不仅能使演讲更生动，而且还能传达演讲者丰富的感情。一般来说，升调传达着激昂的情绪，如兴奋、愤怒、谴责、疑问；降调则表达灰暗的情绪，如悔恨、伤心。具体可以这么做：说到最关键的信息时，改变音调。通常，用来限定或描述事物的词语，如形容词、副词和行为动词，最好加重语气。如果你还不习惯抑扬顿挫地来说话，就必须得多使用高音，来获得最佳效果。

演讲者在演讲过程中只有吐词清晰、抑扬顿挫，才能让人感觉到那种气势。优秀的演讲者可以通过语调的激越高亢以及反复的手段，将演讲推至最高潮。

3 抒发感情激发听众共鸣

演讲贵在打动人心，而要打动人心离不开演讲者的感情流露和情绪表现。没有演讲者的情感投入，就不会有听众的情感付出；没有演讲者的情感变化，也就难以激起听众的层层情感波澜。从思想深处征服听众是演讲者最为关注的问题，那么演讲者怎样才能唤起听众的共鸣呢？

首先要做到意切，就是演讲的气势必须符合演讲的主题、听众和时境情况。演讲的气势要切旨、切己、切近听众、切近生活。演讲时，演讲者总是以一定的身份，在特定的环境里，面对特定的听众表达自己的一定观点和思想感情的。

为了取得理想的效果，演讲者必须考虑演讲气势是否有利于升华演讲的主题，能否与自己和听众的实际情况及演讲环境相符。这就要求演讲者必须从现实生活和听众的思想需求、认识水平与欣赏习惯出发，充分利用客观环境的有利因素，采用多种艺术手段表达主题和抒发情感，才能激发听众的兴趣，引起共鸣，产生良好的演讲气势效应。

有这样一个实例：有位教员写了一本《思想政治工作方法》的书，出版社让他推销一千册。对他来说，这远比讲课要难得多。

为了把书推销出去，他在学员队搞了一次演讲，他说："……当老师的在这里推销自己写的书，总不免有些尴尬。不过，如今作者也很难，写了书，还得卖书。出版社一下压给我一千册，稿费一文没有，所以我不推销不行。这本书写得怎样，我自己不好评说。不过有两点可以保证：第一，这本书是我用三年时间完成的，是我心血的结晶；第二，书的内容决不是东拼西凑抄下来的，是我自己长期思考的见解。前不久，这本书被思想政治工作研究会评为社科类图书的二等奖，这是获奖证书。说实话，对于我们这些教书匠来说，搞推销比写书还觉得难，只是硬着头皮来找大家帮忙。不过，买不买完全自愿，决不强迫。如果觉得这本书对你有用，你又有财力就买一本，算是帮我一个忙。谢谢。"他的这次演讲立即产生了效果，一次就卖掉了 300 多册。

其次，可以用对比法唤起听众的共鸣。事物之间的对比能更清楚地显示各自的特征，引起人们的重视。再者，用趋同法唤起听众的共鸣。演讲者与听众之间共同的地位、经历、愿望、志趣、信仰、理想等，都具有趋同性，演讲者可以从趋同的角度入手，去寻找与听众的共同语言，渲染与听众的共同体验，去缩短与听众的心理距离，唤起听众的心理共鸣。

最后，还可以用求异法唤起听众的共鸣。追求新奇是听众的正常心理，演讲者可以巧妙构思，以求异为"突破口"，给听众以新鲜奇特的刺激，设置吊起听众胃口的悬念，调动听众的逆向思维，在设疑、质疑、解疑的过程中，使听众产生恍然大悟的心理愉悦。

演讲者的态度要鲜明，或褒或贬、或赞扬或批判，泾渭分明，毫不含糊。他所讲的内容切合听者的需要，启迪了听众的思维，这样才能引起共鸣。演讲者在演讲时还要饱含炽烈的情感，他要以自己的心声呼唤听众的心声，从而激发听众的关注和思考。

4 引起听众的好奇心

人们都有好奇的天性，一旦有了疑虑非得探明究竟不可。为了使自己的演讲开场白富有吸引力，可以一开始就制造悬念，从而激发起听众的强烈兴趣，收到奇效。

具有演讲经验的人，都会在开场白上下功夫，希望能立即抓住听众的注意力。例如使用一段惊人之语做为开场白，一下子引起你的好奇心。有位演讲者在发表演讲时，一开始就问："你们知道吗？在今天这个高度文明的世界，还有 17 个国家存在着奴隶。"他不仅引起了听众的好奇，甚至是让他们大吃一惊。"奴隶？在今天？17 个国家？简直令人难以置信。在什么地方？是哪些国家？"

也可以采用向听众提问的方式来引起听众的好奇心。在开头向听众提几个问题，请听众和你一同思考，可以迅速引导听众进入共同的思维空间。提出不久，你再把自己的见解讲出来，自然可以使听众愿意把你的话听下去。

1854 年 7 月 4 日，美国纽约州的罗彻斯特市举行国庆节庆祝大会，著名的废奴主义者道格拉斯在会上发表了批判种族主义的演说，他就是用提问式开始的：公民们，请原谅，让我来提出一个问题，为什么今天请我到这里发表演说？你们的国家独立日，对我有什么好处？跟我又有什么关系？难道《独立宣言》载明的政治自由和自由平等原则，也适用于我们吗？因此，是不是请我来把我们的劣等民族送上民族的祭坛，以及为了从你们的独立而导致我们独立的幸福，请我来承认得到裨益并表达衷心感谢呢？在一番提问之后，道格拉斯就开始揭露美国还存在着种族歧视的黑暗制度，用无可辩驳的事实和科学根据驳倒了硬说黑人不属于人种的谬论。

也有人为了引起听众的兴趣，开始便进入故事的核心，这也是一种不错的办法。弗兰克·彼杰就是这样做的。他写了《我怎样在销售行业中奋起成功》一书，在美国商会的赞助下他曾经在全美作巡回演讲，谈论有关销售的事情。他总是能够在第一句话就制造悬念，简直堪称“悬念大师”。他演讲《热心》这个题材的开始方式真是高妙无比，叫人佩服得五体投地。他一不讲道，二不训话，三不说教，四无概括的言论，一开口便进入核心。

“在我成为职业棒球选手后不久，我便遇到了一生中最使我感到震惊的一件事。”现场听众听到这个开头后立刻就来了兴趣。每个人都迫切地想听听：他遇到了什么事？他为什么会震惊？他是怎么办的？

不过有人也会反其道而行之。先说一件事的结果，使听众急于想知道这件事的经过，这种倒叙的手法也是引起听众好奇心的方法之一。

比如：“最近某处张贴了一张公告，上面说不论是哪一所学校，校内所有的蝌蚪都被禁止变成青蛙，以免扰乱学生的学习生活。”当你听到这样的开场白，你一定会觉得很奇怪，心想演讲者是不是在开玩笑？天下真有这种离奇的事情？接着，演讲者就会在你紧张与怀疑时，继续往下加以解释了。

开场白的形式多种式样，但目的只有一个：在演讲之初就震撼听众的思想，获得听众的注意。精彩的开场白可以为你的整个演讲增色不少。

5　幽默能为你的演讲锦上添花

“余音绕梁，三日不绝”是演讲结尾追求的最佳效果。在多种多样的演讲结束语中，幽默式可算其中极有情趣的一种。一个演讲者能在结束时赢得笑声，不仅是自己演讲技巧十分成熟的表现，更能给本人和听众双方都留下愉快美好的回忆，也是演讲圆满结束的标志。

进行演讲时，特别是当演讲的主题很是沉重或是演讲过于冗长时，一点点小幽默确实对提高紧张度或消除讨厌的厌恶感具有意想不到的效果。同样地，如果你是在众多演讲者之后才开始演讲的话，听众们可能早已处在半昏睡的状态了。但是，只要使用一些小幽默，大部分的听众将会对你的演讲给予一定的关注。此外，他们还将觉得你同听众们一样的平易近人，一样的人性化。

幽默是一种自信心的表现，反过来又有助于增强自信心。心情紧张、拘谨时是说不出幽默语言的，同样也很难愉快地办事。当对满堂听众演讲时，你如说两句笑话，来一两句幽默的语言，那会使现场气氛立即轻松下来，会收到事半功倍的效果。

美国诗人、文艺评论家詹姆斯·罗威尔 1883 年担任驻英大使时，在伦敦举行的一次晚宴上发表了一篇名为《餐后演讲》的即席演说。

最后他说："我在很小的时候听人讲过一个故事，讲的是美国一个卫理公会的牧师。他在一个野营的布道会上布道，讲了约书亚的故事。他是这样开头的：'信徒们，太阳的运行方式有三种，第一种是向前或者说是径直的运动；第二种是后退或者说是向后的运动；第三种即在我们的经文中提到的——静止不动。'（笑声）先生们，不知你们是否明白这个故事的寓意，希望你们明白了。今晚的餐后演讲者首先是走径直的方向（起身离座，做示范）——即太阳向前的运动。然后他又返回，开始重复自己——即太阳向后的运动。最后，凭着良好的方向感，将自己带到终点。这就是我们刚才说过的太阳静止的运动。"（在欢笑声中，罗威尔重又入座）

这种紧扣话题的传神动作表演，惟妙惟肖，天衣无缝，怎能不赢得现场听众的热烈掌声和欢笑声！

除了某些较为庄重的演讲场合外，利用幽默结束演讲可为演讲添加欢声笑语，使演讲更富有趣味，并给听者留下一个愉快的印象。讲者利用幽默结束演讲时要做到自然、真实，使幽默的动作或语言符合演讲的内容和自己的个性，绝不要矫揉造作、装腔作势，否则只会引起听者反感。

怎样才能用幽默的语言来结束演讲，达到好的效果呢？

首先是概括。在某大学中文系一次毕业生茶话会上，先是系党总支书记讲话，三分钟的即兴讲话主要是向毕业生表示祝贺。然后是彭教授讲话，主题是希望同学们继续努力学习，还引用了列宁的名言。第三个讲话的潘教授朗诵了高尔基的《海燕》片断，以此勉励毕业生们学习海燕的精神。第四个讲话的系副主任希望同学们永远记住母校和老师们。紧接着，毕业生们欢迎王教授讲话。

在毫无准备而又难以推辞的情况下，王教授站起来，先简单地回顾了数年来与同学们交往的几个难忘片断，最后一字一顿地说："前面几位已给大家提出了殷切的希望，可我还是喜欢说他们说过的话。（笑声）第一，我要祝同学们胜利毕业！（笑声）第二，我希望同学们'学习、学习、再学习'。（笑声）第三，我希望同学们像海燕一样勇敢地搏击生活的风浪。（笑声、掌声）第四，我希望同学们不要忘记母校，不要忘记辛勤培育你们的老师们！"

其次是造势。我国著名作家老舍先生是好幽默的。他在某市的一次演讲中开头即说"我今天给大家谈六个问题"，接着，他第一、第二、第三、第四、第五，井井有条地谈下去。谈完第五个问题，他发现离散会的时间不多了，于是他提高嗓门，一本正经地说："第六，散会。"听众起初一愣，不久便欢快地鼓起掌来。老舍在这里运用的就是一种"平地起波澜"的造势艺术，打破了正常的演讲内容，从而出乎听众的意料，收到了极好的效果。

第三是省略。1985 年底，某协会在深圳罗湖区举行年会。开幕式上，省、市各级有关领导论资排辈，逐一发言祝贺。轮到罗湖区党委书记发言时开幕式已进行了很长时间，于是他这样说："首先，我代表罗湖区委和区政府，对各位专家学者的到来表示热烈的欢迎。"掌声过后，稍事停顿他又响亮地说："最后，我预祝大会圆满成功。我的话完了。"他以迅雷不及掩耳之势结束了演讲。听众开始也是一愣，随即爆发出热烈的掌声。因为，从"首先"一下子跳到"最后"，中间省去了其次、第三、第四……这样的话，如天外来石，出人预料，达到了石破天惊的效果，确实是独具风格，别出心裁。

演讲的幽默式结尾方法是不胜枚举的。关键是演讲者要具有幽默感，并能在演讲中恰如其分地把握住演讲的气氛和听众的心态，才能使演讲结束语收到"余音绕梁，三日不绝"的轰动效应。

6 运用排比，增强演讲气势

排比就是把内容紧密关联、结构相同或相似的几个句子接连说出来。在演讲中巧妙运用排比，不仅能够增强演讲的气势，而且还能把感情抒发得淋漓尽致。

很多时候，排比的段落或句子是以一种递进的方式排列，营造出一种雷霆万钧的气势，同时琅琅上口，富有乐感。如赞美大海可以用“大海，是透明的蓝宝石；大海，是温柔的母亲；大海，是一群顽皮的孩子；大海，是怒吼着的狮子……”四个相似的句子连在一起抒发对大海的感情，一定会让你的演讲变得与众不同。

排比句还给人以条理清晰的感觉，在演讲中特别适合唤起听众的记忆。也给人以重复强调的感觉，又给人以万炮齐发的感觉，在演讲中最容易给听众以振奋的力量。如孔烈钧的演讲辞《赞美你，太阳》：

“我赞美你，太阳！你照亮了人间的道路，照亮了历史的长河，孕育出一部壮美多姿的史诗。

想一想：秦时明月，汉时雄关，郑和帆影，虎门硝烟；

听一听：辛亥钟鸣，“五四”怒吼，北伐枪声，卢沟惊雷；怎禁得住赞美的歌吟——南湖船头熹微的曙光，井冈山烂漫的朝霞，延水河畔艳红的旭日，中南海里明媚的阳光……”

演讲辞巧妙地缀合多层语义，从时间到空间，从静态到动态，从景物到抒怀，从对比到印证，描绘出一幅争奇斗艳、恢宏奇伟的历史巨卷。作者运用排比、对偶等修辞格，用华丽的辞藻、浓烈的笔墨打造出了一种雄浑的气势，具有强烈的感情冲击力。

运用排比这种修辞手法可以集中而完整地反映事物，严密而有力地阐明观点，加强语言的旋律感、节奏感，从而气势充沛而流畅地抒发情感。美国著名的黑人运动领袖马丁·路德·金 1963 年发表在《在林肯纪念堂前的演讲》，在回顾了100年前林肯的《解放黑奴宣言》后，连用三个“一百年后的今天”，起头的句子表明“黑人仍无自由可言”；在提出这次黑人运动的目的后，又连用三个“现在是”起头的句子阐明现在是实现“自由和正义”的时刻。在演讲即将结束时，演讲者激情满怀地倾诉道：“我仍然有个梦想”，紧接着连用四个段落，每段都用“我梦想着”起头构成一组排比段，诗一般的语言，描绘出一幅幅形象的画面，令人神往，令人感奋。

用排比来说理，可收到条理分明的效果；用排比来抒情，节奏和谐，显得感情洋溢；用排比来叙事写景，能收层次清楚、描写细腻、形象生动之效。在演讲的高潮部适度加入排比能起到锦上添花的效果。

7 尼克松真诚动人

演讲时最能打动听众的还是那份真情。可能很多参加过演讲的人都有这样的体会，自己写的演讲稿容易背诵，自己亲身经历的故事更能演绎激情，所以演讲者在向众人讲述自己的故事的时候，他的演讲更富有感染力。

演讲中动了情，自己的眼泪就是证明，有些颤抖的声音让听众产生了共鸣。由此可见，真诚的语言，不论对说话者还是对听话者来说，都至关重要。说话的魅力，不在于说得多么流畅，多么滔滔不绝，而在于是否善于表达真诚。

群众的眼睛是雪亮的。讲话者应实实在在地把自己心里想的告诉大家，不要用华丽的辞藻掩盖自己的真实观点，不要哗众取宠。任何虚伪的东西都逃不过他们的目光。

1952年，尼克松作为艾森豪威尔的搭档竞选美国总统。但就在竞选进入到关键时候，《纽约时报》突然刊登了尼克松在竞选时秘密受贿的新闻，使艾森豪威尔所在的共和党处境极为不利。为了澄清事实，争取选民的理解与支持，尼克松决定做一次全国广播讲话，在讲话前不到半小时，他收到了共和党要他辞职的通知。

备受打击的尼克松放弃了讲稿，走到讲台前，发表了一通被广泛称颂的讲话，他先是向公众详细公布了自己的财产和负债以及花掉每一笔钱的经过，坦言自己的妻子没有貂皮大衣，虽然他很想送妻子一件。他还承认确实在竞选中收了一件礼物——一只西班牙长耳小狗，他的女儿特里西非常喜欢，所以他无论如何都要留下这只狗。

半小时不到的演讲获得了巨大成功，本来对尼克松充满怀疑甚至不屑之情的人，感受到了尼克松作为一位家长、一位丈夫、一位慈父的真挚感情，每个人每天都会面对这种感情，所以他们不但打消了怀疑，而且深深地喜欢上了这位候选人。

尼克松的成功，就在于他以自己的真诚打动了本来对他充满怀疑的选民，使自己成为选民心目中的同伴，融入到选民群体中去了。

如何使你的演讲能打动听众呢？演讲者要表现出对所讲话题的热诚与兴趣，不要把自己真诚的情感抑制起来，这样才能使自己的语言打动人，就算不能很好地驾驭语言，听众都会认真地倾听把真诚投入于其中的演讲者的言辞的。

那些虚情假意的油舌滑腔是不会吸引听众的耳朵的，往往只会使得听众厌恶。卡耐基也认为“活泼、热切在而有生命力是讲演者首先应当具备的品质”，把自己的真情实感投入到演讲中，就能使演讲会场富有活力，使每个听众都竖起耳朵去听自己的演说，这是取得成功的一个前提。

1858 年，林肯在一次竞选辩论中说：“你能在所有的时候欺骗某些人，也能在某些时候欺骗所有的人，但你不能在所有的时候欺骗所有的人。”这句著名的格言成为林肯的座右铭，也成为我们今天说话者应依据的座右铭。演讲者在演讲时，面对听众，其情感的涌动既不能像演戏，拿腔捏调，矫揉造作，也不能像商品广告，张贴标签，极力渲染。演讲者与听众靠情感沟通，人非草木，孰能无情？演讲者要拨动听众的心弦，自己必须动真情，只有发自肺腑的真情才能感动人。

8 竞聘中的演讲

竞聘演讲有时也叫竞职演讲，它是指参加竞聘者为了实现竞争上岗，就自我竞聘条件、未来的施政目标和构想所发表的公开演讲。竞聘演讲越来越有实用价值，引起了越来越多的领域的重视。要想在竞争的年代实现自我奋斗目标，能够做好竞聘演讲是十分重要的。

以下四点可供竞聘演讲者借鉴：

内心要充满自信。著名演说家戴尔·卡耐基曾说过："不要怕推销自己。只要你认为自己有才华，你就应该认为自己有资格担任这个或那个职务。"当你充满自信时，你站在演讲台上，面对众人，就会从容不迫，就会以最好的心态来展示你自己。当然，自信必须建筑在丰富的知识和经验的基础上。这样的自信才会成为你竞聘的力量，变成你工作的动力。

气势要先声夺人。竞聘演讲的一个重要特征就是具有竞争性，而竞争的实质是争取听众的响应和支持。而做到这一点的有效方法之一就是要有气势，"气盛宜言"。这气势不是霸气，不是骄气，不是傲气，而是浩然正气。有了渊博的才识、正大的精神和对党的事业和人民的深厚的感情，竞聘演讲者就不难找到恰当的语言表达形式。

态度要真诚老实。竞聘演讲其实就是"毛遂自荐"。自荐，当然应该将自己优良的方面展示出来，让他人了解自己。但要注意的是，在"展示"时态度要真诚老实，有一分能耐说一分能耐，不能为了自荐成功而说大话，说谎话。

语言要简练有力。老舍先生说："简练就是话说得少，而意义包含得多。"竞聘演讲虽是宣传自己的好时机，但也绝不可"长篇累牍"。应该用简练有力的语言把自己的思想表达出来。

此外，竞聘演讲者还应善于运用身体语言。身体语言是指用人的身体动作辅助口语来进行传情达意的一种语言，也是人类社会交际的信息载体，是演讲语言的重要组成部分。教育家陶行知曾说："演讲如能使聋子看得懂，则演讲之技精矣”。这正说明身体语言在传神达意上的重要作用。

演讲者首先给听众的是视觉形象。仪表、姿态、神情、动作全都呈现在听众面前，他们灵活自如、优美协调的体态动作，能很好地辅助有声语言，弥补有声语言表达的不足，使有声语言表达的内容更准确、生动、完整。

（1）仪表和风度。

仪表是指人的身材、容貌、服饰、姿态等外在因素，以及由这些因素综合体现出来的气质和风度；而风度就是人们对美的仪表的一种衡量尺度，是人们在长期的社会生活与交往中逐渐形成的具有个人特色的举止和姿态。

面对听众演讲，听众首先是通过视觉观察你的仪表和风度，并由此产生一连串的心理活动，形成“第一印象”，直接影响着听讲效果。这就要求演讲者衣着整洁合身，庄重大方，色彩和谐，轻便协调；身姿稳健、庄重、朝气蓬勃；表情从容自信、亲切热情。

所以，站着演讲最为适宜，这样既是对听众一种礼貌的表现，也能给听众一个完整的形象，充分展示出演讲者的神情、仪表、姿态。礼仪和风度的关系十分密切，符合礼仪要求的优美动人的举止常常最能吸引人的目光。演讲者英姿焕发，举止潇洒，热情谦和，便显得彬彬有礼，给人以好感。

（2）头势和手势。

头为仪容的主体，它应当平正闲适，而不要偏侧倾斜，应当与表情和手势相对应，头部的动作不能过多。头部表情达意的方法，一般有：点头表示赞同；摇头表示否定；低头表示谦逊或忧虑；昂头表示勇敢或高傲；后仰表示软弱或失望；倾斜表示得意或愉快；左右微微摇动表示怀疑或不忍；前突表示惊讶或逗趣；直立表示庄严或坚强。

手是人体敏锐的表情器官之一，手势是身体语言的主要形式，使用频率最高。由于双手活动幅度较大，活动最方便、最灵巧，形态变化也最多，因而，表现力、吸引力和感染力也最强，最能表达出丰富多彩的思想感情。

寓意深刻、优美得体的手势动作，能产生极大的魅力，激发听众的热情，加深听众对演讲内容的理解，使演讲获得成功。手势动作只有在与有声语言表达密切相配合时，其含义才最为生动具体。演讲者的手势必须随演讲的内容、自己的情感和现场气氛自然地表现出来，手势的部位、幅度、方向、力度都应与演讲的有声语言、面部表情、身体姿态密切配合，协调一致，切不可生搬硬套勉强去凑手势。

（3）眼神与表情。

眼神与语言之间有一种同步效应，人们的思想感情常常通过眼神自然流露出来。眼神配合有声语言，能表达丰富多彩的思想感情。演讲者在运用有声语言传递信息的同时，也自然要通过自己的眼神，把内心的激情、学识、品德、情操、审美情趣等传递给听众。不同的眼神，给人以不同的印象。演讲者要学会自如地运用眼神的三种技法：即点视法、环视法和虚视法。

人的面部表情是非常丰富的，许多细微复杂的情感都能通过面部种种表现传达出来，并且能对有声语言表达起解释和强化作用。

脸面的颜色、光泽，肌肉的收缩与舒展，以及脸部纹路的不同组合，便能构成喜怒哀乐等各种表情。演讲者要善于观察面部表情的各种细微差别，并且要善于灵活地驾驭自己的面部表情，使面部表情能更好地辅助和强化有声语言表达。

在竞聘演讲结束时，竞聘演讲者还应注意好的结束语能加深评选者对竞聘者的良好印象，从而有利于竞聘成功。竞聘演讲常见的结尾方法有：

表明对竞聘成败的态度。这种方法能使评选者感受到竞聘者的坦诚。例如：作为这次竞聘上岗的积极参与者，我希望在竞争中获得成功。但是，我绝不会回避失败。不管最后结果如何，我都将“堂堂正正做人，兢兢业业做事。”

表达自己对竞聘上岗的信心。例如：我今天的演讲虽然是毛遂自荐，但却不是王婆卖瓜，自卖自夸。我只是想向各位领导展示一个真实的我。我相信，凭着我的政治素质，我的爱岗敬业、脚踏实地的精神，我的工作热情，我的管理经验，我一定能把副处长的工作做好。如果各位有疑虑，那就请给我一个机会，我决不会让大家失望。

希望得到评选者的支持。例如：各位领导、各位评委，请相信我，投我一票！我将是一位合格的处长。

最后竞聘者还应注意的是，竞聘者是通过答辩实现被聘用目的的，只有给人以谦虚诚恳、平和礼貌的感觉，才能被认可和接受。评审人员及与会者是不会接受狂妄傲慢、目中无人的竞聘者并委以重任的。所以，竞聘演讲辞十分讲究语言的分寸，表述既要生动，有风采，打动人心，同时又要谦诚可信，情感真挚。

9 第一位公民要开始演讲

美国著名律师曹特是一位善于讲自己笑话的人。有一次，哥伦比亚大学校长在他登台演讲时，先把他介绍给听众说："他算得是我国第一位公民！"

曹特似乎很可以立刻抓住这个难得的机会，大模大样地开着玩笑说："诸位静听，第一位公民要开始演讲了。"但是他如真那样做，他便是一个没人瞧得起的傻瓜了。

那么该如何说呢？他不但要利用这个介绍词幽默一下，并且还要从中获得听众的好感。他说："刚才校长先生说的一个名词，我起初有些听不太懂。第一位公民——是指什么呢？现在我才想到，大概他是指莎士比亚戏剧中常常提到的公民。这位校长先生一定是研究莎氏戏剧极有心得的人，他替我介绍时一定又在想到他的戏剧了。诸位听众一定知道莎士比亚是常常把许多公民穿插在他的戏剧中充任无关紧要的角色，如第一个公民，第二公民之类。这些配角每人所说的话大都只有一两句，而且多半是毫无口才，没有高明见识的人。但他们差不多都是好人，即使把第一第二的地位交换一下，也根本不会显示有何不同之处。"

这真是一篇聪明绝顶，竭尽幽默能事的妙论。他把校长先生替他戴上的高帽子丢给大家去戴，显示自己是与听众站在一样的地位。同时他的言语措辞也是高人一等。如果他改用一种庄重的态度，简括地说："校长先生说我是第一位公民，大概是在说我是一个舞台上的配角。"结果绝不会那样生动有趣，使得听众笑逐颜开。

在即兴演讲中，演讲者如能适时、适度地自我解嘲歪曲一下自己，是有高度智慧和教养的表现。演讲者可以此获得幽默，来"润滑"演讲者与听众的关系，增加演讲的趣味。

1930 年 2 月 9 日是蔡元培 70 岁生日，上海各界人士在国际饭店为他设宴祝寿，他在答谢时风趣洒脱地说："诸位来为我祝寿，总不外要我多做几年事。我活到了 70 岁，就觉得过去 69 年都做错了。要我再活几年，无非要我再做几年错事咯。"宾客一听，哄堂大笑，整个宴会充满了欢声笑语。试想，如果他摆出一到严肃相，一本正经地致答谢辞，就不会造成这样轻松愉悦的气氛。不过，使用自我解嘲这种"润滑剂"要注意场景和情势，在严肃的场合或悲痛的氛围中就不宜用这种引人发笑的"液体"。

如果我们能够常常以自己可笑的地方，开开玩笑，一定可以赢得许多朋友的友谊，因为你尊重别人，取笑自己，正可以表示你是把自己看作和朋友一样处于同等地位，毫无高傲的习气，使朋友得到一个十分亲切的印象，对你一见如故。

10 牢牢抓住听众的注意力

如何使听众从演讲人一开口说话就全神贯注，是一切说服性演讲的重要因素。

生动活泼的语言能够增强现场气氛，把听众的注意力牢牢抓在手中。著名爱国人士续范亭在抗战学院开学典礼上向学生演讲时，开场就说："我作为你们的校长，不是要你们服从我个人，不是的！而是要你们服从革命。今天礼堂门口挂着'熔炉'两个字，很好。现在中国有三个熔炉：一是延安、晋察冀边区，八路军和新四军所在地。这是革命的熔炉；二是大后方的熔炉，有革命的，也有施行顽固教育的；三是汪精卫，日本奴才的熔炉……"续范亭把性质不同的三种环境比作影响人、改造人的三种不同的"熔炉"，形象生动。把一个严肃的话题融入诙谐的话语中，让听者能够很快进入状态，轻松接受演讲，思想不容易开小差。

如果会场临时发生了一些意外的情况，那么你不妨大胆地根据即景即情，拟一段即兴的开头。这样，演说者的讲话与现场气氛紧密联系在一起，能引起听众强烈的共鸣。

1863 年，美国葛底斯堡国家烈士公墓竣工。落成典礼那天，国务卿埃弗雷特站在主席台上，只见人群、麦田、牧场、果园、连绵的丘陵和高远的山峰历历在目。他心潮起伏，感慨万千，立即改变了原先想好的开头，从此情此景谈起："站在明净的长天之下，从这片经过人们终年耕耘而今已安静憩息的辽阔田野放眼望去，那雄伟的阿勒格尼山隐隐约约地耸立在我们的前方，兄弟们的坟墓就在我们脚下，我真不敢用我这微不足道的声音打破上帝和大自然所安排的这意味无穷的平静。但是我必须完成你们交给我的责任，我祈求你们，祈求你们的宽容和同情……"这段话把壮阔的景色与崇敬的心情融在一起，极大地吸引了听众。后来此次演讲被人称作是他"一生中的精心杰作"。

在演讲中也可以用短短的几句话就点出演讲的主旨。先向听众透露其中的一部分内容，并引起听众的好奇心。

在威尔逊总统就德国潜艇战作最后通牒的这种大问题向美国国会发表演讲的时候，他仅用了短短的二十几个字宣布主题，立刻就把听众的注意力集中到了这个问题上了。他说："我们的外交关系已经发生了一些情况，我认为，我有责任向各位坦诚相告。"

罗素·凯威尔的著名演讲《怎样寻找机会》多达 6000 多次，收入超过百万美元。他的这篇著名的演讲是这样开头的："1870 年，我们到格利斯河游历。途中我们在巴格达雇了一名向导，请他带领我们参观波斯波利斯、尼尼维和巴比伦的名胜古迹。"

他就是用了这么一段故事来作为他的开场白，这种方式最能吸引听众。这样的开场白几乎万无一失。它向前推进，听众紧随其后，想要知道即将发生的事情。

精于演讲的人总能在一开始就引起听众的兴趣，或制造悬念，或开门见山……让听众把注意力都投入到演讲当中去，欲罢不能。

11 一咏三叹意犹未尽

人们记忆最深刻的是什么呢？是他们最后听到的内容。但是却很少有人愿意在结尾上雕琢更多。他们仅仅是轻描淡写地草草收场，结果可想而知：费尽口舌发表的长篇大论很快就被人们遗忘。

要想使人记忆深刻，你的结尾必须像开场一样气势磅礴，掷地有声。这就好比在文章行将结束时，往往正是读者沉浸在情境之中、感到寓意之时，是读者情感想象最强烈活跃的时候，这时若能给人以某种回味余地，就能收到增值效果。如鲁迅《故乡》结尾，不直接点题，含有哲理，造成一种令人回味无穷的效果：

我想：希望是本无所谓有，无所谓无的。这正如地上的路，其实地上本没有路，走的人多了，也便成了路。

在演讲中可以留下展望未来式的结尾，顺着思路发展，最后提出希望，发出号召，以此鼓动激励人们。如温家宝 2003 年 12 月 10 日在美国哈佛大学的演讲《把目光投向中国》的结尾：

中华民族的祖先曾追求这样一种境界：“为天地立心，为生民立命，为往圣继绝学，为万世开太平”。今天，人类正处在社会急剧大变动的时代，回溯源头，传承命脉，相互学习，开拓创新，是各国弘扬本民族优秀文化的明智选择。我呼吁，让我们共同以智慧和力量去推动人类文明的进步与发展。我们的成功将承继先贤，泽被后世。这样，我们的子孙就能生活在一个更加和平、安定和繁荣的世界里。我坚信，这样一个无限光明、无限美好的明天，必将到来！

此外，演讲的结束语还应简洁有力。下面介绍能够帮助你有效结尾的几种主要方法。每种方法你可以单独使用，也可以配合起来使用。

（1）总结式

结束语应该是一个对全篇讲话内容的高度概括。但这并不等于老调重弹，而应该增加一些新的观点和元素，从而形成一个具有真正意义的总结。如果你的讲话目的是向听众提供一种信息的话，那么这种概述性总结是非常合适必要的。通过重复你的观点，可以帮助听众填补一些前面他们没有完全领会的信息空白，从而对你的讲话加深印象。

（2）对联式

对联一般都是对仗的句子，而且朗朗上口。对联是我国传统文化的结晶，可以体现个人的魅力和文化修养。其实在对联的使用中我们不一定都要新写一副对联，况且在即兴演讲的时候也没有那么多的时间来让我们准备。以对联结尾会使你的演讲锦上添花，做到虎头豹尾，令人回味无穷。

（3）诗词式

诗词的气势是使演讲升华的最好工具，因为诗词气势磅礴，气吞山河。在结尾的时候我们适当地引入诗歌会增强演讲的感染力，也给人一种回味无穷的感觉。

例如回到母校作演讲，在结束时可以说："在这里我最诚挚地把徐志摩的《再别康桥》献给我的母校，以表达我深深的爱：轻轻地我走了，正如我轻轻地来……"读完诗词的时候便可以结束你的演讲，而听众则会沉浸在诗词的意境中，对你的演讲有一种余音绕梁的感觉。

（4）号召式

你已经告诉你的听众你希望得到他们怎样的回应。现在你要做的就是让他们兴奋起来，用行动对你的号召做出最好的呼应。只要你增强自己的语气"现在，让我们大家做好准备，投入到活动中吧！"即可。

（5）故事式

结束的时候讲一个有深意的故事，会让听众觉得你的演讲意犹未尽。利用故事的含义，升华演讲的全部内容，让别人深刻地体会演讲的内涵。

（6）幽默式

幽默式的结尾，跳出常规，不落俗套，也可以首尾呼应，达到意想不到的效果。当然这种幽默要在适度，能让人接受的前提下应用，同时还可以选择使用歌声、舞蹈等形式结束你的演讲。

演讲的结尾是主体内容发展的必然结果。结尾或归纳、或升华、或希望、或号召，方式很多。好的结尾应收拢全篇，卒章显志，使人意犹未尽。

12 巧用数字为演讲增辉

演讲是一门艺术，是一种技巧，其中巧妙地运用数字会使演讲准确、说服力强，使演讲精辟、清晰。

在演讲中，对比性数字显然有更大的说服力和更好的效果。我们在言辞中应善于将有关数字对比着表述出来。比如，为了说明美国电视中危害青少年身心健康的节目之多，有人指出："调查表明，从一年级到十二年级的青少年学生，大约有一万多个小时是在听摇摆音乐中度过的，这比他们在校十二年度过的全部时间只少五百个小时。有人做了一次普查，平均每个观众一年里在电视节目中可看到九千个表现性行为的镜头，暴力场面更多。一般高中生到毕业时，观看电视二万二千小时，相当于他们在课堂时间的两倍，在这二万二千小时中，可看到一万八千起谋杀……"。这样对比性地运用数字是十分成功的，使人深切感到青少年学生受毒害之剧烈。

一九四六年七月，蒋介石发动了全国内战，派了一百七十余万人进攻解放区，一时间"黑云压城城欲摧"。

当时，我方有不少人对这场斗争的前景发生了怀疑。这时候毛泽东给大家算了一笔账：蒋介石共出动了二百一十八个旅，约占蒋军正规军的百分之九十，再也没有太多的兵力可供抽调了。我军在一月至十月间就歼灭了蒋军二十四个旅。按这个速度计算，当我军歼灭第三个二十五个旅时，敌我力量就会发生重大变化。不出一年时间，就可以迎接中国革命新高潮的到来。他用以上计算方法驱散了人们心头的疑云。

此外，用数字串联内容的方法也能给演讲增辉，原因有二：一是必须浓缩提炼，剔除废话，突出重点，表达效果自然提高了；二是必须整理分类，要用数字串联内容，演讲者就不能信口开河，而要把材料分门别类，排定顺序，从而使演讲精辟、清晰，这也必然会受到听众欢迎。

在一次纪念周恩来总理的座谈会上，一位代表发言："总理的身上有'六无'：一是死不留灰（骨灰），二是生而无后，三是官而不显，四是党而不私，五是劳而无怨，六是去不留言。"听了这简洁精辟的开场白，全场为之一振，都想继续听下去。

接着该代表围绕这"六无"分别阐述。这种数字还具有表达准确、说服力强的特点。

请看下面这段发言："日本国土森林覆盖率高达65%，比世界平均覆盖率25%高出一倍还多。而中国的森林覆盖率只有13%，人均占用面积是世界人均数的11.3%，位居第121位！中国每年向日本出口300万箱200亿双筷子，相当于40亿立方米木材。日本人除了进口一次性筷子以外，还从中国进口日本人看准的上好木材，日本人却从来不会乱砍滥伐本国的一根树木。"在这段话中出现的几处数字，并通过数字的对比有力地说明了爱护森林、保护环境的重要。

但是我们也应当注意，演讲中的数字运用要简洁、精巧，不要太滥太泛，否则不但不能增辉，反而显得枯燥。

13 用真情缩短与听众的距离

演讲，需要冷静的分析，晓之以理；更需要诚挚热烈的情感，动之以情。演讲者的情感关系着演讲的成败。演讲是一种综合的活动，牵涉着人的诸种心理。

成功的演讲者，总是有着较强的记忆力、丰富的想象力、敏锐的观察力和睿智的思维能力，而这些又融汇于情感中，只有情感炽热真诚的演讲者才能促进心理诸种因素发挥到最大的效用。演讲者心潮起伏，而喜怒爱憎情感的流露与倾泄，就会推动听众情感的升温与迸发，就能达到演讲的预期目的，甚至可以收到意外的效果。

在演讲中，演讲者要善于抓住事物的特征与自己的感情引起共鸣的地方，将自己的情感倾注于对物的讲述之中，将自己的认识、感受和情感传递给听众，使听众听了之后，不仅能如见其物，同时也能感同身受。

如李德馨在一个下雨天举行的婚礼上的演讲：今天是个黄道吉日，老天爷下的这场大雨真是一场及时雨啊！（众愕然）静波与梨花七年苦恋，你们的精诚至爱感动了老天爷，特在这大喜之日降下这滴滴甘露，为你们洗去爱情路上的仆仆风尘，好让你们身心俱爽、精神焕发地投入新的旅程！（满堂叫好）饮今日之幸福酒，思往昔之父母恩。父母的爱又何尝不像这雨水一样，绵绵密密，润物无声！（四位老人喜笑颜开）感谢今天光临的诸位亲朋，感谢他们在这飘雨的日子里，为你们的婚礼“保驾护航”！也相信他们在未来的岁月中，会和你们的小家庭风雨同舟！（众鼓掌欢笑）静波、梨花，愿你们记住这个美丽的日子，漫漫人生路上，你们将风雨无阻、风雨兼程！滂沱雨如缠绵爱，缠绵爱比雨更多。今天的雨，象征着来日的丰收与富足，在此，祝愿这对新人，也祝愿在座的每一位：爱情甜蜜像雨丝，生活富足如大地！（众热烈鼓掌）

举行婚礼碰上下雨天确实比较扫兴，婚礼现场的气氛也比较沉闷。演讲者便借景发挥，化愁景为喜景，对新人的祝福、对父母的感恩、对亲朋的感谢都由“雨”引发出来，诙谐新颖的话语点燃了所有宾客心头的激情，使现场的气氛由沉闷变成了喜气洋洋，婚礼在一片掌声、笑声、欢呼声中进入了高潮。

在演讲中演讲者可以通过讲述某些相关的故事和经历来抒发情感，但讲述不一定要过于完整、详尽，在叙述时加上强烈的感情色彩，使演讲带上浓重的抒情性。

1959 年 4 月 29 日，在政协礼堂茶话会上，周恩来总理作了题为《把知识和经验留给后代》的即兴演讲。关于这次演讲的情景，新华社曾以“敬老会上尽开怀”为题进行了详细的报道。

报道说：“29 日下午，在政协礼堂宽大的休息室里，周恩来同志举行了一个茶话会，同来自祖国各地的三百多位六十岁以上的政协委员亲切会见。这是一次别开生面的敬老会。迎着一阵阵热烈的掌声和一张张笑脸，周恩来开始谈话。

他谈了‘年满六十岁的政协委员’，谈了‘候补老人’，风趣地引《秋江》中的台词，‘过了六十岁又是一个新花甲’，希望在‘新中国都获得新生的老人们精神愉快、长寿’，‘在新中国多活几年，多做些事，即使多看几年也是好的’。”讲到此处，全场气氛活跃，笑声满堂，雷鸣般的掌声经久不息。

年过六十的周恩来以自然流露的真情打开了听众情感的心扉。他在演讲中希望过了六十岁的委员都能把自己的知识和经验留下来，由“已故的程砚秋”联想到“凡有一技之长的老年人，总是要给社会留下一些好东西。”

在座的过了六十岁的人都经历过“清朝、北洋军阀政府、国民党政府和新中国”四个朝代，都在某些方面有专长，要把看到的文化、掌故写下来，可以写“文化史”，可以写“军事史”，可以写“我国资本主义发展史”，也可以写其中的一个行业，甚至可以写“政治史”“经济史”“外交史”，目的只有一个，“把知识和经验写下来”作为对社会的贡献，“留给后代”。周恩来总理的演讲中有希望、有建议，更有真情。由于周恩来总理自然而然地说出了心里话，所以意切情真，愈发诚挚动人。在座的所有委员，被周恩来的真情感动着，脸上洋溢着笑容，不时报以阵阵的热烈掌声。

演讲要充满真情，有真情才会有感染力，有感染力才能激起听众感情上的共鸣，才能营造热烈热烈的氛围。要注意的是，真情的抒发要适度，如果华而不实就会损害演讲的效果。

14 成功的演讲需要好的“切入点”

演讲一般是向听众宣传某种道理，如果流于平铺直叙、枯燥乏味的讲述，人云亦云、老生常谈的说教，无论演讲者所讲的道理多么正确，都难以深入听众的内心世界，缺乏演讲应有的说服力、鼓动性和艺术效果。

因此，我们在构思演讲时，确立了正确鲜明的主题后，还应考虑要选择一个最佳的角度切入主题。这个“切入点”找得好，就能为演讲主题的出现营造一种浓郁的艺术氛围，驱动和调控听众的心理，使之更容易接纳演讲者的观点，也可以使演讲者所讲的道理更集中鲜明，避免了漫无边际、让听众不得要领的弊端。

首先，选择材料的角度要从反映事物特征出发。事物的特征往往不是唯一的，这就决定了其外在特征深入内质、横向推演的途径不一，或者说有很多切入点。演讲者由事物的某一特征作为触发点，作为论理抒情的突破口，通过形象的渲染延伸推想到人类社会某种经验、规律和哲学思想。这就反映了主题在某一特征框定下的意义，不仅能够启迪听众的智慧和洞悉力，还可以创设哲理美的境界、氛围。

请看《泥土的联想》："或许，你不会留意，因为它是那样的默默无闻，终生只知奉献，不计个人的得失。尽管人们不愿意正视它，对它的事业嗤之以鼻，但它仍然甘当花木的培养者，视培养花木为己任为乐事。这种对事业始终不渝的责任心不能不说是泥土的可贵之处。我常想，我们护士这个职业不正是具有泥土的这种高品格吗？……"

演讲者以泥土"为花木提供养分"这一特征作为演讲的突破口，抓住"培养"一词展开形象思维，横向开掘出重大主题：护士默默奉献的高尚品格。

其次，反向切入，启发求异思维。正面切入演讲主题是顺理成章，而反向切入则是出奇制胜。反向切入就是脱离听众所熟知的视角和普遍共有的想法，出人意料地独树一帜，与听众的心理定势构成反差，让听众的思维和经验的惯性受到"挫折"，使听众感到陌生，从而启发听众的求异思维，调动听者的积极性，使演讲的内容渐入佳境。

例如，张枢龙的演讲《我推崇敢于自我否定的女性》是这样切入主题的："有人推崇事业上有所作为的女性；有人推崇生活中温柔、贤良的女性；还有人推崇在事业上有所作为，而且在生活中温柔贤良的女性……可是，我却推崇敢于自我否定的女性。"

演讲者发人所未发，反向切入演讲的主题，耐人寻味，启人深思，体现了演讲者对新时代妇女问题的真知灼见。

第三，主旨的方位定向要从提示事物本质出发。无论是讲人、论事还是论理都不能停留于表面，而是由表及里、由浅入深地挖掘事物本质。

例如在"偶像与青春"青少年演讲大赛中有几位选手的演讲就很有味道。

"我觉得，他们也是普普通通的人，和你、我、他都一样，只是在某些方面更具天赋，成绩突出罢了……我们却往往只抓住他们的长处而忽略了他们的短处，比如知识、处世、人格。我们青年人应该正视自己的长处，发展自己的长处，把偶像身上的长处有选择地拿来，弥补我们的不足。将对偶像的那种理想化的寄托合乎现实地放在自己身上，作为一个努力的目标。”

这篇演讲立足于狂热膜拜便是“否定自我”，其主旨水到渠成：“我的偶像就是我自己”。

《青春需要崇拜偶像》中则认为：“青春需要偶像，因为青春时代是我们树理想、立志向的时代；偶像是我们忠实的朋友，偶像是我们成长进步的参照物。以他们的经历鼓励我们，使我们的生活涂满灿若春花的色彩。生活中哪怕有再大的风雨，只要我们心中有永不褪色的偶像，那么我们头顶将是一片灿烂！”

演讲者紧紧抓住“参照物”在我们青年人的人生理想、事业成就、生活情趣等方面大做文章，旨在“青春需要偶像”。

这两篇演讲的主题都提示了“偶像”本质上的东西，但由于角度不同，其主题也就不一样了。可见，从不同角度去认识客观事物的本质，就会得出不同的结论，也就可以形成不同的演讲主题。换言之，对于同一事物，选取的角度不同，立意也就不一样了。

好的“切入点”是成功演讲的“突破口”。要想讲得深、讲得新，不能不在“切入点”的选择和变换上下一番苦功。

15 尽量使演讲词短小精悍

古今中外许多伟人的演讲均以短小精悍而著称，他们那极富感情色彩和丰富想象力的精彩演说，博得众多人的喝彩，还有的演讲稿被广泛传颂，其中不少名句成为人们的座右铭。但并非凡是简短的演讲都能取得好的效果，它除了短之外，还须精彩，有分量。

下面介绍几个奇特而幽默的简短演说。

后来担任美国总统的艾森豪威尔于 1948 年至 1950 年间担任哥伦比亚大学校长时经常应邀出席各种宴会。

在一次宴会上，几位名人作了长篇演说，可是主持人最后还请他讲话。艾森豪威尔一看时间已经不早，决定删去他已经准备好的演说内容，站起来即兴发挥："每一篇演讲不管它写成书面的或其他形式，都应该有标点符号。今天晚上，我就是标点符号中的句号。"大家立刻报以热烈的掌声。后来他对别人说，那是他最著名的演说之一。

1985 年底，全国写作协会在深圳罗湖区举行年会。开幕式上，省、市各级有关领导论资排辈，逐一发言祝贺。

轮到罗湖区党委书记发言时，开幕式已进行了很长时间。于是他这样说："首先，我代表罗湖区委和区政府对各位专家学者表示热烈的欢迎。"掌声过后，稍事停顿，他又响亮地说："最后，我预祝大会圆满成功。我的话完了。"他以迅雷不及掩耳之势结束了演讲。听众开始也是一愣，随后，即爆发出欢快的掌声。因为，从"首先"一下子跳到"最后"中间省去了其次、第三、第四……这样的讲话如天外来石，出人预料，达到了石破天惊的幽默效果，确实是风格独具，心裁别出。

契诃夫说：简洁是才能的姊妹。短小精悍，内容新颖的演讲总是使人印象深刻、受人欢迎的。林语堂曾幽默地说过这样的话：演讲稿如同美女的裙子，越短越好。短而精，是才情的标尺，成功的要素。

第九章

辩论口才——唇枪舌战的精彩对垒

辩论，也有人称论战。战，即充满刀光剑影，有胜有败。把辩论说成是两军对垒，说成是一场战斗，并不是夸大其词。辩论和寻常说话不同，它是带有”敌意”的语言行为，因而有所谓唇枪舌剑之说。所以，辩论便具有了比其他口语表达形式更精彩、更巨大、更突出的语言的魅力。

1 用语言维护尊严

语言是一门艺术，语言的力量来自于表达真我的力量。我们需要通过语言来表达观点，需要通过语言来完成与他人之间顺畅的情感交流。同时，我们更需要语言为自己赢得发展的机会！当今世界，会说才会赢的情感交流，同时，我们更需要语言为自己赢得发展的机会！卡耐基曾经说过，掌握神奇机智的语言应变技巧，无论是对演讲还是对于谈判来说，都具有重要的作用。

当双方运用语言进行沟通时，必须尊重对方的尊严。有尊严，才能有真正的沟通。晏子将要出使楚国。楚王听到这消息便对侍臣说："晏婴是齐国善于辞令的人，正要来，我想羞辱他，用什么办法呢？"侍臣回答说："在他来到的时候，请让我们捆绑一个人从大王面前走过。大王就问：'这人是干什么的？'我们就回答说：'是齐国人。'大王又问：'犯了什么罪？'我们就回答说：'犯了偷盗的罪。'"

晏子到了，楚王赏赐晏子喝酒。当酒喝到尽兴的时候，两个差吏绑着一个人从楚王面前走过。楚王说："绑着的人是干什么的？"差吏回答说："是齐国人，犯了偷盗的罪。"楚王看着晏子说："齐国人都善于偷盗吗？"晏子站起来离开座位，回答说："大王怎么不知道吗？橘子长在淮河以南结出的果实又大又甜，长在淮河以北结出的果实就是酸枳，(橘和枳)它们仅仅叶子相似，果实味道却不同。这是什么原因呢？是水土不同。现在百姓生活在齐国不偷盗，来到楚国就偷盗，难道楚国的水土会使人民善盗吗？"楚王笑着说："圣人是不可以同他开玩笑的，我反而是自讨没趣罢了。"

这个寓言故事表现了晏子的机智敏捷、能言善辩的才干，同时也表现了他热爱祖国、维护祖国尊严的可贵品质。机智的语言不仅在外交场合迸发智慧的火花，在日常生活中同样能显示出其非凡的魅力。人际交往中，在人前蒙羞，处境尴尬时用自嘲来对付窘境，不仅能很容易找到台阶，维护了自尊，而且多会产生幽默的效果。所以自我解嘲，自己把自己胳肢几下，自己先笑起来，是很高明的一种脱身手段。

在某俱乐部举行的一次招待会上，服务员倒酒时不慎将啤酒洒到一位宾客那光亮的秃头上。服务员吓得手足无措，全场人目瞪口呆。这位宾客却微笑着说："老弟，你以为这种治疗方法会有效吗？"在场的人闻声大笑，尴尬局面即刻被打破了。这位宾客借助自嘲，既展示了自己的大度胸怀，又维护了自我尊严，消除了耻辱感。

由此可见，适时适度地自嘲，不失为一种良好修养，一种充满活力的交际技巧。自嘲，能制造宽松和谐的交谈气氛，能使自己活得轻松洒脱，使人感到你的可爱和人情味，有时还能更有效地维护面子，建立起新的心理平衡。

在历史长河中，那些成就大业者无不是口若悬河、能言善辩之人。好口才是成功人士必须修炼的大智慧，是一封通行四方的推荐书，也是做人成事不可缺少的必备技巧。会说话者得天下，好口才让你所向披靡。

2 抓住诡辩的"辫子"反诡辩

生活中常有争辩或辩论，这些论争有时合乎逻辑，有时也有诡辩掺杂其中。诡辩者在理屈词穷之时，往往引用名言对自己的观点、论题进行证明，"扯虎皮拉大旗"，摆出自己与名人、与真理站在一起的架式。

诡辩的形式通常有以下几种：

（1）臆想推理

即推理的因果关系不成立，前因与后果之间的联系是假想出来的。例如人有两个耳朵、一个嘴巴，所以要多听少说。没有逻辑关系的推理，其结果自然是荒谬的。

（2）循环论证

循环论证是指既用未被证实的"论据"来证明论题，又用这一论题反过来证明"论据"，这显然是行不通的。例如，诡辩者说：他为什么会聋，是因为耳朵有毛病，有人再问：他耳朵有什么毛病？回答说：他耳朵聋。

（3）偷换概念

这是利用概念的内涵和外延作文章，诡辩者故意混淆它们之间的区别而改变其推理方向，或是将两个多义词混为一谈而得出了似是而非的结论。例如，医院里青年将痰吐在墙上，医生说："你没看到'不准随地吐痰'的牌子吗？"青年说："我没有随地吐痰呀，我是吐在墙上的。"这里青年就是用偷换概念来狡辩的，医生的"地"是个集合概念，泛指各处，而青年的"地"仅指地面，缩小了外延，两个"地"已不是一个概念。

（4）转移论题

转移论题是指一方故意将话题转移到与原话题有所联系的另一个论题下来回避自己的不利，其欺骗性就在于两个论题是有关联的，或是原论题的引申、联想，或是同一事物的不同角度等，但实际上已经改变了问题的焦点。

例如，杭州西湖岳王坟是著名的旅游景点，岳王坟前秦桧等小人的塑像常被人吐痰、扔果皮，弄得龌龊不堪，管理人员进行劝阻，要求爱护文物，一些游客反驳说："这些家伙就应该蹲在肮脏的地方！这说明大家有正义感，我吐的是义痰。"游客的反驳实际上偷换了论题，从是否该保护文物转移到了对待秦桧这样的小人的态度上了。既然总的焦点转变了，那么评价是非的标准当然也就不同了。

（5）以点代面

这是一种利用不完全归纳法进行的诡辩，诡辩者有意利用局部的真实掩盖其余部分的虚假，得出一个片面的结论。

例如，《晏子使楚》中讲了一个故事，晏子出使楚国，楚王问："这人犯了什么罪？"差人说："他是强盗，是齐国人。"楚王听了对晏子说："原来齐国人都是惯做强盗的。"这里楚王故意以偏概全，目的是来刁难晏子。

（6）机械类比

机械类比是将两个有某些相似属性的事物进行类比，以其局部的或偶然的相似为依据推论出一个错误的结论。例如，旅游业能带来外汇收入，所以应该大力发展旅游业，赌博业也能带来外汇收入，所以也应该大力提倡赌博业。实际上旅游业和赌博业完全没有可比性，两者的性质截然不同。

（7）二难诡辩推理

二难诡辩推理指诡辩者巧妙地变换了判断事物的标准，使得同一问题的正反两种答案都有成立或不成立的可能。

例如，古希腊一位雄辩家在招学生时规定：如果在学生毕业后的第一次辩论中赢了老师可以免交学费，于是学生说："如果我赢了按照规定可以免交学费；如果我输了，说明老师教得不好也应该免交学费。"老师接着说："如果你输了按照规定要交学费；如果你赢了说明老师教得好，你也应该交。"师生两人都运用了二难推理，在是否学得好与是否教得好上作文章，标准不统一，谁也说服不了谁。

（8）复杂误诱问语

复杂误诱问语是指带有诱导性的提问，问话中隐含着一个或几个判断，使回答者不能简单地回答"是"或"否"。例如对一个没有犯罪的人提问："你是否已经交待了你的罪行？"问题中隐含了"你曾犯罪"的意思，被问人怎么回答都会偏离真相。

（9）假造论据

诡辩者为了获得有利于自己的结论，虚构一个不真实的论据，比如法庭上的伪证就是假造论据的行为。

以上我们列举的是欺骗性比较隐晦的诡辩，此外还有强词夺理，人身攻击，恃强凌弱，胡搅蛮缠等明显不讲道理的诡辩，是人们比较容易识破的。

遇到这些情况怎么办？这里介绍两种化解的"招数"：

针锋相对法。意即当诡辩者引用名言佐证时，反驳者则"以其人之道，还治其人之身"，也引用名言论证反驳。这样把对方给你施加的难以辩驳的窘况如法炮制地施加给对方。有一次，几位男女朋友相聚，争辩起家庭教育中父母责任问题。

女同胞一致认为父亲作为家长应承担主要责任，男同胞多数则持相反意见，双方都言之凿凿，相持不下，无论东道主如何"调和"（阐明两者都重要）都无济于事。忽一女同胞说："我国古语就说了'养不教，父之过'而不说母之过，可见做父亲的肩负着教育子女的主要责任。"言者有点得意。

男同胞们一时语塞，东道主连忙反驳："这也不尽然。我们知道法国著名思想家卢梭，他在著名的教育著作《爱弥儿》中指出：母不母，则子不子，说明母亲对教育子女也负有责任。”这下，女同胞也语塞了。

东道主接着阐明自己观点，“我们都可以证明父亲和母亲对教育子女有重要作用与责任，但是只强调一方而否定另一方，或者把责任推给另一方都是片面的。”这样旁征博引地反驳与论证，容易使对方心服口服。

（10）推至极端法。

诡辩得出的结论是荒谬的，即使引用名言来印证也掩盖不了其荒谬性。某青年夫妇新婚不久，男的仍未改单身汉习性，下班后自由自在，不大回家，甚至与哥们儿通宵娱乐。妻子不满地批评他，他还大言不惭地说：“两情若是久长时，又岂在朝朝暮暮？我虽然少有陪你，没干家务，可心中爱你爱得如冬天里的一把火。”妻子有些恼了，反驳道：“那你用不着回家了，去等我俩的感情长久吧。”这里她虽然说的是气话，使用的却正是推至极端法。

驳斥诡辩的过程同时也是增强自己正确思维能力的过程。因此，知晓了诡辩“是什么”和“为什么”，我们就可以在人际沟通中保持“清楚的头脑”，以批判性思维为前导，将自己自发的逻辑感觉培养、锻造为自觉的逻辑意识，并经过思维训练将自觉遵守思维规律和规则的意识和素质升华为一种自由的逻辑精神。

3 利用寓言和故事增强说服力

每个事物都有其个性，事物之间也存在共性。类比论证，就是在考察两类事物某些相同或相似属性的基础上，推断出它们另外的属性也相同或相似的论辩方法。

在日常生活中，我们可以用一些常用的寓言、典故、故事和传说等作为类比的材料，灵活地运用这种论辩方法。一个雄辩家在论辩中适当借助一二个妙趣横生、意味隽永的故事，往往能使人们在对故事的情节和感人的形象的审美享受中获得深刻的启迪，增强我们论点的雄辩说服力。

寓言本来就是故事的一种，就效果而言，借用故事和借用寓言同样精彩。

寓言的“寓”字是寄托的意思，寓言往往虚构一个浅显的或人以或动物为主角的故事，传递较为深刻的人生行为准则、价值取向、事物因果关联等道理，对人事有着劝谏或设喻的作用。

庄周又称庄子，战国时期的大思想家，可思想没有为他换回多少钱。有一天，庄周揭不开锅，只得向朋友借粮，朋友说：“好说好说，不过我正要进城收租，半个月后一定借给你粮食。”庄周全家哪能等上半个月！

庄周并不愿意直述自己迫在眉睫的困境，于是说：“刚才我遇到一件奇怪的事，你想不想听？”朋友说：“快讲！快讲！”

于是庄周说道：“刚才半路上我听到‘救命’的喊声。我四下张望，看到路旁干涸的车沟里有条小鱼，嘴巴一张一张地说：‘我现在快渴死了，你能不能给我一瓢水，救我一命？’我对它说：‘我到南方吴越两国游说，让他们引西江的水来救你，可以吗？’小鲫鱼听了，气得变了脸色，说：‘我现在已快干死了，等你把西江的水引来，我早已变成鱼干了，你还不如到鱼干店里去找我吧！’”

庄周的朋友听到这里，明白了庄周的困窘，听出了其中嘲弄和调侃的味道，还听懂了其中深刻的哲理，连忙向庄周道歉，马上把满满一袋子粮食借给了他。

是的，庄周借粮似乎很害羞，拐弯抹角的好像怕丢了普天之下的哲学家的脸。但这件事情也教给我们一个处世之道，这就是：不便于直接说出的论点、思想和愿望可以用寓言的形式委婉曲折地表现出来。

使用寓言和故事恰当地代替抽象说理，就能化抽象为具体，化深奥为明了，给人一种深刻印象。在选取寓言和故事的时候，与论题无关的内容应该略去不讲，以免枝蔓过多，喧宾夺主，冲淡听众对论题的注意力。

4 运用比喻法增加论辩的说服力

在与对手的争论中，逻辑思维起着极大重要的作用，它使思维显得严谨、有条理，使立论变得枯燥、抽象。如果没有形象思维紧密配合，气氛就会显得过分凝重，缺乏活力和幽默感。这就需要比喻论证的方法。

比喻论证又叫喻证法，是指在说理时借用人们比较熟悉的通俗易懂的事物或故事作比喻来论证人们比较生疏的抽象的道理的论证方法。运用比喻论证能把抽象的道理说得浅显易懂，并使枯燥的说服显得生动、形象。

在辩论中经常设譬，以小喻大，以浅喻深，逻辑性很强，有极强的说服力。一大篇抽象的说理没有能够说服要说服的对象；一个浅显的比喻却可以说尽深蕴之理，让极难说服的对象信服。这是生活中常见的现象。

加里宁是俄国布尔什维克一位杰出的宣传鼓动家。一次，他向某地农民代表讲解工农联盟的重要性。尽管他作了详尽严谨的论证，听众还是不得要领，这时，有人问加里宁："什么对苏维埃政权来说更珍贵，是工人还是农民？"

加里宁乘机反问："那么对一个人来说，什么更珍贵，是右脚还是左脚？"全场静默片刻，突然爆发出雷鸣般的掌声——农民代表们都笑了。

诡辩者为了达到其诡辩的目的，也往往借助于比喻的手法，搞荒唐的比喻式诡辩。例如某人整天喝酒，喝得烂醉如泥，遭到大家的反对。有一次，这个酒鬼对人解释说："多喝酒可以长命。你们没看见把肉放在酒精中可以保存更长时间吗？"

由于将抽象的事理赋予形象，荒唐比喻式诡辩具有很大的欺骗性。但是，看出这个酒鬼在进行诡辩是简单的。有一个10岁的小孩子看到他在诡辩，于是当场用一个反的比喻反驳道："酗酒就会短命。你没看见盖坛的布，时间一长就会霉烂吗？"反驳针锋相对，尖锐有力，直叫那个酒鬼哑口无言。

当我们的论敌使用荒唐比喻式诡辩时，我们也可以构造一个反的比喻加以驳斥。

一味抽象地说理，当然不如形象比喻的效果来得好。而且，一味抽象地说理，有时候根本就是有理说不清。使用类比，由此推彼，由对方认可的此推出对方不认可的彼，可以说是铿锵有力。

在运用比喻论证时必须注意：借用的比喻物力求浅显、通俗、贴切、巧妙，道理显而易见；比喻必须生动、形象，通过生动的描绘把内含的道理形象地揭示出来；比喻必须与说理相结合，比喻是论证的一种手段，目的是让人体验其中的道理。

5 辩论重在随机应变

辩论是一项场面十分活跃，思维变换快速的比赛。所以我们在辩论中一定要懂得随机应变，从对手的辩词中快速击破其弱点，即要害，让其无力反击。辩手自己一定要思维十分的清晰，才能从对手的辩词中快速找出破绽，给予强有力的驳击。

巧妙地抓住对方语言中暗含的矛盾，同时不露声色地给对方设置语言陷阱，达到预先掌握操纵论辩主动权的目的，这是应变能力的一种。《战国策·楚四》记载了一个给楚王献不死之药的故事。

中射之士听禀报的人说他要入宫向楚王敬献不死之药，便问他说："这药可以吃吗？"禀报人回答说："可以吃。"于是，中射之士一把从禀报人手里夺过不死之药便吞了下去。这还了得，听说胆大妄为的中射之士竟然把别人敬献给自己的不死之药吃掉了，楚王勃然大怒，气急败坏地派人赶紧把这个无法无天的家伙杀掉。

中射之士于是请人对楚王说："我没有罪，大王可不能杀戮无辜啊！我吃药之前是向禀报人请示过的，是他说这药可以吃我才吃的，即使要问罪那也找不到我头上啊！事情明明白白地摆在那儿，有罪的是禀报人而不是我。再说，客人口口声声说向大王进献的是'不死之药'，如果我因吃了这'不死之药'而被杀头，那就说明这药是死药而不是什么'不死之药'。这岂不是告诉世人：大王您之所以杀掉我这个无罪之臣，是因为有人用荒唐的'不死之药'欺骗了您。这话要是传了出去，大王您岂不是要遭人耻笑？"楚王于是决定不杀他了。

在中射之士精采的论辩中，一开始便利用人们习惯思维存在的盲区，预先设置了一个语言陷阱：这药可以吃吗？对于这个问句的含义，人们一般都是从"药是否能为人安全食用"这个不言而喻的意义上来理解的，而排斥了这个问句的另一含义：提问的人可否立即便实际地去执行这个"吃药"的行为。

同时，在禀报人脑子里还有一个虽然没有明白地说出来，但他却认为自己和中射之士的对话中存在着一个双方公认的前提："不死之药"是献给国王的，除了国王之外其他人无权享用。所以他一听见中射之士问"这药可以吃吗？"，便理所当然地认为中射之士想要得到的是关于"药是否能为人安全食用"这方面的答案，这就毫无防备地掉进了中射之士精心为他设置的思维陷阱。

中射之士正是抓住了这个心理，故意使用了这个可以造成歧义的问句，引诱对方上当，并为自己周全地考虑了一套嫁祸于人的辩辞。与此同时，他充分地利用了"不死之药"的虚假性，早就预见到自己的行为可能产生的危险后果，并为开脱自己的罪责设置了一套精妙的辩解之辞：我吃了"不死之药"，国王如果杀我，那说明"不死之药"是"死药"，国王上当受骗却杀害无罪之臣，错在国王。

国王当然不想犯错误，所以也就杀不了我。至于说如果"不死之药"真的是让人不死的话，吃了它又何妨，反正死不了：大王，脖子长在这儿呢，要杀要砍随您便啊。可见，在中射之士的论辩中体现的是一种突破常规思维模式的应变能力。

辩论的进程是受到辩论双方制约的，任何一方都不能绝对左右谈话的内容和进展。虽然辩论之前可进行充分的准备，但对方的情况我们不可能完全准确，只能在辩论现场听取了对发言之后灵活处理、随机应变、临场发挥。此外辩论者临场的竞技状态与现场气氛对辩论过程和结果也会产生影响，比如辩论者的身体状况、心理倒向、个人喜好、意外变故等都会使辩论形势发生变化。

转换话题就是一个化被动为主动的有效方法。《三国演义》中有一段关于曹操与刘备煮酒论英雄的精采描写。曹操一句"今天下英雄，唯使君与操耳！"令刘备惊恐万状，手中的筷子都吓掉了。

刘备深知曹操乃一代奸雄，什么卑鄙下流的事他干不出来呢？被他看成英雄那可是要遭来杀身之祸的！幸好这时暴雨将至，雷声大作。刘备才得以从惊恐中镇定下来，捡起掉在地上的筷子说："哎呀，好一声惊雷，把我的魂都吓掉了。"刘备凭借天气变化的情景，巧妙地把闻曹操之言而受惊吓的真实情况掩饰过去，转移了曹操的"英雄之论"。曹操鄙夷地笑着说："男子汉大丈夫竟然也害怕打雷？”刘备虽然因此遭到了曹操的鄙视，但却真正地得到了逃脱祸端的实惠。

善于利用情景顺势变通，也使曹操从一场危机中化险为夷。一次，曹操想趁董卓脸向里侧身躺卧在床之机行刺。谁知他刚把刀拔出来，董卓正好仰面从衣镜中看见了这个动作：“你要干什么？！”就在这时，吕布也从外面来到曹操的身后。好险！曹操毕竟不是等闲之辈，他那超群绝伦的心理素质真是令人叹服啊！只见他从容地持刀跪下说：“我有宝刀一把，献给恩相。”便机智而巧妙地把一场惊心动魄的危机掩饰了过去。

辩论前的准备工作无论怎样细致周到，都只是一个宏观上的计划，至于在辩论中如何有效地实施这个计划，这就需要我们来根据现场情况随机应变，以智取胜。

6 查找对方的漏洞进行反驳

辩论又被称为论战，战则有术，术即谋划策略。辩论中要想捍卫自己的观点，令他人信服，就需要讲究方式方法、讲究策略，怎样进攻、怎样防守、怎样反击才能克敌致胜，使真理得到传播是需要巧妙、精心的策划的。

辩论中常见的漏洞有：偷换概念，以偏概全，前后矛盾，论据不足，诡辩曲解，论据有误，前提虚无等。这就要求首先认真倾听对方发言，及时捕捉战机，往往可以将对方置于被动境地。

由于辩论双方在辩论过程中出现观点的矛盾是不可避免的，即使是同一个人，在辩论中也往往出现自相矛盾的现象。一旦出现这样的情况就应当马上抓住，竭力扩大对方的矛盾，扩大对方的观点裂痕，迫使对方陷入窘境，使之自顾不暇，无力进攻自己。“以子之矛，攻子之盾”，使之于急切之中理屈词穷，无言以对。

此外，还可以采用引蛇出洞的方法。在辩论中，如果正面进攻效果较差时可以采取迂回的方法，从看来并不重要的问题入手诱使对方乱说或者乱答，在对方的观点上找到了一个缺口后立即进行猛烈进攻，瓦解了对方的坚固的防线，从而沉重打击对方。

在 1993 年 8 月举办的新加坡国际辩论赛中，复旦大学与悉尼大学对垒，辩题是“艾滋病是医学问题，不是社会问题”。悉尼大学队是正方，复旦大学队是反方。开始的时候双方你来我往，势均力敌，难分胜负。

这时，复旦大学队的二辩问了对方一个问题：“请问对方辩友，今年世界艾滋病日的口号是什么？”对方四位辩手顿时面面相觑，瞎猜一气，错误应答。这时，复旦大学队立即纠正，并巧妙引开：“错了，今年艾滋病日的口号是‘行动起来，时不我待’。对方辩友连这个都不知道，难怪谈起艾滋病来也是这么不紧不慢的啊！”这一招在对方的阵地上打开了一个缺口，从而瓦解了对方的阵线。

辩论是一场激烈的语言较量，其中充满了艺术性和技巧性。其紧张、其急促、其灵活，使得辩手在表述观点的过程中很难做到滴水不漏。漏洞几乎是客观存在的，就看你注意到它没有。捕捉漏洞能帮助我们获得辩胜对手的突破口。

那该怎么来“咬”住对手的漏洞呢？

一是逮住立论的弱点。论点是辩手对论证问题提出的看法或主张，是辩论的关键所在。如果论点有纰漏，那论证的全过程就值得怀疑了。认真听对手立论，看看他在哪些地方是一带而过、含糊其辞的，这当中就可能包含了致命的弱点，千万不要大意错过。其次，还要盯住对手，看他们在辩论的过程中论点是否始终一致，有无偷换辩题或转移辩题，一旦发现就把它“揪”出来。

二是寻找论据的漏洞。主要是检查对手所用的论据是否准确、是否切合论点、是否前后一致。如果能证明对手的论据是虚伪的，那么其论点就不攻自破了。与论点的漏洞相比，论据的漏洞更容易被发现，更容易被证伪，也更适合被作为辩论的突破口。

三是挖掘逻辑的纰漏。一个严密的辩论论证除了需要恰当的论点、真实的论据，还必须有合乎逻辑规则的论证过程。如果对手在论证的过程中存在着论据与论点脱节的情况，也就是存在论据并不为论点服务，那么对方的论点就难以成立。

因此，不能光被对手高明的论点和丰富的论据吓倒，还要留意它们二者是否有关联，彻底揭穿对手挂羊头卖狗肉的阴谋。

俗话说的好，打蛇要打七寸，就是说只有抓住了要点攻击才能见效。辩论时要在看清对方的观点的基础上，抓住对方观点中的要害问题一攻到底，从理论上彻底地击败对方。

7 巧妙化解对方的陷阱

辩论之中双方为了争取辩胜，为了抓住对手的漏洞，会设置很多问答陷阱。如果真的遇到陷阱了，你能巧妙地化险为夷吗？

清代学者纪晓岚很受乾隆皇帝的喜爱。一次两人在野外散步聊天，乾隆突然问道：“纪卿，‘忠孝’之意何解？”纪晓岚回答：“禀告皇上，君要臣死，臣不得不死，谓之忠；父要子亡，子不得不亡，谓之孝！”乾隆又说：“嗯，说得好，现在，朕想以君的身份要你去尽忠，怎么样？”纪晓岚一惊，少顷，回答说：“臣遵旨！”

纪晓岚说完就走了，乾隆当然知道纪晓岚不会去死，不过也想看看他是如何为自己解围的，于是静观其应对。

不一会儿，纪晓岚又回来了，乾隆问道：“你怎么没死，没尽忠啊？”“我刚才想跳河尽忠，正在这时遇到了屈原，他不让我死！”“此话怎讲？”“我到了河边，正要往下跳时，屈原从水里向我走来，他说：‘晓岚，你为什么要这样呢？我那时跳河自尽是因为当时的楚怀王昏庸无能；而你现在，听说是开明盛世啊！这样吧，你先回去问一问皇帝，看他说是不是昏庸无能，如果说是，你再跳河，我等你！’这样，我就回来问您了！”乾隆听后，放声大笑连连称赞：“好一个如簧之舌，真不愧当今雄辩之才啊！”

纪晓岚真是聪明绝顶，辩才无碍。他巧妙地为自己找到了摆脱陷阱的方法，借屈原之语为乾隆设立了窘境，指出“如果皇上承认自己昏庸无能，我就去死”。皇上当然不会将玩笑开到如此地步，所以纪晓岚不仅使自己逃脱出了说话的陷阱，也自然地把自己从“死”中解脱出来。

以下是几种化解对方陷阱的方法，以供大家借鉴。

（1）迂回作战。

好汉不吃眼前亏，有时对手就是把你困在陷阱里，不令你中计就不罢休。这种情况下，硬闯也是无效的，还不如“乖乖就范”，先被他牵着走，然后伺机反攻。这就是辩论中的“欲擒故纵”。

（2）顺着仿造。

就是完全顺着对手的逻辑思路进行类比的联想和推导，得出与对手相似、甚至相同的论断，用自己仿造的谬误和对手原创的谬误进行对比，使对手的错误更加明显。譬如，对手说：“因为金钱导致了罪恶的发生，所以金钱是万恶的根源。”你就可以顺着继续说：“按你们的逻辑，网络也能导致罪恶的发生，所以网络也应该是罪恶的根源。那么请问对方辩友：罪恶的根源到底是哪个啊？”对方必定无言以对。

（3）倒着仿造。

情况与顺着仿造刚好相反，通过仿照对手的思路，恰恰得出一个与对手原创的结论相反的结论，一正一反，来说明对手的逻辑是自相矛盾的，从而驳倒对手。譬如，对手还是说：“因为金钱导致了罪恶的发生，所以金钱是万恶的根源。”你就可以反驳：“金钱也帮助很多穷苦之人摆脱了贫困，那我们是否可以把金钱视做万善的根源呢？金钱到底是善的根源，还是恶的根源，请对方辩友回答。”对手论证中的逻辑弊病就不证自明了。

（4）转移话题。

不过很多时候还是防不胜防，一旦落入对手精心设置的陷阱，最好的办法就是“逃”——迅速地转移话题。这当中也有技巧：如果你的话题转换是很生硬的，对手一定不会轻易放过你；所以，你要设法转移到观众们感兴趣的话题，或者是对手前面还没有解决的问题上，转移辩论的焦点，才能顺利逃出陷阱。

（5）假装糊涂。

如果一时也想不出什么好的话题让自己脱身，就得稳住心情和对手在陷阱里周旋。这时假装糊涂是个好办法，就是常说的答非所问：对手抓着你问个没完你也别怕，你就充分利用这个机会陈述己方观点，而不必考虑是否回答了他的问题。

（6）巧语诡辩。

要是担心答非所问会被对手倒打一耙，那么巧语诡辩就是最安全的逃脱办法了。就是像例子中纪晓岚那样，既回答了刁难的问题，又没有落入别人的陷阱。这需要灵活的辩论思维和平时深厚的知识积累。

与其等到自己落入对手设置的陷阱，还不如对陷阱早作提防。从对手立论开始，你就应该有意识地观察他们的论证重点在哪里，也就是对手论证的锋芒何在。如果这一锋芒你方并无很好的应对之策，那么建议你方应该立即避开，别受对手牵制；因为锋芒的背后往往是连串预谋已久的陷阱。

8 在辩论中感染听众

感动听众在辩论中具有非常重要的作用，善于感动听众，可以大大增加辩论的胜算。听众心理控制就是在辩论中要和对手“抢”听众，“抢”听众的心、听众的情和听众的思。这种“抢”在辩论时不是靠平庸的逗乐，而是用真情去打动听众。在人世间，没有什么比人的真情更能打动人心的了。

美国总统林肯不但是一位伟大的政治家，还是一个出色的演说家，他在尚未当上总统前以律师为职业。有一天，一位老太太哭着走进林肯的律师事务所，控诉她领四百元抚恤金时，竟要付二百元手续费给发抚恤金的人。林肯听到这样的事情非常生气，立刻替老太太提出诉讼。

上法庭辩论的时候，林肯先追述美国人民初到美洲大陆时是如何受到压迫，又是如何团结起来为自由奋战的。当他说到锻铁谷之役时，他生动地形容这些斗士们是如何忍受饥饿与寒冷，如何赤足、流着血爬过冰天雪地。

接着他突然指着那位索赔者，怒斥他不应该剥夺为国捐躯的士兵遗孀的抚恤金。他那生气的神情，就像是恨不得剥了对方的皮一般。最后，他说：“现在，时过境迁，1778 年的英雄早已长眠于地下，但是他那衰老、又瞎又跛的遗孀现在正在我们的面前，要求我们替她申冤。她现在贫困无依，只能请求正在享受革命先烈奋斗而争取到的自由的我们的援助。试问在座的各位，我们该不该助她一臂之力？”

林肯结束这段陈词之后，陪审团中有人竟感动得流下眼泪。大家都主张绝对不可以让那贪官污吏剥削老妇人的抚恤金。林肯这一场官司大获全胜。

林肯的胜利得益于其在辩论中善于利用情感因素，通过对士兵们英勇不屈精神的描述和遗孀孤苦伶仃现状的展示，引发人们对弱者的深刻同情和对索贿者丑恶行径的无比痛恨，达到引起听众共鸣，感动陪审团的目的。

要想在辩论中感染所众，你应该抓住以下几点：

一是声情并茂，掀起高潮。

要想在辩论中更好地“煽情”，高昂的语调、丰富的表情、有力的手势都是必不可少的因素。要将全身心都调动起来，把听众带入你的情感世界，并适时将整个辩论引向高潮，赢得第三方对自己观点的支持和认同。

二是情由心发，充满热诚。

一个人的辩论要感动别人，先要感动自己。而能够感动自己的，必定是发自内心的真情实感。在辩论时，要善于调动自己的感情，全身心地投入到论辩中，让冰冷的素材和事例经过自身的情感体验变得血肉丰满、鲜活起来。

三是情理交融，爱憎分明。

在论辩中“煽情”时，要注意将感情建立在一定的理论基础上，以情动人先要以理服人，抛开事理、一味煽情，不但达不到效果，还会适得其反，让人有做作的感觉。同时，感情的表达要鲜明有力，做到敢爱敢恨。就如林肯一样，对战士的敬佩、对贪官污吏的痛恨、对孤苦遗孀的同情在辩论中表现得淋漓尽致，美丑的对比给予听众强烈的情感冲击，引发他们的情感共鸣。

总之，在辩论时要深深地打动听众。赢得听众不是靠美丽的辞藻和做作的表演，因为这些产生不了真情，而应该靠对理论的执着，对辩论的激情和对辩论中一言一行的认真态度。

9 在气势上压倒对方

在与对方辩论时，如果在表达上能够前后连贯、一起呵成，就会造成一种万箭齐发、万炮齐轰的气势。说理者显得理直气壮，步步紧逼，尤其在推向高潮时更有激情昂扬不可遏制之势，容易在气势上压倒对方。

辩论不仅仅是考较逻辑和概念，也要比拼语言和气势。如果说前者是内功，后者就是招式。下面这段对话可以说明这一点。

梁惠王说：“我治理梁国真是费尽心力了。河内地方遭了饥荒，我便把那里的百姓迁移到河东，同时把河东的粮食运到河内。河东遭了饥荒，也这样办。我曾经考察过邻国的政事，没有谁能像我这样尽心的。可是，邻国的百姓并不因此减少，我的百姓并不因此加多，这是什么缘故呢？”

孟子回答说：“大王喜欢战争，那就请让我用战争打个比喻吧。战鼓冬冬敲响，枪尖刀锋刚一接触，有些士兵就抛下盔甲，拖着兵器向后逃跑。有的人跑了一百步停住脚，有的人跑了五十步停住脚。那些跑了五十步的士兵，竟耻笑跑了一百步的士兵，可以吗？”惠王说：“不可以。只不过他们没有跑到一百步罢了，但这也是逃跑呀。”

孟子说：“大王如果懂得这个道理，那就不要希望百姓比邻国多了。如果兵役徭役不妨害农业生产的季节，粮食便会吃不完；如果细密的鱼网不到深的池沼里去捕鱼，鱼鳖就会吃不光；如果按季节拿着斧头入山砍伐树木，木材就会用不尽。粮食和鱼鳖吃不完，木材用不尽，那么百姓便对生养死葬没有什么遗憾。百姓对生养死葬都没有遗憾，就是王道的开端了。分给百姓五亩大的宅园，种植桑树，那么五十岁以上的人都可以穿丝绸了。鸡狗和猪等家畜，百姓能够适时饲养，那么七十岁以上的老人都可以吃肉了。每家人有百亩的耕地，官府不去妨碍他们的生产季节，那么几口人的家庭可以不挨饿了。认真地办好学校，反复地用孝顺父母、尊敬兄长的大道理教导老百姓，那么，须发花白的老人也就不会自己背负或顶着重物在路上行走了。七十岁以上的人有丝绸穿，有肉吃，普通百姓饿不着、冻不着，这样还不能实行王道，是从来不曾有过的事。现在的梁国呢，富贵人家的猪狗吃掉了百姓的粮食，却不约束制止；道路上有饿死的人，却不打开粮仓赈救。老百姓死了，竟然说：‘这不是我的罪过，而是由于年成不好。’这种说法和拿着刀子杀死了人，却说‘这不是我杀的而是兵器杀的’又有什么不同呢？大王如果不归罪到年成，那么天下的老百姓就会投奔到梁国来了。”

孟子在与梁惠王的对话——一场非严格意义上的辩论中为我们展现了他高明的招式。从用战争打个比喻到以五十步笑百步，不仅仅是逻辑上的一个陷阱布置，也是气势上的一个积蓄过程。梁惠王的回答使其从主动提问者变成了进入圈套的羔羊，丧失了“先手”，孟子则蓄势已毕，决堤放洪。

在接下来的长篇陈词中，孟子运用了成串的排比，辅以强劲的气势进行大量细节描绘。从不可胜数的谷物、鱼鳖到衣帛食肉的长者，又急转至路有饿殍的惨象……听者如身临其境，陷入感情的汪洋大海中不能自拔。铺张扬厉的语言在这里的效果甚至胜过了其内在逻辑，毕竟是那么长时间的论证，如果一味搞推理肯定会让人厌烦的。

和排比一样，类比也是很重要的手段，虽然理性不足，但鲜活动人。比如在这里，荒岁死人和刺人而杀之究竟有多大的可比性，是否符合内在逻辑？已经没有人会追究这些了，在前面的细节铺陈之下，这个类比显得水到渠成，而它的形象犀利又让语言的气势更上了一层楼。

在辩论中，若双方的理论准备不相上下，则胜负取决于临场发挥。这种情况下，语言更丰富、气势更强劲者往往能笑到最后。

怎样才能辩论出自己的气势，利用什么方法才能更好地陈述自己的观点并压住对方呢？可以采用以下几种方法：

第一、妙设反问。反问句是用问句的形式表达确定无疑的内容。在辩论中恰当运用反问句会形成一种对对方质问、诘难的态度，能够明显增强辩论的气势。同样的内容，由陈述句表达和由反问句表达，绝对是两种截然不同的效果。

第二、巧打比方。贴切的比喻能够生动、形象、明白地表明自己的立场，同时也使要说明的道理更浅显易懂，从而让对方和听众都心悦诚服。

第三、调节语气。所谓“声气传情”就是声音和气息的不同状态可以传达丰富的感情。运用恰当的语速和节奏，再加上合适的语调，注意缓急、起伏、停连、张弛等要素（如多用上扬调等）均可增加语句气势。需要注意的是，语句的运用必须和感情的自然流露相融合，否则弄巧成拙，会造成“强哭者虽悲不哀，强怒者虽严不威”的后果。

在辩论中，强盛的论辩气势是战胜论敌的法宝，是使自己永远立于不败之地的重要保证。因此，我们要在辩论实践中充分利用这种方法，使其发挥更大的作用。

10 以慢制胜

论辩中的“快”与“慢”是一种对立统一的辩证关系。兵贵神速，“快”当然好。但在某些特定的场合,“慢”也是处理问题、解决矛盾的好办法。“慢”是一种韧性的战术，是一场持久战，是舌战中的缓兵之计。在某些特定的论辩局势下，快攻速战是不利的，缓进慢动反而能制胜。

在某商店里，一位顾客气势汹汹地找上门来，喋喋不休地说：“这双鞋鞋跟太高了，样式也不好……”商店营业员一声不吭，耐心地听他把话说完，一直没打断他。等这位顾客不再说了，营业员才冷静地说：“您的意见很直爽，我很欣赏您的个性。这样吧，我到里面去再另行挑选一双，好让您称心。”“如果您不满意的话，我愿再为您服务。”这位顾客的不满情绪发泄完了，也觉得自己有些太过分了，又见营业员是如此耐心地回答自己的问题，也很不好意思。

结果他来了个 180 度的大转弯，称赞营业员给他新换的实际上并无太大差别的鞋，说：“嘿，这双鞋好，就像是为我订做的一样。”营业员以慢对快，以冷对热，让顾客把怒气宣泄出来，达到了心理平衡，化解了这一场纠纷。

从上面的例子中我们可以概括出在论辩中要正确使用“以慢制胜”法，但应注意以下三点：

一是以慢制怒，以冷对热。“慢”在论辩中还是一种很好的“制怒”之术。论辩中唇枪舌剑，自控力较差的人很容易激动。在这种情况下，要说服过分激动的人宜用慢动作、慢语调来应付。以慢制怒，以冷对热才能使其“降温减压”。只有对方心平气和了，你讲的道理他才能顺利接受。

二是以慢施谋，以弱克强。“以慢制胜”法适用于以劣势对优势、以弱小对强大的论辩局势。它是弱小的一方为了战胜貌似强大的一方而采取的一种谋略手段。“慢”中有计谋，缓动要巧妙。这里的“慢”并非反应迟钝，不擅言辞的同义语，而是大智若愚、大辩若讷的雄辩家定计施谋的法宝之一。

第三是以慢待机，后发制人。“欲速则不达”，在时机不成熟时仓促行事，往往达不到目的。论辩也是如此，“慢”在一定条件下也是必须的。“以慢制胜”即当论辩局势不宜速战速决，或时机尚不成熟时，应避免针尖对麦芒式的直接交锋，而应拖延时间等待战机的到来。一旦时机成熟，就可后发制人，战胜论敌。

论辩中的“快”与“慢”是一种对立统一的辩证关系。兵贵神速，“快”当然好，可是有时“慢”也有“慢”的妙处。“慢”可待机，“慢”可施谋，“慢”可制怒。“慢”是一种韧性的战术，“慢”是一场持久战，“慢”是舌战中的缓兵之计。缓动慢进花的时间虽长，绕的弯子虽大，然而在许多时候，它却往往是取得胜利的捷径。

11 釜底抽薪

辩论中的功守始终是论题的中心问题，有攻有守才能显示出论辩的精彩纷呈，巧用辩护词也能充分体显出辩手的智慧、谋略和口才。在辩论中，有的对手之所以傲气十足，自认为胜券在握，是因为他有所凭借、倚仗。我们要能战胜他，应当找到他凭借、倚仗的因素究竟是什么。

只要把这些因素搬掉，对手失去了凭借、倚仗，不就立马倒下去了吗？这正如古人所言：“与其扬汤止沸，不如釜底抽薪。”一锅开水要制止它的沸腾，只要把锅底燃烧着的柴火抽掉，开水就再也沸腾不起来了。

辩论中，对手为了证明、支持他的论点，当然要推出他的理由和根据，亦即论据。论据是论点得以成立的基础，论据站不住脚，论点也就不攻自倒。

通常在辩论中，我们就是撇开对手的论点不管，而抓住对手的论据不放。只要指出对手的论据是虚假的、站不住脚的，或者论据与论点无关，证明不了他的论点，那么对手的论点自然也就不能成立。

刁钻的选择性提问是许多辩手惯用的进攻招式之一。通常，这种提问是有预谋的，它能置人于“二难”境地，无论对方作哪种选择都于己不利。对付这种提问的一个具体方法是从对方的选择性提问中抽出一个预设选项进行强有力的反诘，从根本上挫败对方的锐气，这种技法就是釜底抽薪。

例如一方说：“……我问雷锋精神到底是无私奉献精神还是等价交换精神？”

另一方说：“……你这是错误地理解了等价交换。等价交换就是说，所有的交换都要等价，但并不是说所有的事情都是在交换，雷锋还没有想到交换，当然雷锋精神谈不上等价了。”

这段对话中，前者有“请君入瓮”之意，有备而来。显然，如果以定势思维被动答问，就难以处理预设的“二难”：选择前者，则刚好证明了“思想道德应该超越市场经济”的观点；选择后者，则有背事实，更是谬之千里。

但是，对方却跳出了“非此即彼”的框框设定，反过来单刀直入，从两个预设选项抽出“等价交换”，以倒树寻根之势彻彻底底地推翻了它作为预设选项的正确性，语气从容，语锋犀利，其应变之灵活、技法之高明，令人叹为观止！

当然，辩场上的实际情况十分复杂，要想在辩论中变被动为主动，除了掌握一些辩论的技巧，还需要非常到位的即兴发挥，而这一点却是无章可循的。

辩论中，对手再强大也会有弱点，突然击败对方的薄弱之处．再击败对方的主要论据，这也是釜底抽薪法的具体运用。

12 巧言妙语灵活应对

应变力是一个人灵敏度的反应，是指在语言交往中，当自己或者对方的言语行为出现突发事件或意外情况时，能迅速而又恰当地做出反应并进行处理。

有意说错话是语言应变的技巧之一。人们说话交谈总是尽量避免出现差错，可是在某些情况下有意地念错字，用错词语，却有神奇的功效，能丰富语言的表现力，使人的谈吐生辉。故意把话说错有时是为了蓄势布阵，待对方批评指正时，再借题发挥，给予回击。

过去有个药铺老板每到大年三十晚上就点上香向菩萨祷告："大慈大悲的菩萨，愿您保佑男女老少都多病多灾，我好发一笔大财！"这话被一个下人听到了。不久，老板的母亲得到了痨病，躺在闲上哼哼唧唧的，下人对老板说："这下老太太病得不轻，这全是托菩萨的洪福！"老板听了大怒。下人说："老板息怒，您不是求菩萨保佑男女老少都得病吗？这下菩萨显灵了。"老板哑口无言。

语言应变的技巧还包括如下几种：

（1）弥补失误，顺利交流

"一言既出，驷马难追"，由于时间紧促，不容周全地考虑，这"一言"往往发生一些差错，这就需要说话者灵活应变，弥补过失，纠正偏颇。

如演唱家马如飞一次在唱《珍珠塔》时，不慎把"丫鬟移步出了房"唱成"出了窗"。听众哄堂大笑，马如飞毫不惊慌，镇静地补一句"到阳台去晒衣"，听众报以热烈的掌声。不料他又一疏忽，把"六扇长窗开四扇"唱成"开八扇"，这时观众静听他如何补误，只听他唱道："还有两扇未曾装。"顿时，满堂喝彩，他用补救法取得了反败为胜的效果。

（2）含蓄回答，反击刁难

当你遇到自己不想回答或不便回答而别人又偏偏紧紧不放要执意打听的

事时，这时即使心中不快也不能显出愠怒，应冷静、沉着、巧妙地应对。

传说明代文学家解缙有一次奉永乐皇帝之命，给一柄折扇题字。他看扇面上有一幅画，是按唐人《凉州词》的诗意画的，便题写王之焕的诗："黄河远上白云间，一片孤城万仞山。羌笛何须怨杨柳，春风不度玉门关。"不料，他一时疏忽少写了一个"间"字，皇帝看后大怒，认为其不忠，便要问其死罪。

这时，解缙急中生智，忙道："皇上息怒！我这是用王之焕的诗意填写的词啊！"当即念道："黄河远上，白云一片，孤城万仞山。羌笛何须怨？杨柳春风，不度玉门关。"那时题扇不点标点，解缙借错巧言，将漏了字的诗变成一首绝妙好词，使皇上听了转怒为喜。

在交往中，对方有时往往会利用表达者自己的话语、逻辑和常理设置难题，使表达者难以回答，这时表达者就要突发奇想，另辟蹊径，反击对方的刁难。

（3）应付意外，完成预定任务

意外情况往往非表达者本人的过失，也不是对方故意刁难，而是另外情况所致。随机应变力强的人能自圆其说，补救失误；能反击对方攻势，兵来将挡，水来土掩；还能应付意外，出色完成任务。它展现人的才能与智慧，增强人的魅力，使一个人在人际交往中处于有利的位置。

就实际而言，在社会交际中不可避免地会遇到难以预料的发问。这时就需要巧言妙语灵活应对。如遇到难以言对的"锋芒"发问，就应巧妙运用"避锋法"而回击之。

所谓"避锋法"的对策，是在一种较高语言境界中，一方面不是马虎了事，而是圆满地回答问题；另一方面，又可以向发问者提供一些新信息，或指明解决的方法和途径，定会受欢迎。

表面上答"非"所问，实际上是以退为进，因此可以说"避锋"是为了"藏锋"，"藏锋"又是为了更好地"露锋"，这种"貌合神离"的表达方式，也有利于调动发问者的思维，使他们设身处地地为对方着想，如此便可避免一些不必要的纠缠。

语言随机应变能力，对人们的社交活动的效果具有重要的作用。一个人的应变能力反映着他的机智和聪明，一旦碰到意外的变故，要能表现出高度的冷静和强烈的自信，甚至伴以适当的微笑，这是一种强者姿态。只有这样，才能使自己在冷静中产生急智，发挥自己敏捷的思维能力和语言应变能力。也只有这样，才能摆脱困境，化险为夷，化拙为巧，收到理想的意外的效果。

13 “借力打力”巧妙还击

有句名言说得好：“一人之辩重于九鼎之宝；三寸之舌强于百万之师。”的确，要想在辩论中取胜，就应该知道语言在辩论中的重要性。对任何一位辩论者来说，熟悉和掌握一些辩论技巧是必不可少的，它有助于临场的答辩得心应手，左右逢源。

因此，即使辩论前的工作无论怎样细致周到，都只是一个宏观的计划，至于在辩论中如何有效实施这个计划，还需要根据现场情况随机应变，以智取胜。这就是说辩论要讲究一些技巧。

内力深厚的人懂得运用“借力打力”，即可以借对方攻击之力反击对方。这种方法也可以运用到辩论中来，从对方的角度强化自己的观点，借对方的例证反治其身，给对方以有力的回击，以扭转被动局势。这种方法有两种情况，一是借用对方原来讲过的话进行反驳，二是借用对方语言表达的句式。

例如，在关于“知难行易”的辩论中，有这么一个回合：

正方：对啊！那些人正是因为上了刑场死到临头才知道法律的威力，法律的尊严，可谓“知难”哪，对方辨友！（热烈掌声）

当对方以“知法容易守法难”的实例论证“知易行难”时，正方马上转而化之从“知法不易”的角度强化己方观点，给对方以有力的回击，扭转了被动局势。

这里，正方之所以能借反方的例证反治其身，是因为他有一系列并没有表现在口头上的、重新解释字词的理论作为坚强的后盾：辩题中的“知”，不仅仅是“知道”的“知”，更应该是建立在人类理性基础上的“知”；守法并不难，作为一个行为过程，杀人也不难，但是要懂得保持人的理性，克制内心滋生出恶毒的杀人欲望却是很难。

这样，正方宽广、高位定义的“知难”和“行易”借反方狭隘、低位定义的“知易”和“行难”的攻击之力有效地回击了反方，使反方构建在“知”和“行”表浅层面上的立论框架崩溃了。

一位中国女律师在美国洛杉矶作题为《中国投资环境及其法律咨询保护》的演讲时，一位美国记者别有用心地以挑衅的口吻发问：“据我所知，你们中国根本无法律可言，你从哪儿变出这么多投资保护法？我听到很多中国人自己都说中国根本没有法。”

在顿时凝重的气氛中中国女律师微笑着反问道：“先生，您知道美国法院的书架上有多少判例吗？”

对方摇头说：“不知道，我不是法官，也不是律师。”

中国女律师接着说：“那您一定知道在这些判例之外，美国已经制定了许多成文法了？”

见对方点点头，中国女律师说：“这正是您提出问题的答案。作为判例法体系的美国，随着社会发展需要还在不断制定成文法。外国人过去没有去中国投资，当然不需要投资法。从中国对外招商引资之时，我国与之相适应的各种投资法就不断被制定出来……用我们中国人的话说，叫作‘应运而生’。”这时，场内响起一阵掌声，美国记者十分尴尬。

从这个例子可以看出，面对论敌的责难，在回击时应做到有理、有利、有节，最重要的就是一个立场问题。

“借力打力”的要点有三：一是巧抓破绽。当对方只顾进攻，而疏于防范时就会暴露出证据不够严密的破绽，我们就要善于搜寻战机，因利趁便，取证于敌，借力致胜。由于证据来自对方，对方如果要反驳，那么其反驳的本身也就是对自我的否定，势必就会陷入自相矛盾的境地；二是换位思考。当对方以某些事实为证据向我们发起进攻时，我们就要善于进行换位思考，从另一个角度探寻事理，并借对方之势进行反向推论，利用对方的证据推出相反的结论，出乎对方意料之外，而又在情理之中，使对方难以辩驳。

14 在辩论中攻其要害

在辩论赛中，面对对方咄咄逼人的攻势，要想方设法避开对方论证中坚实有力的那部分内容，抓住对方的薄弱环节，或者论述中的要害进行攻击。

但辩论中，你经常会遇到这样的情况：明知对方讲的话不对，却不知如何反驳，即使进行反驳也总觉得驳不到点子上，甚至还成为对手反击的把柄。这就是因为辩论中没有抓准要害这个突破口。你如果善于捕捉对手的要害，就无异于找到了最佳的突破口，那就能有的放矢，击败对手。要害抓得越准确，就越能迅速地取得突破，使对手输得心服口服。

某年某地闹灾情，当地人选派一老者到县衙门报告灾情以求减免当年的税收。到了县衙，县官问老者："小麦收了几成？""五成。""棉花呢？""三成。""玉米呢？""大约两成吧。"

县官听了勃然大怒，厉声说道："有了十成的收获还来报灾，岂不是想蒙骗本官？"老者一听，心中暗骂："真是个混账糊涂官！"但嘴上却赶紧回答说："哪敢？小民活了180岁，也没见过这么严重的灾年啊！"

"胡说！你怎么会活180岁呢？"县官问道。老者说："县老太爷，你怎么不明白呢？我大儿子今年50岁，二儿子30岁，小儿子20岁，我今年80岁，加起来一共不是180岁吗？"

县官听罢笑得前仰后合，嘴中说道："哪有你这么个算法，你是不是老糊涂了？"老者说："可您刚才是这样算收成的啊！"县官闻此言，突然笑止，终于明白了原来是自己先错了。

面对县官荒唐的计算方法，老者随机应变、如法炮制，按照县官的思路，仿造出类似的结论，让县官哑口无言。

实际上，老者辩胜县官用的就是辩论中的仿照反驳。仿照反驳，是指通过想象、联想和对比，仿造出与辩敌观点相似、相同或者相反的论点，用以回击论敌的辩论方法。这种辩论方法的最大优势就在于它出其不意，能"打"对手一个猝不及防，是揪出对手辩论要害，助你辩胜的绝佳手段。

在辩论中常常会出现这样的情况：双方纠缠在一些细枝末节的问题、例子或表达上争论不休，结果看上去辩得很热闹，实际上已离题万里，这是辩论的大忌。一个重要的技巧就是要在对方一辩、二辩陈词后，迅速地判明对方立论中的要害问题，从而抓住这一问题，一攻到底，以便从理论上彻底地击败对方。

如“温饱是谈道德的必要条件”这一辩题的要害是：在不温饱的状况下，是否能谈道德？在辩论中只有始终抓住这个要害问题，才能给对方以致命的打击。在辩论中，人们常常有“避实就虚”的说法，偶尔使用这种技巧是必要的。

比如，当对方提出一个我们无法回答的问题时，假如强不知以为知，勉强去回答，不但会失分，甚至可能闹笑话。在这种情况下，就要机智地避开对方的问题，另外找对方的弱点攻过去。然而在更多的情况下，我们需要的是“避虚就实”“避轻就重”，即善于在基本的、关键的问题上打硬仗。如果对方一提问题，我方立即回避，势必会给评委和听众留下不好的印象，以为我方不敢正视对方的问题。

此外，如果我方对对方提出的基本立论和概念打击不力也是很失分的。善于敏锐地抓住对方要害，猛攻下去，务求必胜，乃是辩论的重要技巧。

在辩论中还应擅长进行归纳。用简明扼要的语言来阐明自己的见解，不要一说就是一大套并且不得要领，只有这样才能在辩论中是占据有利的位置；同样地，要能用简明扼要的话来归纳对方的见解，否则往往会随波逐流，甚至迷失方向。

只有在逻辑上善于归纳的人，才会在辩论中紧紧抓住对方的要害，有针对性地打击对方，使对方真正陷入被动的局面。在辩论中需要使用归谬法。所谓归谬法就是沿着对方的逻辑把其观点推向极端，使其荒谬性明显地表现出来，从而对其观点予以根本否定。对方的本来不明显或者小的逻辑错误，使用归谬法后就会使其错误被放大到妇孺皆知的地步，这样往往能够取得出奇制胜的效果。当然，归谬法的使用要注意适度性，如果运用不当，会给人以强词夺理的感觉。

在辩论过程中不可能不出现失误，这是展开攻势的最好时机，要抓住要害狠追狠打，把对方逼进死胡同，不给喘息和掩饰的余地。有时辩论中的错误并不很显眼，或者是关系不大的微小失误，辩论者也不应将其放过，而应高度警惕，一针见血地指出错漏，必要时还应大造声势，使其错误更显著，达到打击对方的目的。